U0558541

拓元

班布尔汗 著

郑州大学出版社

图书在版编目（CIP）数据

拓元 / 班布尔汗著. -- 郑州 : 郑州大学出版社,
2024.5

ISBN 978-7-5773-0195-2

Ⅰ. ①拓… Ⅱ. ①班… Ⅲ. ①中国历史—元代—通俗
读物 Ⅳ. ①K247.09

中国国家版本馆CIP数据核字(2024)第036743号

拓元
TUO YUAN

策划编辑	郜 毅	封面设计	东合社—安宁
责任编辑	胡佩佩	版式设计	刘 艳
责任校对	席静雅	责任监制	李瑞卿

出版发行	郑州大学出版社（http://www.zzup.cn）
地　　址	郑州市大学路40号（450052）
出 版 人	孙保营
发行电话	0371-66966070
经　　销	全国新华书店
印　　刷	鸿博昊天科技有限公司
开　　本	880 mm × 1 230 mm　1/32
印　　张	10
字　　数	245千字
版　　次	2024年5月第1版
印　　次	2024年5月第1次印刷

书　　号	ISBN 978-7-5773-0195-2	定　价	78.00元

本书如有印装质量问题，请与本社联系调换。

目录

序章

大列国时代

皇宫之中，杀手拿着利刃步步逼近，而九五之尊的皇帝则慌不择路，绕柱躲藏。

这让读史人熟悉的场面，并非荆轲刺秦王，也毫无"风萧萧兮易水寒"的悲壮前奏和秦王扫六合的雄壮后续。这是一场极端黑暗的政治谋杀，紧随其后的则是"都来十五帝，拨乱五十秋"的混战。

时间是在904年八月十一日的深夜。绕柱躲藏的，是唐皇朝第二十任皇帝（含武盟）唐昭宗李晔，追杀他的，则是此时已经掌控朝廷的朱温派来的蒋玄晖。周边虽有武士，却不是来保护皇帝，而是跟随弑君的。

李晔毫无意外地被杀害了。他是唐朝最后一个实际意义上的皇帝，虽然"神气雄俊"，一生致力于"恢张旧业"，但

"辨急轻佻，欲速见小利"，最终恨水东逝。他一生用过七个年号，其中有"天复"，可大唐的天终究没能复。

三年后，朱温正式篡唐称帝，以梁为国号，大唐正式落下帷幕。

唐朝的崩溃，是中国历史大一统格局的第二次崩溃。相对于第一次汉—晋的崩溃，其影响更大、波及面更广。

因为唐朝统治者不仅是皇帝，还是天可汗（最初是唐代西北各族首领对唐太宗的尊称）。

由春秋至两汉而形成的天下秩序，是要以皇帝位为中心，皇帝是普天之下最高统治者的尊号。不过，这有一个问题，那就是虽然在文化上赋予了皇帝天下之主、华夷共主的身份，但对于"中国"之外的民族来说，并不具有天然的神圣与权威，若没有接受汉文化，便不能体察皇帝所代表的意义。而天可汗，则是草原、西域广大地区最高统治者的尊号。

天可汗的尊号来自曾经雄霸一时的突厥帝国。突厥语的"可汗"，是至高无上的统治者，等同于汉地的皇帝。不过，因为该词也被统治部分亚洲腹地的民族所使用，因此突厥的可汗在尊号之前要冠有突厥语"天一样的、自天所生的"的形容词，这便是"天可汗"。在天可汗之下，还有"狼可汗"（汉语"附邻可汗"）、"屋可汗"（汉语"遗可汗"）等小可汗，是具有高度自治权的政治军事权威的统治者。

突厥帝国鼎盛之时，统一草原诸部，征服西域诸国，其疆域从辽海以西到西海有万里，从荒漠以北到北海有五六千里。而正处在南北朝末期、分治北方的北周、北齐两王朝都不得不对其示弱示好。北周"岁给缯絮锦彩十万段",并且给予突厥人在长安城"衣锦食肉者,常以千数"的待遇,而北齐则"惧其寇掠,亦倾府藏以给之"。面对这样的"供奉",突厥佗钵可汗就曾霸气地宣示:"我在南两个儿常孝顺,何患贫也?"在突厥天可汗心中,中原的皇帝,也不过是自己治下的两个小可汗而已。

虽然在隋朝崛起后,随着隋文帝的离间之计和武力打击,突厥帝国分裂为东西两部,一度式微。但随着隋朝短命而亡,突厥仍对中原有着压倒性优势。隋末群雄大多接受突厥册封,以期获得支持。始毕可汗在617年册封在马邑起兵的刘武周为"定杨可汗","定"为"平定"之意,"杨"是隋朝国姓,这个封号意即"平定杨氏的可汗"。同年,始毕可汗又册封在朔方叛隋自立、国号为梁、建元"永隆"的梁师都为"大度毗伽可汗",意为"大度明智的可汗"。620年,处罗可汗还扶持隋炀帝之孙杨政道为"隋王"。至于李渊、薛举、窦建德、王世充、李轨、高开道等反隋群雄,都接受了突厥册封的各种封号。

直到唐朝崛起,唐太宗李世民率领其麾下劲旅不断征战,终于灭亡突厥,但突厥天可汗曾经的赫赫威势,以及留给草原乃至西域百姓心中至高统治者的印象,仍然无法磨灭。而已经将疆域扩展到西域草原的唐太宗,也开始考虑接过天可汗的尊号。

630年,"西北诸蕃咸请上尊号为天可汗",得到唐太宗李世民的允可。之后,历代唐天子一直被"西北诸蕃"称为天可汗，而且唐王朝"降玺书赐西域北荒君长，皆称皇帝为天可汗"。

后来，唐朝灭亡，后梁以及后面的后唐、后晋、后汉、后周相继接过了皇帝尊号，但以这些小王朝的实力和威信连汉地都无法统一，在他们暴虐而无能的统治下，皇帝尊号都因"兵强马壮者为之"而失去了神圣光环，更不要说做天可汗了。

虽然唐朝从安史之乱后，一直处于衰弱不振的状态，但因为其强大的影响力、不可忽视的软实力以及长期的秩序惯性，唐朝仍是天下政治秩序的中心，各民族仍以唐朝为中心安于各自的地位。彼时，"中心"不存，不仅汉地有着五代十国的战乱，原受天可汗管辖的各民族也都各争雄长。

在东北，曾经被"海东盛国"渤海国压制的契丹人，终于在大唐崩溃、渤海衰弱之时完成了内部整合。916年，耶律阿保机统一契丹诸部，在征服了突厥、吐谷浑、党项各部以后建国，国号"契丹"，定都临潢府（今内蒙古赤峰市巴林左旗南波罗城）。之后，契丹不但继续扩张，收服室韦、阻卜等东北、草原诸部，更是将海东盛国渤海国一举吞并，成为实力强劲的地区强权。

在西北，党项人凭借着唐末剿灭黄巢的功劳，不但首领被赐姓李，封"夏国公"，更是稳稳地占据着银州（今陕西米脂县）、夏州（今陕西横山区）、绥州（今陕西绥德县）、宥州（今陕西靖边县）与静州（今陕西米脂县西）等五州之地。随着唐朝灭亡，他们虽然不像契丹人那样强势崛起，但也逐步夯实自己的基本盘，为日后西夏王朝的建立筑基。

　　在西南，曾经臣服唐朝，却又在唐朝的失误之下称帝的南诏国，虽然灭亡，但代之而起的杨氏"大义宁国"并未能长久地稳定西南局势，很快便被白族英雄段思平攻灭。段氏遂称帝建国，国号"大理"。一个虽不如南诏武力强盛，但比南诏更稳固、文化更发达的大理国自此绵延三百余年。

　　在东南，交趾节度使杨廷艺叛南汉自立，为部将所杀，其婿吴权继起，击败了前来镇压的南汉水师，从此从南汉独立。之后，交趾本地豪族丁部领平定境内的"十二使君"之乱，正式建国称帝，国号大瞿越，定都华闾（今越南宁平省宁平市），自称大胜明皇帝，这便是越南历史上第一个朝代——丁朝。

　　人们认为唐朝灭亡后是五代十国，其实这只是汉地的格局，唐朝的"遗产"并非只是汉地，在更广大的"天下"中，还有更多的乱世英雄趁时而起。就如五代十国中的"五代"是在争夺皇帝的身份，"十国"则大多只满足于割地称王一样，党项、大理、交趾这些政权也都没有明确地去想着统一天下。

　　但契丹不一样，从崛起之初，便已经对天可汗与皇帝这两大尊号势在必得了。耶律阿保机的伯父释鲁当政时，便已经将契丹建设成为"多民族杂居，各种经济形式并存"的政权："始兴板筑，置城邑，教民种桑麻，习织组，已有广土众民之志。"

　　到耶律阿保机主政之后，更是有计划地招揽汉人精英为己所用，如康默记、韩知古、韩延徽等人，不仅身居要职，成为谋主，更位列契丹开国二十一功臣。

在他们的影响下，耶律阿保机"慕汉高皇帝"，会说汉话，并有了明确的"成为天下之主、君主华夷"的政治纲领。神册三年（918年），阿保机"问侍臣曰：'受命之君，当事天敬神。有大功德者，朕欲祀之，何先？'皆以佛对。太祖曰：'佛非中国教。'倍曰：'孔子大圣，万世所尊，宜先。'太祖大悦，即建孔子庙，诏皇太子春秋释奠。"天赞三年（924年），耶律阿保机在诏书中，已经明确宣称自己要成为"万载一遇"的"圣主明主"。

耶律阿保机建国时的尊号，史籍记载为"天皇王"。但这其实是有问题的，因为阿保机册封自己的儿子为"人皇王"，自己作为君主和父亲，却与儿子同享"王"的尊号，虽有天和人的区别，也是说不过去的。何况，阿保机身边既然有汉臣辅佐，自然知道"王"与"帝"的区别。他的尊号，其实是"天皇帝"，亦即天可汗与皇帝的并称，这是对唐朝皇帝天可汗的继承。

刚建国时，因为实力尚弱，契丹对于中原的后梁还要自居臣属，虚以为蛇。到后唐之时，契丹已经"东自海，西至于流沙，北绝大漠，信威万里"，便开始了军事对抗。而到后晋，因为石敬瑭割地称臣，契丹占有了燕云十六州，第二代天皇帝耶律德光更是直接册封石敬瑭为"大晋皇帝"。契丹已经如当年突厥一样，开始册封中原之主，可说掌控了中原地区的政治秩序。

石敬瑭死后，其子石重贵不再恭顺，耶律德光发兵灭后晋，占领汴梁，并在汴梁改"国号大辽，大赦，改元大同"，名正言顺地将天可汗与皇帝两个称谓都收入囊中，打算入主中原，做一个名副其实，内统中国、外治万邦的天下之主。

可惜，新建的大辽运气不佳，五代虽是乱世，但藩镇林立、军头遍地，绝非日后北宋那种核心受到打击后便会被卷席而定的情形。无法应对各种反抗的耶律德光不得不放弃中原而北归，并崩于半途。不过，燕云十六州大辽却是牢牢握在手中，之后无论是周世宗还是宋太宗，都无力将之夺走。大辽虽未完全入主中原却也拥有部分汉地，算是一个缩小版的唐朝。

随着五代最后一个政权后周被陈桥兵变所终结，半个多世纪的乱世终于要走向安定。宋太祖与宋太宗兄弟先后灭亡南唐、南汉、后蜀、北汉等国，收服吴越，基本上统一了中原与江南地区。但对于唐朝旧疆的其他政权，北宋就力有未逮了。

对大理国，宋太祖"鉴唐之祸基于南诏，以玉斧划大渡河'此外非吾有也'"，默认了其独立。交趾在白藤江战役和熙宁战争两次打败宋军，迫使北宋放弃了武力收复交趾的战略，并划分了国界。党项人经过数代经营，终于在李元昊时代建国称帝，国名大夏，汉籍中称西夏。西夏先在三川口、好水川、麟府丰、定川寨四大战役中击败北宋，又在河曲之战中击败大辽，从此根基稳固。至于大辽，更是击退宋太宗两次北伐，又南征迫近开封，最终与北宋签订澶渊之盟，成为兄弟之国。

北宋虽然终结了五代十国，但放眼大唐旧疆，却是一个大列国时代。正如英国汉学家史怀梅在其著作《忠贞不贰？：辽代越境之举》的导言中所言："唐帝国……这一文化包容，幅员辽阔、立足西北、贵族政治的帝国，虽然在其衰落之时，依然掌控着东亚地区，但也开始慢慢转变了。到11世纪中叶，代之的是一个文化单一、疆域狭小、立足南方、社会各阶层相互流动的宋代，但它被迫接受了一个与他国共存的系统，而且在此系统中没有任何一方能够成为主导力量。"

这个大列国时代持续一个半世纪后，出现了一个变局，那便是大金的崛起。1114年，女真首领完颜阿骨打起兵反辽，仅用了11年便灭亡了享祚二百余年的大辽，之后又仅用了不到两年时间，便灭亡了立国167年的北宋。其间，金朝在1124年使得西夏"奉表称藩"，1126年让王氏高丽"奉表称藩"。金朝灭亡北宋后，又经过册封"伪楚""伪齐"的波折，于1142年接受南宋称臣，"遣左宣徽使刘筈以衮冕圭册册宋康王为帝"，虽然南宋不接受册封，但称臣却是板上钉钉。从起兵开始，不过28年，女真人便从偏居辽东，被称为"于夷狄中最微且贱"的渔猎部落，发展为东亚霸主。

金朝虽没能完成实质上的大一统，但在政治秩序上，又恢复了"天下政治"，南宋、西夏等向自己称臣，至于大理、交趾更是南宋臣属。自己成为"蛮夷率服"的"中国之君"，是"我国家绌辽、宋主，据天下之正"的天下之主。

不过，金朝的天下之主仍是名义上的，其天下仍是大列国时代，其就如放大版的周天子，维持着一个诸侯林立、各据实力却又不得不服从于天子的脆弱的平衡。

这个平衡总会有人打破。南宋的几次北伐试图打破它，但没能成功，其他政权更没有实力或动力来打破它。

最终打破它的力量，来自漠北草原。

大辽鼎盛时，对于草原诸部，采取镇戍军府监视镇压和怀柔羁縻的双重治理方式。诸部对大辽，向心力也很强，即使在大辽被金朝所灭之时，宗室耶律大石仅率二百骑西走，在可敦城（又名镇州，大辽在草原地带镇抚诸部的重要军镇，位置在今蒙古国布尔根省南部喀鲁哈河下游之南、哈达桑之东二十里的青托罗盖）召集草原诸部，提出"惟尔众亦有轸我国家，忧我社稷，思共救君父，济生民于难者乎？"，得到草原诸部热烈响应，"遂得精兵万余"，西征而建立西辽。

当大辽为金朝所灭之时，金军对于控制草原诸部不得要领，虽羁縻控制漠南草原，但对于漠北诸部，却是"征兵诸部，诸部不从"。虽派兵数次征讨，但未能实现如大辽一般的控制，只能修建界壕进行被动防御。

也就是说，辽金易代之际，大辽皇室所兼任的天可汗与皇帝的身份，金朝只继承了后者，草原诸部只认耶律家是天可汗，却不认完颜家。大辽灭亡，辽室西迁，草原诸部曾经公认的领袖没有了，他们要各争雄长，去争夺天可汗的荣耀。

第一章

草原上升起九斿白纛

金朝平辽灭宋，对于辽宋两国的皇室和百姓而言，是天翻地覆的大变乱。对于草原上的众多部族而言，也是一场"二百年未有之大变局"。二百年间，虽然也会有冲突和战争，但大体而言，草原诸部都以大辽皇帝为天可汗，在其治下各安其位。如今大辽没了，新崛起的金朝却是由与草原游牧民大不相同的渔猎民族女真建立的，大家对其没有亲近感。面对金朝的武力征服和利益招抚，一些部族选择了俯首称臣，一些部族则坚决与之对抗。

在对金朝不同的态度上，就已经分了阵营，自然要刀兵相见。而各部之间为了不同的目的，或是为了部民财富，或是为了报仇，或是为了建立霸业而你争我夺。《蒙古秘史》中，用诗一样的语言描绘了那个残酷的时代："有星的天空旋转，诸部落混战，没有人进入自己的卧室，都去互相抢劫。有草皮的大地翻转，诸部落纷战，没有人睡进自己的被窝，都去互相攻杀！"

无休止的战乱，不仅普通百姓不能安居乐业，即使是贵族也朝不保夕。人们都希望这样的日子早一点结束，盼望有一个英雄能够平定四方。可这个英雄会来自哪里呢？

在斡儿浑河、土拉河及哈剌和林一带，游牧着克烈部。他们是突厥语系部落，最初居住在谦州，即叶尼塞河上游谦河流域，9世纪才迁到这里。10世纪时，克烈部接受了基督教支派聂斯托利派的传教，其上层贵族及部分属民都成为聂斯托利派教徒。11世纪时，克烈部人口已达20万，实力雄厚。其可汗被称作"也客汗"（大汗）和"古儿汗"（即众汗之汗）。

在阿尔泰山、哈剌和林、阿雷·昔剌思山、阔阔·也儿的石山一带以及也儿的石河流域，是乃蛮部的领地。他们也属于突厥语系诸族，是匈奴人余种，其先祖为唐代的黠戛斯。其部原住在谦河流域，唐武宗时期（841—846年）迁到阿尔泰山，改称"乃蛮"。11世纪末12世纪初，他们已经建立国家，首领被称为"古失鲁克汗"或"不亦鲁黑汗"。乃蛮使用畏兀儿文为自己的文字，用畏兀儿文印章发布政令，全族与克烈部一样，信仰基督教聂斯托利派。在乃蛮部一代雄主亦难赤·必勒格·不古汗死后，其长子与次子之间发生了争夺汗位的战争。兄弟二人谁也无法战胜对方，于是将汗国一分为二，为南北两部。长子拜不花占据南部草原，是为南乃蛮，统治中心在合剌·巴剌合孙（今蒙古国乌里雅苏台），而次子占据了北部山林地区，是为北乃蛮，统治中心设在今天蒙古国的科布多附近。虽然乃蛮部分裂，但南北两部都兵多将广，雄霸一方。

驻牧在色楞格河中游、斡儿浑河下游地区的是蔑儿乞惕部。他们是辽代阻卜诸部落之一，属于蒙古语系部族。部落分为兀都亦惕、兀洼思、合阿惕三部，史称"三姓蔑儿乞惕"。这三个部又各分为若干分支，形成势力庞大的部落联盟。

以呼伦湖为中心游牧的，是塔塔儿部。这是一个蒙古语系的强大部族，其名称有鞑靼、达怛、塔坦、达靼、达旦等不同的汉字写法。唐朝时，塔塔儿一度成为草原各部族的泛称。待到契丹崛起，塔塔儿势力逐渐衰弱，其名称也逐渐失去泛指北方草原游牧民族的地位，演变成为草原上的一个部落名称。塔塔儿由阿亦里兀惕、备鲁兀惕、察阿安、阿勒赤、都塔兀惕、阿鲁孩六大部落组成。

生活在阴山南北的，是汪古部。这个部族很神秘，其族源众说纷纭，有蒙古系、突厥系和多系融合等说法。比较权威的论断认为，在元代，汪古部主体有四大家族，除了身为部长的阿拉兀思剔吉忽里家族之外，还有赵氏、马氏和耶律氏。阿拉兀思剔吉忽里家族自称"沙陀雁门节度使之后"，赵氏家族"其先居云中塞上"，马氏家族出自"西域聂斯托利贵族"，耶律氏家族来自"西域帖里薛人"。虽然四大家族的来源看似不一，但都是突厥分支后裔，因此可以推断汪古部源自突厥。汪古部世居阴山南北，有四千帐，自称为"布而古特"或"贝而忽特"，而辽朝称之为"乌尔古"。金朝崛起后，他们成为金朝北部的屏藩，为金朝镇守界壕。金界壕以今黑龙江省嫩江西岸，向西南延伸，直抵内蒙古乌兰察布市四子王旗，汪古部扼守其西段。在与北方的蒙古人或战或和的交往中，因为他们所辖之地有一座山被蒙古人称为"神山"（今呼和浩特北40里），而神在蒙古萨满教中被称为"翁衮"，于是他们便被蒙古人称为"翁衮部"，而日后元朝的史官以音译记述其事时，便作"汪古部"。

这些部族要么历史悠久，要么兵强马壮，要么文明昌盛、制度完善，要么有着强大的靠山，似乎都有机会统一草原乃至进取天下。

但历史老人却没有选中他们中的任何一个，而是将机会给了看似并无太多过人之处的蒙古部。

蒙古汗国的崩溃

蒙古部居住于三河之源，也就是斡难河、克鲁伦河和土拉河流域。在辽灭金兴之时，他们已经在这里繁衍生息了数百年。

但他们并非这里的原住民，而是从东部迁徙而来。

在被称为"蒙古人的圣经"的《蒙古秘史》中，开篇便写道："奉天命而生的孛儿帖·赤那，和他的妻子豁埃·马阑勒，渡过大湖而来，来到斡难河源头的不儿罕·合勒敦山扎营住下。"这对夫妻便是蒙古人的始祖。

孛儿帖·赤那是蒙古语"苍狼"的意思，豁埃·马阑勒则是"白鹿"的意思。因此，蒙古人自称苍狼、白鹿的子孙。不过，苍狼并非真是一头狼，白鹿也并非一只鹿，而是两个人名或是氏族名。

孛儿帖·赤那和妻子豁埃·马阑勒是"渡过大湖而来"的，那他们原本居住在哪儿呢？《蒙古秘史》中没有记载，但拉施特的《史集》中记载了蒙古人的祖先来自"额尔古涅·昆"，而后西迁漠北草原的传说。

在传说中，蒙古人的先祖被敌人打败，仅剩两对夫妻逃出，遁入一个位于山中的叫额尔古涅·昆的地方。他们在深山中居住下来，经过数百年繁衍生息，逐渐形成了乞颜、涅古思两个氏族，人口不断发展，又衍生出七十个分支。

随着时间的推移，蒙古各部人口越来越多，无法在资源贫乏的深山中生活下去了。于是，在孛儿帖·赤那与夫人豁埃·马阑勒的带领下，蒙古各部"化铁开山"，冶炼矿石融化为铁水，铁水流淌出来将山石烧塌，开出了一条通往山外的通道。蒙古人就沿着这通道来到了水草丰美的草原，从深林狩猎民转变为草原游牧民。

传说中的"额尔古涅·昆"，便是指今额尔古纳河之东的山地。综合史书记载的传说，反映出这样的史实：蒙古民族的发祥地是在额尔古纳河一带的崇山密林中，随着岁月的推移，从氏族发展到了部落，部落不断繁衍，他们沿着额尔古纳河走出世代所居的山林。其中有两个以狼和鹿为图腾的姻族，从呼伦贝尔草原迁徙到斡难河源头的布尔罕山一带，从此这一广阔的地域成为蒙古诸部活动的中心。

这个迁徙活动大致开始于8世纪。蒙古人向外迁徙后组成相当大的部落集团，分为尼伦蒙古和迭儿列勤蒙古两大分支。而为何蒙古人会有两大分支，《蒙古秘史》中有着如下神奇的记载。

孛儿帖·赤那和豁埃·马阑勒的第十三代后裔是兄弟二人，哥哥名叫都蛙·锁豁儿，弟弟名叫朵奔·蔑而干。

朵奔·蔑而干娶到了一位美丽贤惠的妻子名叫阿阑·豁阿，一起养育了不古讷台、别勒古讷台两个儿子。但在朵奔·蔑而干去世后，阿阑·豁阿又生了三个儿子：不忽·合塔吉、不合秃·撒勒只、孛端察儿。

父亲已经去世，母亲却怀孕生子，不古讷台、别勒古讷台两人心怀不满，认为三个弟弟是野种。

见到儿子们有了嫌隙，阿阑·豁阿把他们聚集在一起，先拿出五支箭让他们折断，单支箭镞很容易就折断了，但五支箭捆在一起却无法折断。她用这种方式告诉儿子们，兄弟齐心，其利断金，若是不和分离，便会被各个击破。之后，她又对长子和次子解释道，自己并没有与外人私通，三个孩子是自己"感光而生"，是闪耀着日月之光的金色神人将金光照入自己腹中而孕育出的。

于是，阿阑·豁阿的后三个儿子所繁衍的部落被称为"尼伦蒙古"，意为纯洁的感光而生的，属于"神之子"。而前两个儿子所繁衍的部落被称为"迭儿列勤蒙古"，意为普通出生，是"人之子"。阿阑·豁阿也因为这段神迹，被蒙古人尊为"圣母"。

"尼伦蒙古"的部落主要有孛儿只斤、札只剌、泰亦赤兀惕、撒只兀、哈答斤、巴阿邻、照烈、那也勒、忙兀、主儿乞、赤那思等，大多分布在斡难河、克鲁伦河上游及两河之间的肯特山一带。

"迭儿列勤蒙古"的部落主要有弘吉剌、亦乞列思、兀良哈、斡勒忽讷兀惕、豁罗剌思、也里吉斤、许兀慎、速勒都思、伯岳吾、不古讷惕、别勒古讷惕等，大都游牧于呼伦湖周围及其西南之地。

尼伦和迭儿列勤这两大分支合称为"合木黑蒙古"，意即全体蒙古人。

虽然有全体蒙古人的称谓，但蒙古各部原本都是各行其是，并没有形成一个整体。但随着大辽灭亡、草原进入乱世，蒙古人也不得不考虑团结起来应对。于是，"第一蒙古汗国"诞生了。

12世纪初，蒙古各部在三河源头召开了"库里勒台"，也就是大议会，共同推举"在蒙古诸部中，他的'名声'昭著，很受尊敬"的合不勒为可汗，建立了"蒙古国"。

合不勒汗建立的"蒙古国"可称为"第一蒙古国"，以区别于日后成吉思汗所建立的"大蒙古国"。这是一个残存着浓厚氏族制、军政合一的游牧国家，可汗对各部只有非常有限的指挥权，而无绝对的权力。但即使如此，因为合不勒汗的卓越能力，蒙古也成为草原上无人敢小看的强者。

面对金朝对漠北的军事征服，合不勒汗坚决予以抵抗。1137年，金朝万户呼沙呼北攻蒙古，合不勒汗率部将之引入草原腹地，在金军粮草断绝、士气低落之际发动反攻，在海岭大破金军。

金军失败后，金熙宗邀请合不勒汗议和。合不勒汗虽然应邀前往，但为了避免金人在食物中下毒谋害自己，当金人"端来了各式各样美味的食物和无数可口的饮料"时，合不勒汗总是在大吃大喝一阵后，借着出外松快松快的名义，不时走到外面，悄悄地将吃下去的食物全部吐出，然后再若无其事地回到宴席中，继续大吃大喝。

金朝君臣见合不勒汗饭量、酒量如此之大，都十分惊奇，便不再存加害之心。而合不勒汗还故意走到金熙宗面前，"抓他的胡子，戏弄他"，之后又马上道歉，获得金熙宗原谅后，立即启程回国。合不勒汗一走，金熙宗又后悔了，连忙派出使臣前去追击。可合不勒汗将使臣杀死，安然逃回了蒙古。

这场宴会虽没有演变成"鸿门宴"，但两国的和议却告吹了。由于金宗室内部以左丞相完颜昌为首发动叛乱，使熙宗无暇顾及蒙古，金蒙之间没有马上爆发大规模战争。

1139年（金天眷二年），完颜昌被杀，其子率父之旧部举兵于辽东，并求援于蒙古。合不勒汗乘机向金界袭扰，金兵战败。

此后，金名将完颜兀术亲率八万精兵多次向蒙古发动进攻，但连年不克。1147年（金皇统七年），金被迫与蒙古议和，割让克鲁伦河以北的二十七个团寨给蒙古。

合不勒汗时代的金朝正是军事鼎盛时期，打遍天下无敌手，可合不勒汗与之作战却能屡次获得大胜，真可谓是不世出的英雄。他的胜利，使得蒙古的势力达到顶峰。"第一蒙古国"也成为草原上首屈一指的强国。

和金朝议和后不久，大概在1148年，合不勒汗去世，蒙古的汗位由合不勒汗的堂弟，泰亦赤兀惕部首领俺巴孩继承。

俺巴孩继承汗位后，金朝改变了对草原各部的政策，采取

"烧草减丁"和"以夷制夷"的策略。

所谓"烧草减丁"，即不再用重兵进攻，而是每三年一次派小股部队向北掳掠一次，将草场烧毁，并抓走草原各部百姓回国为奴。这种做法对蒙古在内的草原各部造成极大灾难，人口大量流失，以至于"山东、河北谁家不买鞑人为小奴婢，皆诸军掠来者"。而所谓"以夷制夷"，则是扶持臣服于金朝的塔塔儿部，利用其与蒙古等部的矛盾，使各部自相攻杀。

蒙古与塔塔儿早有仇怨。合不勒汗的内兄赛音·的斤患病，曾请塔塔儿部的萨满察儿乞勒·纳都亦用巫术治疗，但医治无效。赛音·的斤的兄弟们出于激愤杀死了察儿乞勒·纳都亦。

萨满是沟通神与人的大巫师，在信仰萨满教的部落中，萨满的地位极为崇高，杀死塔塔儿的萨满，便是对塔塔儿人的极大侮辱。从此，塔塔儿和蒙古仇怨难解。而塔塔儿部在获得金朝的支持后，器械精良，粮草足备，与蒙古连年交战。

俺巴孩汗也是一位雄武的勇士，在他的领导下，蒙古虽不如合不勒汗时期强盛，但在与塔塔儿人的战争中也未落下风。可是，俺巴孩汗在谨慎和小心方面，就远不如合不勒汗了。

因为塔塔儿部得到金朝的支持，所以给蒙古造成了极大的压力，俺巴孩汗为了缓解压力，不得不做一些分化瓦解工作。而塔塔儿部也不是铁板一块，上文提到的塔塔儿六大部中的阿亦里兀惕、备鲁兀惕和蒙古比较友好，于是俺巴孩汗便把女儿嫁给他们贵族的儿子。双方毕竟还在交战，即便嫁女，也要有警惕之心。但俺巴孩汗为了表示诚意，亲自送女成亲。

在路上，各种噩兆显现出来。先是俺巴孩汗的坐骑火红马毫无缘由地倒毙，随从劝俺巴孩汗："这匹马的死去，是对我们的警告，还是不要去吧？"可俺巴孩汗不以为意。不久，在路上宿营做饭时，煮肉的锅又无缘无故地破裂了。随从再次说出了自己的担心，俺巴孩汗反而火了："你怎么总说这种不吉利的话？！"

一行人到达塔塔儿部，俺巴孩汗以为会受到热情的款待，但塔塔儿人却背信弃义，将俺巴孩汗扣押起来。

可汗被扣，蒙古大乱，都不知该如何是好。合不勒汗的长子斡勤巴儿合黑认为，将送亲之人扣押是犯了草原上的大忌，应该是有所误会。于是独自前往塔塔儿部交涉。岂料，塔塔儿人一条道走到黑，将斡勤巴儿合黑也扣押起来，将他和俺巴孩汗一起绑送给金朝。

金熙宗曾被合不勒汗戏弄，派兵讨伐又被击败，被迫割地赔款，对蒙古人恨之入骨，见塔塔儿人将蒙古可汗送来，大喜过望。他下令将俺巴孩汗和斡勤巴儿合黑都处以钉木驴的酷刑。所谓木驴，就是一种木质的长凳。钉木驴便是将人手脚钉在木驴上，任其疼痛而死。这种刑法十分残酷，受刑者要经过很长时间的折磨才能死去。

俺巴孩汗受刑之下，悔痛交加。临死前，给兄弟子侄留下遗言："我为一国之主，不忍儿女之爱，以至如此，后人当以我为鉴。若等将五指爪磨秃，纵磨伤十指，亦当为我复仇！"此时的金熙宗志得意满，听到俺巴孩汗的诅咒，毫不在意地说道："此言可告汝部众，朕不畏也。"

　　金熙宗不会知道，在半个世纪后，蒙古人果然对金朝发动了残酷的复仇之战，他的子孙们遭受了百倍不止的苦痛。

　　俺巴孩汗死后，蒙古无主，各部再次召开"库里勒台"，推举合不勒汗第四子忽图剌为汗。

　　忽图剌汗是蒙古历史上有名的大力士，双手像熊掌一样有力，任何强壮的人在他面前都不堪一击，会被他轻易撕成两半。成为可汗后，忽图剌汗向长生天祈祷："因为金朝皇帝杀害了我的长辈俺巴孩汗和斡勤巴儿合黑，残酷地对待他们，我要去为他们报仇，我向你——伟大的主——请求帮助与神的佑助！"祈祷完毕，便向金朝发动了复仇之战。

　　但是，此时蒙古还是各家族率领自己属民的松散联合，可汗于各部只有非常有限的指挥权。这样的组织形式，草原上小规模的以争夺牧场财物为目的的战斗还可以应付，面对外来的征服军队，为了生存也可体现出勇敢坚韧。但若说长途远征，到数千里之外去作战，即使承诺会有极为丰富的战利品，却也是做不到的。忽图剌汗虽然击败了金朝边军，抢夺了很多战利品，但却无力深入金朝国境。在回军途中，又遭到早已臣服金朝的朵儿边部的埋伏，部众损失惨重。

　　忽图剌汗后来又先后十三次进攻塔塔儿部欲图报仇，也很不顺利，虽然取得过一些胜利，但没能彻底击败塔塔儿人。

　　不过，在与塔塔儿人的战争中，忽图剌汗的侄子，他二哥儿坛把阿秃儿之子也速该逐渐崭露头角，成为骁勇善战的将领。

　　也速该是合不勒汗建立的"第一蒙古国"的最后一任领导

者，在忽图剌汗去世后，统领了整个汗国。但他没有称汗，而是被尊称为"巴特尔"，也就是英雄。按照《史集》的说法，忽图剌汗去世时没有提出汗位继承人。很有可能俺巴孩汗的孙子塔里忽台被库里勒台授予了"酋长之位与领导之权"，但也速该因为更有名声和威望而领导了部落，因此他没能有"汗"的称号。

也速该领导蒙古各部后，"曾多次与其他蒙古部落，其中包括塔塔儿部落作战，同时也与乞台（金朝）的异密和军队作过战"。这虽然使他"名声很高，受到所有人们的承认和尊敬"，但也使得蒙古有了更多的敌人。

比如，成吉思汗的母亲，也速该的妻子诃额仑夫人便是也速该从蔑儿乞惕人手中抢来的。诃额仑夫人本是蔑儿乞惕部贵族赤列都的妻子，在完婚后回蔑儿乞惕营地的途中，被也速该遇到。也速该见新娘貌美如花，便和兄弟们袭击了迎亲车队，将诃额仑夫人抢为自己的妻子。这么一来，蒙古除了金朝、塔塔儿部之外，又多了蔑儿乞惕部这个强敌。

不过，也速该在树敌的同时，也结交了十分可靠的盟友，这为日后蒙古的重新崛起埋下了伏笔。

上文说过，此时草原上还有一个非常重要的部族克烈部。最初统一克烈部的首领名叫马儿忽思，在1092年称汗。

马儿忽思称汗后不久，辽朝为金所灭。金朝在降服汪古部、塔塔儿部等漠南诸部之后，开始向漠北挺进。克烈部与蒙古部结成同盟，共同抵抗金朝的征服。而金朝利用塔塔儿部实行"以夷制夷"的策略，给克烈、蒙古两部造成很大损失。马儿忽思与蒙古的俺巴孩汗一样，在一次战斗中被塔塔儿人俘获，送至金朝后被处死。

马儿忽思死后，克烈部经过多次汗位更迭。到马儿忽思孙子脱斡邻勒为汗时，因为他与兄弟相争，被叔叔击败，仅带一百人出逃，投奔了蒙古。

也速该急公好义，没有嫌弃脱斡邻勒的穷极来投，将他收留，并结拜为安答（类似于义兄弟）。也速该出兵帮助脱斡邻勒击败了其叔叔，使之逃入西夏。脱斡邻勒恢复了对克烈部的统治。

正是有这层恩义，克烈与蒙古成为紧密的盟友，这对于日后草原局势的变化有着重要意义。

既树敌又结友的也速该没有领导蒙古多久，1170年，他被塔塔儿人暗杀。随着他的死，"第一蒙古国"便分崩离析了。

从耻辱迈向征程

也速该作为"第一蒙古汗国"的最后一任实际领导者，在位时最大的战功便是在1162年领兵击败了塔塔儿人，俘虏了一个塔塔儿首领铁木真兀格。而得胜回营的同时，也速该的长子出世了，为了纪念自己的战绩，也速该便给自己的长子取名铁木真。

铁木真作为也速该的长子，得到了父亲的精心呵护和教导，得以茁壮成长，《蒙古秘史》中记载他"目中有火，面上有光"，这是蒙古人称赞孩子壮实、有精神的习用语，可见他幼年就长得很英武，再加上不过几岁就能骑马射箭，是相当出众的草原贵族子弟了。

1170年，铁木真9岁，父亲也速该打算为他定亲了。虽然此时铁木真还没有成年，但按照草原的规矩，已经可以订一门亲事，而且男方要到女方家住到成年完婚。在蒙古诸部中，弘吉剌部以盛产美女著称，因此也速该带着铁木真启程前往弘吉剌部求亲。

不过，父子二人还没有到达弘吉剌部，便在半路遇到了弘吉剌部一位贵族德薛禅。

德薛禅本名就是德，薛禅意为"聪慧、睿智"，这是因为他充满智慧，人们给他的尊称。他与也速该早有交情，热情接待了铁木真父子。再看到铁木真年纪虽小，但器宇不凡，有英雄之气。于是主动提出让自己10岁的女儿孛儿帖与铁木真结亲。

也速该巴特尔也一向尊重德薛禅，又见到孛儿帖美丽聪慧，于是欣然答应，两家就此结为亲家。之后，铁木真留在德薛禅家中，也速该则启程回家。

岂料，在也速该返回自己营地的途中，遇到了一群塔塔儿人在聚餐。按照草原的规矩，过路的客人遇到宴饮，应该入座同食表达敬意。虽然蒙古和塔塔儿是世代冤仇，但也速该认为他们不会破坏规矩，便加入了宴会。他待人不疑，可塔塔儿人却认出他是蒙古首领，于是在酒食中下了毒药。

也速该身中剧毒，回到家中便倒下了，自知将不久于人世的他连忙让自己的伴当蒙力克赶到德薛禅家中接回铁木真，父子俩见最后一面。可惜，当铁木真风尘仆仆赶回父亲身边时，也速该已经去世。

也速该的死，标志着由合不勒汗建立的蒙古国至此崩溃。以塔里忽台为首的泰亦赤兀惕部占据了斡难河流域；以札木合为首的札答阑部占据了额尔古纳河流域；以薛扯别乞、台出为首的主儿乞部占据了克鲁伦河流域，其余各部落，如弘吉剌部、哈达斤部、撒勒兀部等较为弱小的部落，则分别依附于各大势力。

蒙古各部各奔前程，而泰亦赤兀惕部贵族塔里忽台等人，本就对也速该不满，"早在心头种下了仇恨和报复的种子"，于是将铁木真和她的母亲兄弟抛弃，而且把也速该巴特尔的部民也全部强行赶走。

此时，铁木真只有9岁，他的二弟哈撒儿7岁，三弟合赤温5岁，幼弟斡赤斤·帖木格3岁，妹妹帖木伦还是襁褓中的婴儿。父亲的别妻所生的两个儿子别克帖儿和别里古台年纪也很小。两个女人带着一群未成年的孩子，财产又被抢夺，几乎陷入绝境。

所幸，这个家族的女家长诃额仑夫人是一位坚强的女性，她"沿着斡难河上下奔走，采集杜梨、野果，日夜辛劳"，抚养孩子们。在困苦的生活环境中，诃额仑夫人经常告诫儿子们要为父亲报仇，并恢复祖业。

艰难的生活，总会使人愤懑、敏感，会做出一些可怕的事情。年幼的铁木真也不能例外。因为食物短缺，异母弟别克帖儿几次抢夺铁木真和二弟哈撒儿钓到的鱼和射猎的云雀。诃额仑夫人几次劝说也没有作用。铁木真忍无可忍，和二弟哈撒儿一起，用弓箭射死了别克帖儿。

这出杀害兄弟的惨剧，成为铁木真终生的遗憾与污点。后世史家也多有批判，认为为食物就射杀兄弟，是残忍的行为。但也有史家指出，别克帖儿虽然是别妻所生，但很有可能年长于铁木真。在家族处于风雨飘摇的时刻，他的作为并非仅为争夺食物，而是以庶长子身份争夺家族族长的地位。这对于铁木真来说是不可容忍的。年幼的铁木真还没有经过历练，因此采用最简单的方式处理了家族内部的纷争。

诃额仑夫人对铁木真这骨肉相残的做法十分悲愤，痛斥他这是"难抑其怒之狮；如欲生吞猎物之莽魔；如自冲其影之海青"一般愚蠢残暴的行为。别克帖儿在临终前也留下了这样的遗言："在除了影子别无朋友，除了尾巴别无鞭子的时候，你们为什么想要这样呢？请不要断绝灶火，不要撇弃别勒古台。"

在受到母亲的训斥后，铁木真感到深深的后悔，再加上别克帖儿的遗言，他对别里古台格外看重，完全没有将之视为庶弟，对之爱护信任。别里古台也吸取了别克帖儿的教训，对铁木真忠心耿耿。

家族内部的矛盾解决了，但外来的危险却时时存在。当铁木真众兄弟逐渐长成之时，他们的仇敌泰亦赤兀惕部为了斩草除根，派兵前来剿杀。铁木真为了掩护家人，独自骑马引开了追兵，结果被俘。泰亦赤兀惕人给铁木真绑上木枷，准备处死他。

当晚，泰亦赤兀惕人举行宴会庆祝，让一个怯弱的少年看管铁木真。于是，铁木真用木枷将那少年打昏，跑进斡难河边的树林里躺下，怕被人看见，就躲进河道水流中仰卧着，木枷顺水流动，只把脸部露出。

泰亦赤兀惕人发现后立即进行大搜索，铁木真本来难以逃脱。所幸，泰亦赤兀惕部奴隶出身的锁儿罕失刺、赤老温父子暗中相救，先是故意忽略铁木真的藏身处，然后将他藏在自己的羊毛堆里躲避，待到追兵走远后，又赠送马匹和弓箭让他逃走，铁木真才免于一死。

时光荏苒，铁木真在艰险之中，终于长成了魁伟的男子汉。一些原先离开他们的部众也回到了他们的身边，这其中，一些和他年纪相仿的青年才俊，都成为他日后成就大业的重要部下。比如重情疏财沉、稳多谋的博尔术，忠心不二、精明善断的者勒蔑，有勇有谋、善于用兵的速不台，沉毅多智有王者之风的木华黎等，都被铁木真倚为心腹，作为自己的"那可儿"。

"那可儿"意为伴当、护卫，其职责是"平时充当主人的侍从、负责警卫"，而"战时为主人冲锋陷阵、策划攻战"。但那可儿不是首领的奴隶，他们自愿效忠，发誓要忠于主人；主人也要保护他们的权利，予以他们尊重，爱惜他们的生命。俄国蒙古史学家符拉基米尔佐夫在《蒙古社会制度史》中对那可儿有精确的定义："以战士的资格为氏族和部落首领服役的自由人，类似于亲兵或卫士"，"古代蒙古首领的那可儿与首领共同生活、同患难、共安乐，是他们的家人"，"古代蒙古的首领必须赡养他们的那可儿，供给他们以住所、食物、衣着和武器"。

虽然在群雄逐鹿的草原上，铁木真及其部众还只是微不足道的小势力，但总算不再是形影相吊、孤独无依了。

既然成年了，铁木真就要迎娶妻子了。当年，他父亲也速该为他定下了一门娃娃亲，要娶弘吉剌部贵族德薛禅的女儿孛儿帖为妻，那时铁木真9岁，孛儿帖10岁。而现在，铁木真已经是17岁的少年，孛儿帖也是18岁的大姑娘了。

特薛禅不是一个嫌贫爱富的人，当铁木真前来迎娶之时，他热情地招待了女婿，将女儿嫁给了铁木真，还陪了很多珍贵的嫁妆。其中，一件黑貂皮袍子尤其珍贵，成为日后铁木真获得盟友从而复兴祖业的基础。

在乱世中，美好的生活总是短暂。铁木真新婚还不到一年，一场灾难突然降临。1179年，铁木真所在的营地遭到了一伙强敌的进攻。

进攻他的是蔑儿乞惕部，蔑儿乞的三位首领脱黑脱阿、答亦儿兀孙、合阿台全部出动，数千精骑直扑铁木真的营地。

敌人来袭时，正是清晨，人们还在熟睡。幸亏诃额仑夫人的老仆人豁阿黑臣感受到了大地的震动，知道有人前来袭击，于是叫醒了大家。可铁木真手下的战士实在太少，无法抵挡，只好举家逃亡。

蔑儿乞惕人这次袭击，并不是要铲除铁木真兄弟，而是要报二十年前部中贵族妻子被抢的仇恨，也就是报铁木真的父亲也速该抢娶他母亲诃额仑夫人的仇。你的父亲抢走我们的新娘，我们这回也要抢走你的新娘，这是草原上以眼还眼、以牙还牙的复仇传统。

铁木真因为曾遭遇过泰亦赤兀惕部的袭击，而泰亦赤兀惕部的目标就是杀死铁木真。这一回，铁木真也以为蔑儿乞惕人也是冲着自己和兄弟们这些男人来的，因此将所有的马匹分给了兄弟和伴当们，凭借着马力，他们迅速逃出了蔑儿乞惕人的包围。而孛儿帖在豁阿黑臣的保护下乘坐牛车，落在了后面。

这正好遂了蔑儿乞惕人的愿，孛儿帖被俘。蔑儿乞惕人认为："为报抢夺诃额仑的仇，如今已夺取了他的女人，咱们这个仇已经报了。"于是收兵回营。

孛儿帖被抢走后，被配给赤列都的弟弟赤勒格儿为妻。在无日不处于战乱中的草原上，女人们完全无法把握自己的命运，孛儿帖纵然千般不甘，也只能屈从。

铁木真遭遇这奇耻大辱，无论为了丈夫的责任还是家族族长的威望，他都必须予以反击，否则将无法立于天地之间。

也许在这次袭击之前，铁木真还不想这么早就进入草原的争斗，他还希望自己能够积蓄更多力量，但现在，他必须利用自己能够利用的所有资源，提前踏上莫测的战场了。

铁木真带着自己的弟弟哈撒儿和别里古台，先后造访了克烈部的脱斡邻勒汗和札答阑部的札木合。

脱斡邻勒汗是铁木真父亲也速该巴特尔的安答，受过也速该的复国之恩，加上铁木真结婚后，将自己妻子嫁妆中珍贵的黑貂皮皮袄送给了他，脱斡邻勒汗曾郑重承诺会帮铁木真恢复祖业，二人义同父子，因为"和父亲互称安答，那么也就如同父亲了"。因此在铁木真求助时，脱斡邻勒汗爽快地答应了："去年我没对你说过吗？（去年）你把那件貂皮袄拿来送给我时，曾说，'父亲在世时结为安达者，就和父亲一样'，给我穿上黑貂皮袄时，我曾说，'我要为你把散失的百姓聚合起来，答谢你送给我黑貂皮袄。我要为你把散去的百姓聚集到一起，答谢你献给我黑貂皮袄'。我不是对你说过吗，我要将此事牢记在心里。如今我要履行我所说的话，为答谢你送给我的黑貂皮袄，我要把蔑儿乞惕人全部消灭，救出你的孛儿帖夫人，为答谢你献给我的黑貂皮袄，我要击破所有的蔑儿乞惕人，救回你的孛儿帖夫人。"克烈部派出二万骑兵相助。

相对于脱斡邻勒汗，铁木真要求助札木合，却是既没有前恩，又没有新缘，所能凭借的，只有儿时的友谊。

在铁木真11岁时，"那时札木合送给铁木真一个狍子髀石，铁木真回赠给札木合一个灌铜的髀石，就互相结为安答"。第二年春天，"两人在一起用木弓射箭玩时，札木合把他用二岁牛的两个角粘合成的有声的响头送给铁木真，帖木真把柏木顶的箭头回赠给札木合，（再次）互相结为安答"。

"安答"被汉译为"义兄弟"，不过，这个翻译并不准确。安答之间并无长幼之分，也并非"异姓兄弟"之意，而更像是一种朋友关系的升华版。在草原上，男人之间互称安答，是一种神圣的誓约，要守住"凡结为安答的，就是同一条性命，不得相互舍弃，要相依为命，互相救护"的誓言。但毕竟他们结为安答时还是孩童，如今那些誓言还能作数吗？

此时的札木合，他的札答阑部占据斡难河（今蒙古国鄂嫩河）源头之地，泰亦赤兀惕、巴鲁剌思、亦乞列思等诸部均依附他，足可调动两万骑兵，执蒙古各部的牛耳。但他没有嫌弃此时弱小到连妻子都保不住的铁木真，不但立即出兵一万相助，还做出了让人感动的表白："得知铁木真安答的家被洗劫一空，我的心都疼了！得知他心爱的妻子被夺走了，我的肝都疼了！……我祭了远处能见的大纛，我敲起黑牤牛皮的响声咚咚的战鼓，我骑上乌雅快马，穿上坚韧的铠甲，拿起钢枪，搭上用山桃皮裹的利箭，上马去与蔑儿乞惕人厮杀。"

三方联军以札木合为统帅，在斡难河源头汇合后，避开容易被蔑儿乞惕部发现的西北方向的不兀拉河草原，绕道东北，迅速扑向勤勒豁河（今南西伯利亚希洛克河），这里是蔑儿乞惕部的背后，当他们到达时，蔑儿乞惕部还懵然不知。联军"结筏而渡"，对蔑儿乞惕部发起突袭。

蔑儿乞惕人认为铁木真实力弱小，不敢前来，即使来也容易对付。哪料到铁木真竟然聚合了三万大军，且从自己的背后攻了上来。这个原本强横的部落顿时溃不成军，三位首领中，合阿台被俘，脱黑脱阿、答亦儿兀孙只率少量亲军突围，逃到今贝加尔湖以东的巴儿忽真地区。蔑儿乞惕部遭到重创，从此一蹶不振。

黑夜之中，铁木真在混乱的人群中寻找着自己的妻子，终于，因为"那夜月光明亮"，他被也在寻找丈夫的孛儿帖发现，夫妻二人劫后重逢，"互相拥抱起来"。

这次胜利，铁木真夺回了自己的妻子，严惩了自己的敌人，不但获得了大量的部众财产，还收获了威望。在这之后，他和札木合一起放牧，再次结为安答——"听以前老人们说：

'凡结为安答的，就是同一条性命，不得互相舍弃，要相依为命，互相救助。'互相亲密友爱的道理应当是那样的，如今（咱俩）重申安答之谊，咱俩要互相亲密友爱。"

和安答一起生死与共，一起创立霸业，一起享受荣光——相信这时候的铁木真和札木合都是这样想的。

然而，友情可以栖息在普通的安答之间，却难以长存于都有着相同目标的英雄之间。铁木真和札木合都有着称霸草原、一统蒙古高原的雄心，亲密友爱的岁月注定难以长久。

终于有一天，札木合似乎不经意地对铁木真说道："铁木真安答！咱们靠近山扎营住下，（适于牧马）可以让咱们的牧马人到帐庐里（休息）。咱们靠近涧水扎营住下，（适于牧羊）咱们的牧羊人、牧羊羔人，饮食方便。"

铁木真不明白札木合的意思，而他的妻子，聪明的孛儿帖听出了札木合的弦外之音，告诉丈夫，札木合的意思是，牧马的人和牧羊的人无法同路，分手的时候到了。于是，铁木真不告而别，率部离开了札木合。两个安答就这样分手了。

离开札木合后，铁木真独立发展。因为他击败蔑儿乞惕部的战功，加上他黄金家族后裔、也速该之子的身份，越来越多的部众投到他麾下。比如他的叔叔答里台，他伯父的儿子忽察儿，合不勒汗长支后裔、统领主儿乞部的薛扯别乞，大力神忽图剌汗的儿子阿勒坛等人也相继来投。

有了部众的拥戴，有了贵族的支持，铁木真终于可以重兴祖业了。1186年，获得了众多贵族拥戴的铁木真称汗，自也速该死后解体了的蒙古汗国又得以复兴。

不过，此时铁木真所能控制的地域和部众比合不勒汗时期小得多，原蒙古的众多部落都聚集在札木合麾下，而札木合是绝不能坐视铁木真重新统一蒙古的。

安答之间，终归要决一死战。

可汗不需要安答

铁木真的崛起，使得他与自己的安答，也有称霸之心的札木合之间的关系急剧恶化。札木合原本认为自己应该是蒙古大汗的不二人选，但铁木真异军突起，成为他的主要竞争对手。双方的关系已经日趋紧张，而一个偶发事件使得战争不可避免：札木合的族弟带人要圈走铁木真的马群，被铁木真部下所杀。

札木合勃然大怒，聚集自己麾下十三部向铁木真发动了战争，这便是著名的"十三翼之战"。

1189年，札木合组织十三部联军共三万人马向铁木真发起进攻。铁木真也组织了十三个古列延（军事、经济合一的组织单位），共三万人马前去应战。双方在答兰·巴勒渚惕（现具体地点不详，大约在今额尔古纳河与乌勒吉河之间的平原地带）发生激战。在这次战役中，内部并不团结的铁木真战败，被迫退往斡难河以南的哲列捏山隘。

十三翼之战中，札木合虽然取得了胜利，但他用大锅活活煮死了七十个俘虏，用以警告背离自己投靠铁木真的部族。这样的做法让人胆寒，却使更多的人不敢再留在他身边了。原本在他麾下的兀鲁兀部、晃豁坛部、忙兀部均离开了他，投奔了铁木真。

结果，铁木真虽战败却增强了实力，札木合虽胜利却损兵折将，一时间反而不得不蛰伏。铁木真趁机发展势力，于1200年，击溃了自己的世仇，曾经夺取自己财产还差点将自己杀死的泰亦赤兀惕部，使其遭受重创。泰亦赤兀惕部原本是依附于札木合的，这等于再次削弱了札木合的势力。

铁木真的实力越来越强，加之其靠山克烈部也如日中天，大有吞并各部，一统草原之势。这让很多各自为政的草原部族感到了威胁，他们聚集起来开始反制了。

1201年，合答斤部、撒勒只兀惕部、塔塔儿部、朵儿边部、亦乞列思部、弘吉剌部、斡罗剌思部、蔑儿乞惕部、斡亦剌惕部、泰亦赤兀惕部、北乃蛮部十一个部落的首领在阿勒灰河（额尔古纳河支流，今已不存）立誓结盟拥立札木合为"古儿汗"，也就是众汗之汗，准备向铁木真发起全面的进攻。

如果说，十三翼之战是札木合与铁木真争夺蒙古的汗位，那么这一次，札木合不仅是要消灭铁木真，也是在挑战克烈与蒙古同盟所形成的草原霸权。因此，此战不仅铁木真尽出精锐迎战，克烈部的脱斡邻勒汗也率主力参战。

当铁木真和脱斡邻勒汗率军至克鲁伦河的下游盆地赤忽儿忽时，与札木合联军遭遇。铁木真见对方人多势众，战则必败，决定退到阔亦田。北乃蛮部的不亦鲁黑汗率军紧追不舍，到阔亦田时，因大风雪使许多兵卒牲畜坠落到涧中而死，不战而溃。这牵动各路联军，遭到蒙古军反攻，全面溃败。

随之札木合赶来，见联军死伤甚多，便慌忙向额尔古纳河下游退却，但遭到克烈部的追击，札木合兵马溃散，无力抵抗，只得向克烈部投降。

这场大战，札木合的军事联盟解体，札答阑部溃灭，弘吉剌等部归降。而世仇泰亦赤兀惕部也被铁木真彻底消灭，众多杰出的人才如哲别、纳牙阿、赤老温等人成为铁木真麾下重要将领。而札木合却只能在克烈部当一名食客，再不是独立的政治力量了。

击溃札木合后，铁木真已经兵多将广，他准备为死于塔塔儿部的父亲讨还公道了。不过，塔塔儿部一直受到金朝的支持，是金朝控制草原诸部的抓手，若要和塔塔儿部交战，必然会遭到金朝的干涉。而此时羽翼未丰的铁木真还是不能和金朝正面对抗的。该怎么办呢？

机会总是给有准备的人的，正当铁木真厉兵秣马却又无法发兵时，塔塔儿部自己却提供了铁木真求之不得的机会。

1195年，也就是金章宗明昌六年，金朝派夹谷清臣经略北方，行尚书省事于临潢府。但这位夹谷清臣经略北方的军队，却遭到塔塔儿部的袭击，"掩其所获羊马资物以归"，夹谷清臣责问塔塔儿部，却导致塔塔儿部"由此叛去，大侵掠"。

塔塔儿部一直是金朝羁縻草原诸部的抓手，双方原本相得益彰，为何会突然翻脸？史书记载语焉不详，后世也一般都认为是塔塔儿部利令智昏。但若仔细分析，塔塔儿部既然臣服金朝已久，又与草原上众多势力如克烈部、蒙古等有深仇大恨，怎么会仅为一些财物便如此行事？

结合前因后果，我们也许可以得出这样的推论：夹谷清臣经略北方，原本调动了塔塔儿部人马，但在给养、战利品等分配问题上未能满足塔塔儿的要求，于是塔塔儿部便擅自取走了认为该是自己的那部分，结果遭到责问，双方矛盾激化，这才出现了"叛去，大侵掠"的情形。中原王朝与北方民族"雇佣军"之间，这样的状况并非罕见，东汉末年的羌胡义从，唐朝后期的回鹘骑兵，都有因军饷给养问题掀起叛乱的，塔塔儿之于金朝，应该也是如此。

此时金朝的军队早已衰败，面对塔塔儿部的叛乱，镇压无力。虽然金朝宰相完颜襄代替夹谷清臣征讨，但麾下军队也陷入"为阻卜（即塔塔儿）所围，三日不得出，求援甚急"的窘境。于是，只得以重利为诱，要求克烈部帮助其征讨塔塔儿部，而铁木真作为克烈部脱斡邻勒汗的义子，虽然与金朝也有不共戴天之仇，但为了能够重创塔塔儿部，便也出兵参与了对塔塔儿部的进攻。

塔塔儿部虽然人马众多，但面对三方联军的剿杀，哪里能够抵挡。在三方的进攻之下一败涂地，其首领蔑古真·薛兀勒图被杀，众多部众流散，从此再也不是足以左右草原局势的强部。金朝为酬报克烈部和蒙古，封克烈部的脱斡邻勒汗为王，脱斡邻勒汗从此被称为王汗。而铁木真则被册封为"札兀惕忽里"，也就是三品官位的招讨使。

这次击败塔塔儿部，不仅使铁木真赢得了金朝的封号、缓和了与金朝的矛盾，还赢得了"为父族复仇"的名望，受到更多的拥戴，而且还可以以金朝命官的身份去统辖各部，可谓一举"三"得。同时，铁木真还以不共同起兵征讨塔塔儿部为名，消灭了与自己一直不和的主儿乞部。这主儿乞部是合不勒汗长支后裔，论血统身份高于铁木真，对铁木真为汗一直不满。这么一来，铁木真也就消除了与自己争夺最高统治权的隐患，这又可说是一举"四"得。

不久，铁木真独自进攻塔塔儿残部。双方会战于哈拉哈河入海处的答阑捏木儿格斯，蒙古军队虽然耗损很大，但最终取得了胜利。战役结束后，铁木真命令将塔塔儿部高于车辕的男人全部杀掉，剩余的男女老幼皆收为奴隶。塔塔儿部遭受毁灭性的打击，彻底覆灭。

铁木真在不断壮大力量的同时，也发动了新的改革，他不断打乱原有的组织形式，排挤旧贵族，不以阶层提拔将领，而且利用主宰战利品分配加强了集权。这虽然使得蒙古的战斗力有了质的提升，但也让很多贵族甚为不满，主儿乞部的叛离和被消灭便是最直接的体现。而随着塔塔儿部溃灭，铁木真威望更高，改革进一步深入，他的一些至亲也无法忍受，他的叔叔答里台、堂叔阿勒坛以及堂兄忽察儿等纷纷率部离开了他。

这些贵族都去投靠了克烈部，这么一来，克烈部中不仅有札木合这个宿敌，又新添对铁木真心怀不满者，加之蒙古的日益壮大已经让克烈部心有疑忌，曾经的同盟开始松动了。

与札木合这位安答反目之后，铁木真又必须与王汗这位自己父亲的安答兵戎相见了。

克烈部以王汗儿子桑昆为首的势力开始对铁木真处处提防，暗下杀手。在征讨乃蛮部的战争中，克烈部第一次违背了盟约，擅自撤出战斗，差点让铁木真陷入重围。

但此时的铁木真并没有足够的警觉，反而帮助王汗击败了袭击他的乃蛮人，帮他夺回了部众和财产。这次战斗后，王汗对铁木真感激涕零，重申父子之盟，表示"（今后）咱俩若遭人嫉妒，若被有牙的蛇挑唆，咱俩莫受挑唆，要用牙用嘴互相说清，彼此信任。若被有牙的蛇离间，咱俩莫被离间，要用口用舌互相对证，彼此信任"。

可惜，无论多么美好的盟誓在利益面前终将被撕得粉碎。重申父子之盟不久，王汗便开始了对铁木真的一系列敌对措施。1202年春，铁木真与王汗在萨里河（今克鲁伦河上游之西）聚会，王汗企图借机杀害铁木真，因事情败露，王汗的企图未能实现。同年，铁木真向王汗提出结亲的要求，但遭到王汗父子的拒绝，两部的关系越发恶化。而战败投靠了王汗的札木合等人也不停地挑唆王汗与铁木真决裂，终于使得王汗下定决心消灭铁木真。

1203年，克烈部对铁木真发动突袭，双方爆发了合阑真沙陀（今内蒙古东乌珠穆沁旗境内）之战。

铁木真本就处于人数上的劣势，又仓促应战，最终惨败，部众四散。次子窝阔台和二弟哈撒儿的旁翼军队几乎全军覆没。当他撤退到哈拉哈河时，身边仅剩下十九名将领、二千六百人。

这个打击确实很大，铁木真不但失去了众多部众和财产，还差点失去了最心爱的儿子。窝阔台在战斗中颈部中箭，几乎丢了性命。据《蒙古秘史》中描写，看到儿子生命垂危，铁木真甚至流下了眼泪。

经此惨败，铁木真并没有颓丧沉沦，反而激起了他重新崛起的雄心。他本就不缺少坚韧不拔的意志和反败为胜的智慧，现在，与曾经的义父也已经恩断义绝，他可以放下负担，充分展现自己的实力，败中求胜了。

首先，他要重振士气，鼓舞军心。在东乌珠穆沁旗东北部（今色也勒吉河、乌拉盖河附近的巴勒渚纳湖），他与跟随他的十九名将领一起盟誓，表示："至是以后，愿与诸人同甘共苦！"重新凝聚了军心。

之后，他率领数千人继续沿哈拉哈河北上，到达贝尔湖以东驻扎，休养士马，其后又移驻于呼伦湖附近，养精蓄锐，伺机与王汗决战。与此同时，他还派人出使克烈部，向王汗表达了委屈和不解，如同没有做错事却受到父亲责罚的孩子，并表示自己要远走东部草原，不再与克烈部争雄，卸去了王汗的戒心。并派人离间依附王汗的札木合、忽察儿等人："汝善事王汗，王汗性无常，遇我尚如此，况汝辈乎？"导致众人率部遁走，衰弱了王汗的力量。

最后，他打出了自己的王牌，派弟弟哈撒儿以找不到大哥无处投奔为由向王汗投降，成为最强有力的内应。

之后的事情便已经毫无悬念。1203年7月，恢复了元气的铁木真率部向克烈部发起突袭，哈撒儿也从中响应，王汗父子毫无防备，遂被彻底击败。王汗在捏坤河为乃蛮守将所杀，桑坤则死在自己仆从手中，强大的克烈部骤然而亡，铁木真就此统一了大半个蒙古高原。其时，还没有被铁木真消灭的草原强部，只剩下南北乃蛮和汪古部了。

汪古部世代为金朝镇守边墙，从不参与草原争雄。现在，金朝已有衰颓之势，而草原上已经出现了蒙古与乃蛮东西对峙的局面。汪古部首领阿剌兀思剔吉忽里知道自己必须做出选择，相当有眼光的他没有看中似乎树大根深的乃蛮部，而是选择了朝气蓬勃的铁木真。

此时，北乃蛮部因为参与札木合反对铁木真的联盟，失败后元气大伤，已经不足为虑。但南乃蛮部却还是地大民众，不可小觑，其可汗拜不花被金朝册封为"大王"，蒙古语读作"塔阳"，因此也被称为"塔阳汗"。

反对铁木真的诸多残余势力，如蔑儿乞惕部的脱黑脱阿、札木合、阿勒坛、忽察儿，以及朵儿边、塔塔儿、哈答斤、撒只兀诸部，都聚集到塔阳汗身边，兵势颇盛。塔阳汗自恃势大，认为"天无二日，民岂有二王"，也决定要与铁木真争夺霸权。

1203年，塔阳汗遣使约汪古部一起对抗蒙古，请汪古部首领阿剌兀思剔吉忽里"出兵为右翼，我从这里出兵夹击"。但阿剌兀思剔吉忽里早已决定归附铁木真，于是他将塔阳汗的意图报告铁木真，并发兵会合蒙古军同攻乃蛮。

1204年春，铁木真与南乃蛮部展开决战。虽然南乃蛮人多势众，但札木合等人与塔阳汗并不一心，不但不提供帮助，反而动摇乃蛮军心。而塔阳汗本人"除飞放打猎之外，别无技能心性"，胜利的天平向铁木真倾斜。经过激战，南乃蛮军大败亏输，塔阳汗伤重而死，其首席文臣塔塔统阿被俘。塔阳汗之子屈出律奔往北乃蛮，南乃蛮灭亡。

次年，铁木真在阿尔泰山之阳休整后，越过阿尔泰山向北乃蛮发动进攻。北乃蛮的不亦鲁黑汗在兀鲁黑·塔黑（今布拉格山）被俘，屈出律逃亡西辽，南北乃蛮遂被全部征服。

乃蛮部灭亡后不久，札木合被自己的那可儿出卖，成了铁木真的俘虏。面对着自己的安答和仇敌，铁木真没有将他如阿勒坛、忽察儿一般毫不留情地处死，而是希望与他再续安答之情：“如今咱俩又相会了，仍还相伴为友吧？（以前）咱俩互相依靠，都是大车的一条辕，你却产生了分离的念头。如今咱俩可以在一起，互相提醒忘记的事。熟睡不醒时，可以互相唤醒。（前些年）你虽离我而行，终究还是我的有吉庆的安答。”

此时的铁木真只想重拾童年友谊，但很多东西一旦丢失就再无法追回。

札木合的回答既没有不甘也没有愤恨，更没有失败者的卑躬屈膝：“我以前当与你作友伴时，不曾与你作友伴，如今安答你已平定全国，兼并邻部，汗位已归属于你，天下已定，我与你作友伴又有何用？（我若不死）只怕会使安答你夜里睡不安稳，白天不能安心，只怕会成为你衣领上的虱子，衣襟内的刺。……安答你降恩吧，令我速死，以安安答你的心。安答你降恩处死我吧，但愿不流血而死去就好。”这最后的赤诚相见，已经使生死释然，札木合终于被处死，并被厚葬。

铁木真经过十余年的战争，终于统一了蒙古高原“毡帐中百姓”，控制了东起兴安岭、西迄阿尔泰山、南达阴山的广大地区。1206年春，铁木真召集所有贵族重臣在斡难河源举行"库里勒台"，竖起九斿白纛（由玄铁制成，以九匹纯白色战马的鬃毛为缨的类似长予的旗帜），即大汗位，号"成吉思汗"。正式建立了"也客·忙豁勒·兀鲁思"，即"大蒙古国"，也称为"蒙古汗国"或"蒙古帝国"。

从此，蒙古高原群雄林立、互相争伐的局面结束，一个新的民族"蒙古族"也从此诞生。

"做我第五个儿子"

成吉思汗建立"大蒙古国"后，立即进行了一系列政治、军事和法律建设，迅速将一盘散沙的草原游牧民整合成一个紧密团结、充满效率的国家。为日后大蒙古国的对外扩张，建立世界帝国奠定了扎实的基础。

成吉思汗的大蒙古国坚持游牧传统，没有设立都城，成吉思汗的斡耳朵（宫帐）仍分居四处：第一斡耳朵设在克鲁伦河之库迭额·阿剌勒，亦称大斡耳朵，是汗国的政治中心；第二斡耳朵设在撒阿里客额儿；第三斡耳朵设在土拉河黑森林；第四斡耳朵设在色愣格河支流伊德儿河。

以四大斡耳朵为行政中心，成吉思汗建立了从中央到地方的一整套政权组织机构。他任命义弟失吉忽秃忽为"也客达鲁花赤"（即大断事官），其具体职权是掌管百姓的分配和对犯罪的判决，具有至高的权力，"凡事失吉忽秃忽与朕议定而写在青册白纸上的规定，直到子子孙孙，永远不得更改，更改的人要治罪"。

在地方上，成吉思汗对所辖的百姓进行重新划分，打乱原有的氏族和部落组织，按地域划分为左、右两个万户。左翼万户的管辖地直到大兴安岭的东部地区，以木华黎为万户长；右翼万户的管辖地直到阿尔泰山西麓，以博尔术为万户长。万户之下，以十进制的组织，分千户、百户、十户。成吉思汗直接统治的地区共分九十五个千户，委派他的开国功臣们为千户长。千户多数是由不同部落的门户混合编组起来的，只有成吉思汗的姻亲弘吉剌部、汪古部等少部分部族不重新划分。

各千户的户数并不完全为整数，它是以战时提供千名战士为条件组织的。各千户有按地域划分的一定地段，其百姓在指定的牧场范围内游牧。军队以千户为单位征调，千户长既是军事统帅，又是地方行政长官。15—17岁的男性都要在本管千户内服役，各千户编制内的民户不得随意变动。

有了制度，更需要有完备的法律。早在1203年消灭克烈部后，成吉思汗在帖蔑延原野召集库里勒台，制定了"完善和严峻的法令"，是为《帖蔑延法令》。待到1206年设置"大断事官"，在《帖蔑延法令》的基础上进行增加和修订，于是产生了《大札撒》，亦即《成吉思汗法典》。

《大札撒》既有成吉思汗自己的感悟和经验，也有着蒙古民族乃至更早的游牧民族的习惯法精华。习惯法在蒙古语中称为

"约孙"，是一种具有浓郁民族特色的群体习俗，它是古代蒙古世代相传、沿袭已久的行为准则。成吉思汗将草原各民族千百年来所形成的习惯，综合上自己的政治、经济、军事思想，使之系统化、条文化，真正形成了行使于全民族的法律。《大札撒》不仅仅属于蒙古民族，也属于所有草原民族，正如一些学者所言，"所谓'蒙古法系'，也不是蒙古民族所独创，而是自古以来以干燥亚洲为生活舞台的许多游牧民族文化之产物"。

《大札撒》古本在元末明初毁于战乱，失传达六百余年，其内容散落于众多史料之中。后人从各国保存的史籍中将之整理编纂，形成今天看到的版本，分为总则、国家制度、社会管理制度、役税制度、驿站制度、军事法（狩猎）、军事法（战争）、军事法（怯薛）、行为法、诉讼法和附则，共十一章。对大蒙古国的国家、社会、军事、战争、贸易、赋税、社会秩序、诉讼等诸多方面做了规定，具有不可更改、不能违背的绝对权威。成吉思汗曾训诫臣民："如果隶属于国君的许多后裔们的权贵、勇士和异密们不严遵法令，国事就将动摇和停顿，他们再想找成吉思汗时，就再也找不到了。"

在成吉思汗之前，蒙古各部均无文字。在消灭南乃蛮部塔阳汗的过程中，成吉思汗俘虏了塔阳汗的掌印官，畏兀儿人塔塔统阿。成吉思汗将他留在身边任职，并授命他创制一种用畏兀儿字母拼写的蒙古文。塔塔统阿出色地完成了任务，成功创制出了畏兀儿蒙古文。蒙古文诞生后，成吉思汗命塔塔统阿将其教授于诸王、重臣、贵族子弟，并颁行全国。大蒙古国建立后，畏兀儿蒙古文成为全蒙古的通用文字。

作为大蒙古国的通行文字，畏兀儿蒙古文被用于编集《大札撒》、登记户口分配、处理案件、记录成吉思汗的训言和发布的命令等，并用于与各国的书信往来。在以后的数百年历史中，还有多种蒙古文出现，如1269年由元世祖忽必烈命国师八思巴创制的八思巴蒙古文；1589年，喀喇沁翻译僧阿尤喜为转写藏语和梵语创制阿利伽利蒙古文；1648年，卫拉特蒙古高僧咱雅班智达创制适合于卫拉特蒙古语语音特点的托忒蒙古文；1686年，喀尔喀蒙古的札那巴斯尔参考藏文和梵文创制索永布蒙古文等。但这些蒙古文有的被废弃，有的仅在部分蒙古人中使用，成吉思汗时期创制的蒙古文一直是蒙古民族最主要的应用文字。

同时，成吉思汗着重确立了以自己为核心的黄金家族的统治地位。他的四个儿子术赤、察合台、窝阔台、拖雷是"汗国宫廷的四根栋梁"。长子术赤掌管狩猎；次子察合台掌管法律；三子窝阔台治理朝政；幼子拖雷负责军队的组织和指挥及兵马的装备 。他的四个弟弟，所有姻亲，也都给予大量土地、人口的分封。曾经蒙古的"黄金家族"是众多贵族家族的统称，成吉思汗的仇敌泰亦赤兀惕、主儿乞都算是黄金家族，而从此以后，只有成吉思汗的孛儿只斤家族才是唯一的黄金家族。

以武力建立霸业的成吉思汗，深知军事力量的重要，闲时归家、战时征集的军队还不足以维护自己作为可汗的威权，于是，他建立了常备军——中央怯薛军。怯薛意为"护卫"，其前身是成吉思汗设立包围自己的箭筒士。1204年，成吉思汗首次组建了有一百五十人的"怯薛兵"。1206年成吉思汗正式组建了怯薛军："从各千户中挑选人到朕处进入轮番护卫队、侍卫队中。选入的宿卫、箭筒士、侍卫，共满万人。"

怯薛兵的选拔非常严格，"从万户长、千户长、百户长的儿子和白身人（自由民）的儿子中，挑选有武艺，身体、模样好的人"组成。这万人怯薛被称为"大中军"或中央万户。

这一万名怯薛兵，包括一千名宿卫、八千名散班和一千名箭筒士。成吉思汗赐予怯薛兵以崇高地位，如有人犯罪，官员无权惩罚，须先向可汗奏问，然后执法。即使一般怯薛的地位也在千户长之上，若外千户长与执行任务的怯薛兵发生争斗，外千户长将受到惩罚。

怯薛军的扩建，对巩固汗的统治起到了重要作用，成吉思汗依靠这支武装力量，加强了中央集权。

而最大的变革，是在宗教层面上。

蒙古人笃信萨满教，对萨满教的主神"蒙客·腾格里"也就是"长生天"极为虔诚，长生天"是一切可见和不可见事物的创造者，他是世界上的美好事物也是种种艰难困苦的赐予者"。可汗必是"托着长生天底气力"才有威权。人们平常做事，都要讲究是"天教凭地"，所作所为都是"天识着"。

成吉思汗的崛起，除了自身的才能和贵族的血统，很重要的便是获得了萨满教教权的支持。

第一个给成吉思汗支持的萨满教大巫师，是豁儿赤。他本是札木合的大巫师，但却背离了札木合投靠了铁木真。而作为给铁木真的"见面礼"，豁儿赤以大巫师的身份宣布："神告降临于我，使我目睹了：有一头无角的黄白色公牛驮着、拉着大帐房的下桩，从铁木真后边循着大车路而来，吼叫说：'天地商量好，让铁木真当国主，我把国家载来了！'这是神指示我，使我目睹到的。"

对于信仰萨满教的蒙古人来说，豁儿赤代表天神的宣言，就是成吉思汗必能成事的预告和保障，这使得大量的贵族和部众聚集到铁木真身边。在豁儿赤预言的辅助下获得了众多贵族拥戴的成吉思汗于1186年成为蒙古可汗，开始了称霸草原的征程。

另一位对成吉思汗崛起有着重要功劳的萨满教大巫师，是阔阔出。阔阔出被称为"帖卜腾格里"，意为"通天大巫师"，他惯于揭示玄机、预言未来的事情，并且常说："神在和我谈话，我在天上巡游！"阔阔出利用自己能"和神说话"的神通，为成吉思汗的很多战略决策造舆论，赋予天命的神圣性。1206年，在斡难河源的库里勒台上，阔阔出传天神意旨，献上了成吉思汗这一至高无上的尊号，大大加强了汗权。因此他很受宠遇，位高权大。

但是，以豁儿赤、阔阔出为代表的萨满教教权，虽然对成吉思汗的汗权助益很大，但其宗教权力一直不受汗权制约，当教权和汗权目标一致时，自然可以相得益彰。但涉及谁才是国家最高主宰、谁代表最高权威的问题，汗权和教权的冲突便不可避免。

对于豁儿赤，成吉思汗的手段比较怀柔，在建国之后，封其为万户长，并让其"从国内美好的女子中任意挑选三十人为妻"，重赏的同时也就解除了其大巫师的职责，使其不再能行使教权。而对阔阔出，则爆发了流血冲突。

　　阔阔出坚持教权高于汗权，认为自己代天而言的权威应该与成吉思汗并驾齐驱。他毫无顾忌地破坏成吉思汗的册封格局，利用萨满教将各部落百姓拉拢在自己周围。而为了动摇削弱汗权，阔阔出挑拨成吉思汗与二弟哈撒儿的关系，使成吉思汗逮捕了哈撒儿，削减了哈撒儿的属民，兄弟二人的关系出现裂痕，甚至导致了成吉思汗的母亲诃额伦太后忧伤而死。

　　阔阔出的一系列作为，对于一心要维护汗权至尊地位的成吉思汗来说是不能容忍的。于是，成吉思汗借助幼弟斡赤斤帖木格与阔阔出闹纷争的机会，处死了阔阔出。

　　之后，成吉思汗让多年追随他的驯顺亲信的兀孙老人掌管萨满教宗教事务，任萨满教首领别乞，让兀孙穿白衣、骑白马，坐在高座上主持祭祀，选算年月吉凶。

　　打压教权，以驯顺者掌管宗教，这只是成吉思汗的第一步。而第二步，他则自己承担了从上天接受神谕的职责。处死阔阔出后，凡是国家有重大决策，如发动战争等，成吉思汗都亲自向长生天祈祷，以获得神谕，求得长生天的庇佑和帮助，祈祷战争的胜利。这原本是萨满的职责，成吉思汗则将这一职责自己承担，一定程度上完成了政教合一，使得教权完全为自己所掌控。

　　一切完备，后方安定，成吉思汗可以冲出草原，去问鼎天下了。而作为草原帝国的统治者，在南下之前，他需要解决东西两面的问题。

　　在东方，成吉思汗派长子术赤前去招抚"林木中百姓"，也就是在叶塞尼河流域广大森林中的森林狩猎民。面对强大蒙古军的威慑及成吉思汗丰厚奖赏的怀柔政策，"林木中百姓"斡亦剌部首领忽都合别乞很识时务，主动接受了招抚，并帮助术赤招抚其他部落。

忽都合别乞不战而降，又为成吉思汗统治其他"林木中百姓"建立了功勋，从而受到极高奖赏，不但得以统治原有部落，受封太师，而且成为成吉思汗的亲家，其儿子脱劣勒赤娶了成吉思汗的女儿扯扯干公主。这斡亦剌部，便是日后声名显赫的卫拉特（瓦剌）。

在西方，成吉思汗积极招抚西域各小国。

西域各国原本都臣服于耶律大石建立的西辽帝国，但此时西辽帝国的第三代皇帝耶律直鲁古直昏聩无能，国势已是日薄西山，对外被中亚强国花剌子模攻城略地，对内则政治腐败，欺压藩属。

于是，作为西辽最大的藩属之一的高昌回鹘决定倒向成吉思汗。

高昌回鹘又称西州回鹘、和州回鹘、阿萨兰回鹘等，是唐朝时回鹘汗国的后裔之一，其国土东至伊州（今哈密），西至龟兹（今库车），北至今准噶尔盆地边缘，与乃蛮为邻，南至罗布泊一带，与吐蕃为邻，以高昌为都城。其国君称为亦都护，即"幸福的君主"。此时的亦都护名叫巴尔术阿尔忒的斤，面对西辽所派少监（监督管理高昌回鹘的官员）的横征暴敛和对自己的侮辱，他于1209年发动反正，杀西辽官员，并遣使向成吉思汗表示臣服。

1211年，巴尔术阿尔忒的斤应召携贡物至漠北朝觐。在成吉思汗面前，亦都护不吝赞颂和谦卑："如今云开见日，冰消河清，听到成吉思汗的名声，臣高兴已极！若蒙成吉思汗恩赐，臣愿得金带的口子、大红衣服的碎片，做您的第五个儿子，为您效力！"

成吉思汗对巴尔术阿尔忒的斤同样给予了极大的恩赏，不但招其为驸马，把自己的女儿阿勒阿勒屯赐嫁给了他。还允其享有"第五子"之优遇，"使与诸皇子约为兄弟，宠异于诸国"，高昌回鹘仍是亦都护家族管理，且不再有西辽时期的横征暴敛。

这样的措施，不但让高昌亦都护家族对蒙古汗国忠贞不贰，在成吉思汗一系列对外战争中甘效死力，"与者必那颜征罕勉力、锁潭、回回诸国，将部曲万人，以先启行。纪律严明，所向克捷"。而且还带动了西域各国的一大批统治者纷纷归附，海押立的阿儿思兰汗、阿力麻里的斡匝儿等，也效仿巴尔术阿尔忒的斤，脱离了对西辽的臣属关系，转而归附蒙古。

后人都认为成吉思汗喜爱战争，凡事总爱用武力解决问题。但其实，在可以不用武力的时候，他愿意用任何方式获取最大的利益。斡亦剌部和高昌回鹘便是最好的例子。

在收取西域和东部"林木中百姓"之后，成吉思汗终于可以南下了，他要征伐金朝，为祖先复仇。

也许他自己都不会想到，自己的复仇之战，开启了子孙们走向天可汗之路的征程。

第二章 长鞭所指促夏执金

大蒙古国对外扩张的首要目标是世仇金朝。这个雄踞北方中国的强大王朝不但以酷刑处死过成吉思汗的祖先俺巴孩汗、斡勤巴儿合黑，而且还每三年派军队进入草原"减丁"一次，给蒙古人带来过深重的苦难。一向奉行有仇必报的成吉思汗如今有了百万人口和十余万精锐部队，自然要快意恩仇。

不过，金朝是地广民丰的大国，且有着无数坚固城防的城市。蒙古军攻城经验不足，贸然进攻不会有好效果。于是，在金朝西方，较为弱小的西夏，便成为成吉思汗训练军队、学习攻城技术的试验品。

三征西夏

西夏是1038年由党项人（羌人的一支）建立的国家。党项人也是彪悍的游牧民族，早期首领李继迁、李德明都是智勇双全的雄主，到李德明之子李元昊时期，终于占据今天宁夏北部、甘肃小部、陕西北部、青海东部以及内蒙古部分地区的土地，建号开国，国号大夏，定都于兴庆府（今宁夏银川）。因为地处西部，在汉籍中习称西夏。

西夏虽然地小民稀，但因为党项骑兵的骁勇，在与宋、辽的战争中屡屡获胜，终于形成了辽、宋、夏三足鼎立的局面。北宋被金朝灭亡后，金朝也无法将之攻灭，只能允许他称臣，以藩属的身份存在。

此时，西夏已经立国超过百年，崇佛尊儒，不但全国广建佛寺，还将孔子从"文宣王"升级尊为"文宣帝"进行祭祀。不过，文化发达起来的党项人，其骁勇之气并未消退。西夏重骑兵的铠甲"皆冷锻而成，坚滑光莹，非重弩不可入"，使用的宝剑称为"夏人剑"，其锋利坚韧程度被宋朝称为"天下第一"，而弓弩手所用的"神臂弓"被宋人誉为"最为利器"，其制作精美，经久耐用，犀利无比。

在元末，党项人后裔、文学家余阙在其《送归彦温赴河西廉访使序》一文中还说："予家合肥，合肥之戍，一军皆夏人。人面多黧黑，善骑射，有身长八九尺者。其性大抵质直而上义，虽异姓如亲姻。凡有所得，虽箪食豆羹不以自私，必招其朋友。朋友之间有无相共，有余即以予人；无即以取诸人，亦不少以属意。"可见直到元末，党项人后裔仍然能骑善射，武勇过人。

不过，此时的西夏正处在内有宫变、外坏邦交的时刻。成吉思汗建立大蒙古国时，西夏正是第五代皇帝仁宗李仁孝和第六代皇帝桓宗李纯祐交替之时。桓宗被堂弟李安全所废，李安全自立为帝，是为襄宗。襄宗请封于宗主国金朝，却遭到拒绝。从此夏金两国交恶。

成吉思汗此时选择攻打西夏，可谓把握良机。

1205年，成吉思汗在建国的前一年，便开始了对西夏的进攻。这次进攻，作为引导的是汪古部。因为汪古部长期为金朝镇守界壕，与西夏常有交往，却总被西夏欺压，而金夏又交好，只能忍气吞声。如今有了成吉思汗作为靠山，自然要扬眉吐气一番。

汪古部给成吉思汗献计，若要用兵西夏，有两条进军路线：一是经汪古部居地，进而由狼山口入后套，进攻西夏东北黑山威福军司，此路方便快捷，便于行军；二是取额济纳河孔道，即汉代居延道，进攻西夏西北黑水镇燕军司，此路需穿越沙漠，不易解决给养。因此，建议选择第一条道路。成吉思汗欣然听从。

是年，成吉思汗亲自率军进入夏境，攻陷力吉里寨，并掳掠落思城的居民和牲畜。面对蒙古军的进攻，西夏朝廷竟然"不敢拒"，只是在蒙古军退兵后，修复了被焚毁的城堡，并将首都兴庆府改名为"中兴府"。

1207年九月，成吉思汗借口西夏不纳贡，再次发兵攻占西夏的兀剌海城（又称斡罗孩城，位于阴山西、狼山北）。西夏右厢诸路兵奋勇抵抗，蒙古兵攻掠五个月后，并没有取得太大进展，因军粮匮乏，于次年二月退兵。

进攻未竟全功，成吉思汗自然不能罢休。修整一年后，1209年，成吉思汗亲率大军自黑水城（今阿拉善哈刺浩特古城）北兀剌海关口突入夏境。夏襄宗以其子承祯为元帅，领兵五万奋力抵抗，蒙古兵发起猛烈的攻势，夏兵大败。副帅高逸被俘，不屈而死。四月，蒙古军再攻兀剌海城，城陷，西夏太傅西壁讹答被俘。

七月，蒙古军乘胜进抵中兴府的外围要隘——克夷门。此处位于兀剌海城与中兴府之间，也就是今天贺兰山东麓三关口。该处地形险要，"两山对峙，中通一径，悬绝不可登"。夏襄宗派西夏名将嵬名令公为统帅，领兵五万迎敌。

嵬名令公不愧是西夏名将，趁蒙古军立足未稳之际，身先士卒，率军居高临下发动突袭。这正是西夏军传统战法，集中兵力突然袭击某一点，"先出铁骑突阵，阵乱，则冲击之，步兵挟骑以进"，蒙古军猝不及防，遭到失败，不得不后撤安营。

夏军初战获胜，遏制了蒙古军的攻势，双方相持两月。时间一长，西夏军队便开始懈弛。成吉思汗设下伏兵，派出游兵诱西夏兵出战。嵬名令公未能察觉，率兵出战，结果陷入埋伏，夏军惨败，嵬名令公被俘。克夷门险隘被蒙古军攻占，成吉思汗兵临中兴府城下。

中兴府陷入重围，夏襄宗亲自登城激励将士守御。蒙古兵见中兴府一时无法攻破，于是引黄河水灌城，城中居民淹死极多。襄宗遣使向金求援，金朝文武大臣都主张立即发兵夹击蒙古。但金朝此时的皇帝完颜允济却说："敌人相攻，吾国之福，何患焉。"拒绝出兵。

西夏名将被俘，要隘被占，军队损失殆尽，都城被大水淹浸，金朝又不来相救，已经危在旦夕。恰在此时，"适逢外堤溃决，水势四溃"，蒙古军也有被淹的危险，成吉思汗主动撤围，并放回被俘的西夏太傅西壁讹答向夏襄宗劝降，承诺只要臣服便可平安。

夏襄宗无奈，只得将公主献给成吉思汗为妃，"纳女请和"。成吉思汗娶了公主，退兵返回草原。

对于蒙古的征伐，西夏的抵抗是可圈可点的，最终归于失败，完全是战略上的失误。西夏虽号称有兵六十万，但实际上，最具战斗力的是守卫都城，由皇帝亲领的帐前侍卫军二万五千人，以及号称"擒生军"的常备精锐十万人。其余左、右两厢监军司统辖的近五十万军队，都是以部落为单位的民兵，遇到战事，国王以银牌召部落长，再由部落长临时召集，战斗力不强。可即使如此，西夏的军力也远超蒙古，可在与蒙古军的战斗中，西夏没有集中优势兵力决战，而是添油战术和被动防守，结果精锐野战军在野战中被各个击破，而诸城都是分兵把守、屯兵坚城，不能互救。反观蒙古军，却灵活机动，每每以优势兵力打歼灭战，在客场反而打出了主场的感觉。

这种情形在日后蒙古进攻金朝的战争中再次出现，西夏受难金朝不救，而西夏的错误金朝也没有吸取，可见败亡有凭。

西夏臣服了，在对夏战争中积累了丰富攻城经验的成吉思汗可以对金朝下手了，而坐视西夏遭难袖手旁观的金朝，很快就要自食其果。

值得一提的是，那位西夏名将嵬名令公被俘虏后，多次拒绝成吉思汗的劝降。他被囚禁在土屋中，"蓬首垢面，食惟粗粝"，但"志不稍屈"，算得上铁骨铮铮的忠臣。待到夏襄宗臣服之后，嵬名令公被释放，日后又成为西夏军事统帅。

浴血野狐岭

西夏降服，灭金的障碍已经完全排除。成吉思汗厉兵秣马，做着充足的准备。

1211年，在降服西夏三年后，成吉思汗来到蒙古的圣山不儿罕山，"脱帽，解带搭于肩，三次以头叩地"，向长生天进行祈祷："长生天在上，朕决意整顿军马，为被金王卑鄙残害致死之斡勒巴儿合黑亲王与俺巴孩汗报此血海深仇。天若许朕复仇，则助朕一臂之力，命下界所有人神齐集而助我一战。"

他需要来自上天和祖先的祝福，毕竟，他要面对的是曾经在自己头上不可一世的强国，一个人口是自己国家五十倍，军队是自己国家十倍的庞然大物。不过，一生都在战争中度过的成吉思汗绝不是一个将命运交付神灵的人。对于金朝的情形，他早已通过各种渠道进行了充分的了解。

现在金朝在位的皇帝，是前朝金章宗的叔叔完颜永济。成吉思汗早就见过他，在1198年，成吉思汗曾按惯例入贡于金，在金朝的边城净州（今内蒙古四子王旗西城卜子村），完颜永济作为钦差接见成吉思汗。这位皇叔所表现出来的，完全是一副纨绔无威的形象，成吉思汗甚为鄙夷，一点不给面子，"见允济不为礼"。待到金章宗去世，完颜永济以皇叔的身份即位，金使者携即位诏书至蒙古宣谕，成吉思汗听闻是完颜永济为帝，直接南向而唾说："我谓中原皇帝天上人做，此等庸懦亦为之耶！何以拜为？"说完便头也不回地走掉。曾经让他既恨又畏的金朝皇帝，现在他已经完全瞧不上眼了。

而金朝不仅庸主在位，且国力也已经外强中干。虽然先有"小尧舜"金世宗的治世，后有金章宗的"明昌之治"，武功文治鼎盛一时。但金朝集权化的速度过快，国运全取决于皇帝一人。皇权独大一定时间内可以获得上下整肃，令行禁止，资源汲取最大化从而办成很多大事，但随着时间推移，政治劣质化便难以遏制。皇帝的错误无人可以纠正，弊病昭彰却无人能够拯救，"每有四方灾异或民间疾苦将奏之，必相谓曰：'恐圣上心困'"，各级官员"惟知迎合其意，谨守簿书而已。为将者，但知奉承近侍以偷荣幸宠，无效死之心"。如今的金朝，已是"盗贼纵横，边圉驿骚空，一国之事，力已不足以支矣"的衰败景象。曾经笑傲东亚无敌手的女真铁军也早已衰败，"军政不修几三十年，阙额不补者过半，其见存者皆疲老之余，不堪战阵"。何况，不救西夏，等于自断臂膀，将自己置于孤立之地。

此时不出兵，更待何时？

是年九月，蒙古铁骑扬鞭南下。一路军队由成吉思汗亲自率领，沿抚州（今河北张北）、宣德（今河北张家口宣化）、居庸关、中都（今北京）方向推进；一路军队由术赤、察合台、窝阔台率领，向金朝西京（今山西大同）推进。金军边备废弛，将帅无能，蒙古的两路大军摧枯拉朽，金朝黄河以北的城镇几乎全部沦陷。

蒙古铁骑咄咄逼人，金朝朝堂一片混乱。金帝完颜允济不知所措，下令各路兵马保卫首都中都（今北京）。于是，金朝西京（今山西大同）留守纥石烈执中（女真名胡沙虎），参知政事完颜承裕等人所率的金军主力聚集于野狐岭。

野狐岭（今张北县台路沟乡春垦村南、万全县新河口乡小麻坪村北一带），又名也乎岭、隘狐岭、额狐岭、扼胡岭，蒙古人称之为"忽捏根答巴"，意思是山口，其地"高岭出云表，白昼生虚寒。冰霜四时凛，星斗咫尺攀。其阴控朔部，其阳接燕关"，乃兵家必争之地。金蒙双方在此爆发了著名的"野狐岭之战"。

不过，野狐岭之战虽名气很大，但实际上主要战斗并不是在野狐岭发生。金军主帅是完颜承裕，其人是金朝宗室，曾经南征南宋，大破宋军，有些将才。但在蒙古军南下时，他防守乌沙堡（位于今内蒙古镶黄旗西北二十里），在蒙古大将、神箭手者别的迅猛攻势下大败，从此得了"恐蒙症"，虽然麾下有数十万大军（关于金军人数，《元史》记载是三十万人，《元朝名臣事略》记载是四十万人，《蒙鞑备录》记载是五十万人，取折中数，二十到三十万是有的），却根本没有决战的勇气。

1211年八月，成吉思汗率蒙古军主力来到野狐岭，立即展开进攻。

看到金军人马众多，大将木华黎向成吉思汗提出，敌众我寡，不致死力战，恐怕不能破敌。于是他自告奋勇，率一支敢死队，策马横戈，大声呼喊冲向金阵。金军本就战意不坚，被这一冲，立即阵脚大乱。

见金军大乱，两翼蒙古骑兵猛然杀出，从山谷两侧高山上冲下"钳形夹击"金兵，成吉思汗则指挥正面诸军整体并进。

面对蒙古军的攻势，完颜承裕竟然不战而退，率主力后撤逃窜。真正与蒙古军交战的，只有纥石烈执中所率的七千人，结果自然是一边倒的碾压之势，金军大败，一泻千里。

成吉思汗指挥大军乘胜追击，沿路金兵"陈尸百里"。待追到会河堡（今河北怀安东），金军主力终于被追上，在蒙古军的砍瓜切菜之下，金军几乎全军覆没，完颜承裕仅以身免。

经此一战，金军主力几乎丧尽，再无力进行野战，"识者谓金之亡决于是役"。而成吉思汗占领了宣德州，进而攻破居庸关，在龙虎台（今北京昌平西北）扎营，包围了中都。

首都被包围，金朝总算被激发出祖先的骁勇之气，"誓死迎战"，"金卫卒殊死战"，竟然让成吉思汗的大将者别所率的部队"多死伤"，金中都遂暂时解围。

在成吉思汗抵达中都之时，术赤、察合台、窝阔台所率的西路军则先后攻克了云内（今内蒙古托克托县东北古城乡白塔村古城）、东胜（今托克托）、武州（今山西左云县）、朔州（今山西朔州市）、丰州（今呼和浩特东），最终攻克了金朝西京大同。

到1211年十一月，德兴府（今河北涿鹿县）、弘州（今河北阳原县）、昌平（今北京市昌平区）、怀来（今河北怀来县）、缙山（今北京市延庆区）、丰润（今河北丰润区）、密云（今北京市密云区）、抚宁（今河北抚宁区）、集宁（今辽宁兴城西南），乃至"东过平（今河北卢龙县北）、滦（今河北滦县），南至清（今河北青县）、沧（今河北盐山县），由临潢过辽河，西南至忻（今山西忻州市）、代（今山西代县）"的广大地区，全被蒙古军占领，但此时成吉思汗还没有入主中原的打算，占领这些州县之后，将财物、人口掠走，并不派兵镇守。是年十二月，蒙古军暂时北撤进行修整，金军得以收复失地。

然而到了1212年下半年，成吉思汗卷土重来，金朝各州县又纷纷失守，只是成吉思汗在再次攻打西京的同时受了箭伤，蒙古军的攻势才有所放缓。1213年下半年，伤愈的成吉思汗再次挥兵南下，攻破居庸关后，兵分三路，右军进攻河北、河南、山西，左军进攻河北和辽西地区，中军进攻河北、河南、山东。

金朝既无能战之将，又无充足之兵，府州县城相继陷落，"唯中都、通、顺、真定、清、沃、大名、东平、德、邱、海州十一城不下"。

而战场上的失利，也让金朝内部出现内讧。完颜永济为帝，本就合法性不足，如今又丧城失地，权威降至冰点。1213年八月，纥石烈执中发动兵变，杀死完颜永济，立金章宗异母兄完颜珣为帝，是为金宣宗，纥石烈执中为太师、尚书令、都元帅，受封泽王，执掌大权。是年十月，大将术虎高琪又发动兵变杀纥石烈执中而代之。

如此混乱的中枢，更无力抵御蒙古军的侵袭了。1214年三月，金宣宗纳贡求和，将完颜永济的女儿歧国公主献给成吉思汗为妃，并献金帛、童男童女五百人、马三千匹。成吉思汗暂时退兵。

成吉思汗获得了物质上和心理上的极大满足，除了金朝的贡献之外，还"尽驱山东、两河少壮数十万而去"。

金朝的失败，虽有内政不修、军备废弛等原因，但毕竟国大民众，只要举措得当，本有胜机。成吉思汗攻打西夏之后，三年之间并未动兵，金朝本该有所警惕，或加强边关防备，或主动出击，都不至于陷入完全被动，可金朝却毫无作为。在遭到成吉思汗的进攻后，一味被动防御，毫无章法。宰相徒单镒指出："自用兵以来，彼聚而行，我散而守，以聚攻散，其败必然。不若入保大城，并力备御。"他认为应该收缩兵力，立足坚守大城，而不是将兵力分散于各城池而被各个击破，却被完颜永济否决。野狐岭之战，金朝虽然聚兵，却无决战的战略，加之用人不当，结果一败涂地。其过度集权导致政治劣质化的弊端暴露无遗。

三年的战争使金朝遭受重创，"山东、河北诸郡失守"，"河东州县亦多残毁"，核心地区一片凋敝。既然已经议和，蒙古退兵，能够卧薪尝胆，收拾残局，以金朝百余年的根基，还有复兴的希望，但金宣宗根本不是中兴之主的材料，议和之后，首先考虑的便是要迁都以避蒙古的锋芒。

如此一来，金朝终是难逃万劫不复了。

克中都

　　和蒙古的议和刚达成不到两个月，1214年五月，金宣宗便下令迁都南京，也就是曾经的北宋都城汴梁，今天的河南开封。

　　宰相徒单镒坚决反对，言道："銮辂一动，北路皆不守矣。今已讲和，聚兵积粟，固守京师，策之上也。南京四面受兵。辽东根本之地，依山负海，其险足恃，御备一面，以为后图，策之次也。"太学生赵昉等四百人也发起"学生运动"，上书极论利害。可金宣宗一概不听，只想着避兵求安，留太子完颜守忠、尚书右丞相完颜承晖和尚书左丞相抹撚尽忠守中都。

　　如果金太子完颜守忠是唐肃宗李亨一般的人物，父亲避难，自己正好可以担当起救国重任，所谓"乘危取位"，可以"比平王之迁洛，我则英雄"。但是完颜守忠并不是个能成英雄的，父亲走后不到两个月，他也逃出中都，前往南京。原本宣宗南迁，已经让金朝军民人心动摇，但有太子留守，毕竟表示了国本在此，人心没有完全瓦解，如今太子也逃走，士气彻底涣散。被用来防守蒙古的乣军立即发动了叛乱。

　　"乣"是一种行政单位，是用来组织境内少数民族为自己军事服务的，这制度始于辽朝。辽代设置"十二行乣军，各宫分乣军，遥辇乣军，各部族乣军，群牧二乣军"用来整编其他民族的战力为自己所用。但金朝只学其表，未学其里，辽对于各少数民族是视为自己的子民，辽代乣军隶属于详稳司，详稳司又属于北面部族官。而金朝的乣军属于招讨司，是金代地方边境的军事行政机构，是以夷制夷的手段，各乣军的统领都是女真人，其他民族的人只能是副手。这种格局使得乣军一直是金朝的不稳定因素，历朝都有乣军叛乱，金廷也一直认为乣军"不可信，恐终作乱"。

太子出奔，中都人心浮动，乣军也出现动乱："你女真太子都不愿保家卫国，我们这些不受信任的异族却要与蒙古人拼命，凭什么？"为压服动乱，尚书左丞相抹燃尽忠下令杀乣军数人，导致乣军干脆群起反叛，推举矷答、比涉儿、札剌儿等人为首领，回师攻打中都，并派出使节向蒙古请降。

原本成吉思汗听到金朝迁都的消息，就打算以此为借口再次伐金："既和而又迁都，是有疑心，特以和议款我耳！"现在又有金朝的乣军主动归附，自然不能错失良机。成吉思汗兵分四路南下，再次将金中都围得水泄不通。

此时主持中都大局的，是金尚书右丞相完颜承晖，此人虽是金宗室，却是个"淹贯经史"的大儒，平日里以司马光和苏轼为偶像，将二人画像置于屋中，自谓"吾师司马而友苏公"，虽知道孤城难守，却毫不退缩，加之他的妻、子在沧州陷落后被蒙古军杀害，可谓国仇家恨集于一身，因此竭力防守，并不断向金廷催促救兵。

1214年十二月，金廷遣完颜永锡等援中都，被蒙古军击退。

1215年三月，金廷又派御史中丞李英、元帅左都监乌古论庆寿率"大名兵万八千、西南路步骑万一千、河北兵一万"以及一千余车粮食救援中都，援兵在霸州（今河北霸州市）与蒙古军相遇，蒙古军以诱敌之计将金军引入包围后翻身力战，金军崩溃，李英被俘，粮草全被蒙古军缴获。不久，金廷派"金将完颜合住、监军阿兴松哥，复以步兵万二千人、粮车五百辆援中都"，又被蒙古军三千人截击而溃败，阿兴松哥被俘，完颜合住逃走。

几次救援失败，金廷已经无计可施，而与此同时，成吉思汗的大将木华黎则围攻金北京大定府（今内蒙古宁城县西）获得成功，金朝北京守将奥屯襄被部下杀害后，其部将开城投降。之后，金通州（今北京通州区）守将也献城投降，木华黎又攻破赵州（今河北赵县），"中都以南城邑皆降"，中都已彻底陷入绝境。

与完颜承晖一起守城的抹燃尽忠弃城而逃，完颜承晖知道大势已去，将家财分与家奴，并给他们从良文书，之后仰药自尽。1215年五月，中都终于被蒙古军攻陷。

这中都城是海陵王完颜亮在位时于1151年按照《清明上河图》中的北宋都城汴梁建造的，当时便动用民夫八十万，兵士四十万，历时两年方才完工。城区面积近十九平方公里，故址略当于今北京市西城区西部的大半。城中殿堂馆阁、亭楼宫观，高敞宏丽，气宇万千，其皇城偏在大城内的西部，故址在今广安门以南，修建得"宫阙壮丽，延亘阡陌，上切霄汉，虽秦阿房、汉建章，不过如是"。今天所津津乐道的燕京八景，太液秋风、琼岛春荫、西山晴雪、卢沟晓月、玉泉垂虹等便是在金中都时代形成的。

如此一座繁华都市陷落，就如敞开了一座宝库的大门，成吉思汗纵容军队对中都城进行了疯狂的抢掠，而抢掠所引发的大火，使得破坏更为彻底——"蒙古兵遂入中都，吏民死者甚众，宫室为乱兵所焚，火月余不灭"。因为火势过大，连成吉思汗本人也已经无法驻扎在旁边了，而是率军退驻于长城外侧的多伦附近。

做过大金王朝六十二年首都的中都几乎被彻底毁灭，此后几十年间残破不堪，"可怜一片繁华地，空见春风长绿蒿"。

金中都的灾难只是蒙古攻略中原的缩影，铁蹄所过之处，城郭为墟，血流成河。几乎没有一座城市可以完整保存下来。此时的成吉思汗还没有成为天下之主的自觉，复仇和掠夺财富才是他所关注的，金朝是一定要消灭的，但消灭之后自己怎么做，他还不甚了了。

就在中都城冲天的火焰中，一个名叫耶律楚材的儒化契丹人来到了成吉思汗的身边。成吉思汗对学富五车的耶律楚材非常信任，不直呼他的名字，而是以"吾图撒合里"，也就是"长胡子"的昵称来称呼他。虽然此时，耶律楚材对于成吉思汗来说，还只是一个专司问卜，类似于萨满的通神者。但也正是这种身份，使得耶律楚材地位虽不高，却深为成吉思汗所信任，成为成吉思汗用另一种思维方式思考世界的第一个老师或者说是启蒙者："由于他的存在，中原的古老文明才开始对成吉思汗的思想产生影响。"这种影响，在成吉思汗子孙的时代生根发芽，并最终枝繁叶茂。

中都的得失对蒙金双方的战略意义都极为重大，蒙古占据中都，可以"据腹心以号令天下"，完全掌握了中原战场的主动权。而金朝失去中都，领土被拦腰斩断，东北与关内首尾不能相顾，从此再也无力恢复北部疆土，唯有依托潼关、黄河一线苟延残喘。

曾经威名赫赫的大金王朝，已经摇摇欲坠，似乎只要再加一把力，就可以将它送进坟墓。但成吉思汗知道，百足之虫，死而不僵，金朝此时还有相当实力，迁都南京后，战线缩短，又有黄河天险，尤其金廷南迁时将黄河以北百万军户南迁至河南，并以重兵防守河南、陕西一线，其军队总数仍数倍于蒙古军队，是不可能一蹴而就将之消灭的。尤其连年在外征战，蒙古故地有不稳的迹象，一些曾经敌人的残余开始蠢蠢欲动。

1216年八月，成吉思汗返回漠北草原，临行前封木华黎为"太师国王"，赐金印，又赐象征大汗的白色大纛旗一面，并告谕诸将："木华黎建此旗以出号令，如朕亲临也。"把经略中原的全权交予木华黎："太行以北，朕自经略，太行以南，卿其勉之"。

回到草原的成吉思汗于1217年消灭了蔑儿乞、朵儿边等部的残余势力，平息了"林木中百姓"秃马惕部的叛乱，稳定了自己的大后方。之后，于1218年令者别率领两万骑兵征讨西辽。

之所以向西辽用兵，也是为了稳固后方，因为此时西辽的政权已经被乃蛮部塔阳汗之子屈出律篡夺。当年乃蛮部为蒙古所灭，屈出律逃亡到西辽，被西辽皇帝耶律直鲁古招为驸马。但这屈出律恩将仇报，趁着耶律直鲁古狩猎之时将其拘押，篡夺了西辽实权，更在耶律直鲁古死后成为西辽皇帝。

屈出律与蒙古有杀父灭国之仇，自然会凭借西辽的实力复仇。1211至1214年，屈出律三次侵入喀什噶尔（今新疆喀什），攻占忽炭（今新疆和田），逼迫当地百姓臣服于自己，进而战败并俘虏了阿力麻里的统治者斡匝儿。成吉思汗苦心经营的西域一片动乱。

者别奉命西征，一路急行赶到阿力麻里。屈出律和他的父亲塔阳汗一样，只能欺负弱者，面对强者却没有决战的勇气，加之当时喀什噶尔的百姓多数信仰伊斯兰教，可屈出律为了彰显自己是正统西辽统治者，强令百姓要么改信佛教，要么穿着契丹人服饰，对敢于反抗者进行残酷镇压，西辽国内一片混乱，也无力组织有效的抵抗。见蒙古军前来，屈出律杀害了斡匝儿，向西逃往八剌沙衮（西辽都城，又名虎思斡耳朵，今中亚吉尔吉斯托克马克市东南十二公里处）。蒙古军继续追击，屈出律从八剌沙衮向南逃往喀什噶尔，之后又向西南逃往巴达克山，最后在答剌—亦—迭剌集河谷被蒙古军追上斩下了首级。

屈出律被杀，西辽遂亡，原属于西辽的巴尔喀什湖、伊塞克湖及楚河为中心的周边地区乃至八剌沙衮、喀什噶尔、忽炭、鸭儿看（即莎车）等城市全都成为蒙古帝国的领土。

灭亡西辽，只是成吉思汗为了消灭宿敌不得不进行的攻略，他的眼光此时并没有看向西方，而是仍希望能够继续南征，彻底灭亡金朝。然而，一起本不该发生的惨案改变了他的战略，一场举世震惊的西征即将开始。原本只是经略中原的太师国王木华黎，不得不一肩担起灭亡金朝的重任了。

木华黎的国王生涯

在后方已经稳定无虞后，成吉思汗原本的打算是养精蓄锐后继续南下的，而对于西方，他则希望以和平的手段打通商路。西方的商路，对于草原帝国而言是极为重要的，蒙古之前的匈奴、突厥乃至契丹都仰仗西方商路，有的是靠武力凿通，如匈奴；有的是靠联姻等和平手段联通，如契丹。现在商路的东半段，成吉思汗已经用大体和平的手段贯通，只要再打通西半段便可不必西顾了。

此时控制着商路西半段的，是一个和蒙古几乎同时崛起的军事强国——花剌子模。

这花剌子模原本先后是塞尔柱帝国和西辽的藩属，但从1192年开始，花剌子模迅速强大起来，摆脱西辽的控制，并在阿拔斯王朝（阿拉伯帝国的第二个世袭王朝）哈利发（即政教首脑）的邀请下，攻入伊朗，灭亡了苟延残喘的波斯塞尔柱王朝，被哈利发册封为阿拔斯王朝东部的最高统治者。1200年，第四任苏丹摩诃末即位，在短短的十几年内，东征西讨，使花剌子模臻于极盛，掌控着伊朗西部、呼罗珊、阿富汗和河中地等广大地区。1218年，蒙古大将者别消灭西辽之时，花剌子模又抢先据有直至讹答剌（又称奥特拉尔，位于今哈萨克斯坦奇姆肯特市阿雷思河和锡尔河交汇处）的原属西辽的土地。

1218年，成吉思汗派出一支庞大的商队前往花剌子模。

为了这次贸易，成吉思汗做了充足的准备，首先聘请了从中亚而来的三名穆斯林商人为领队，并命自己的儿子和臣子每人从部属中选出三名穆斯林加入商队，一共四百五十人。而且成吉思汗给每人给一个金巴里失或银巴里失作为本钱，在当时一个金八里失相当于二十两银子，一个银巴里失相当于二两银子。四百五十人分到的本钱再加上商队携带的货物，是一笔让人垂涎的巨大财富。

因为曾经和花剌子模有过摩擦，为了商队入境方便，成吉思汗还特地给摩诃末写了一封信："你邦的商人已到我处，今将他们遣归，情况你将获悉。我们也派一队商旅，随他们前往你邦，以购买你方的珍宝。从今后，因我等之间关系和情谊的发展，那仇怨的脓疮可以挤除，骚乱反侧的毒汁可以洗净。"

然而，当商队到达讹答剌城时，该城的统治者亦纳勒术贪图商队的财货，便将商人们全部拘押，并上报摩诃末苏丹，说他们是间谍。摩诃末苏丹下令将商人们全部处死。

面对如此恶劣的行径，成吉思汗仍然不想以武力解决，他派出三名使者前往花剌子模，与摩诃末苏丹交涉，希望他惩治罪犯。然而，自诩强大的摩诃末苏丹并没有和解的意思，他处死了三个使者中的一个，并将另外两个使者烧掉胡须进行羞辱后放归。

成吉思汗只能诉诸武力了。而对花剌子模的侮辱，他作为奇理斯玛式的统治者必须予以回击，否则权威将会动摇，何况西方商路既然不能和平联通，就只能通过武力凿通了。

1219年春，在对长生天祈祷了三天三夜后，成吉思汗集结蒙古大军二十万（一说十五万，尚有争论），对外号称六十万，兵分四路，经畏兀儿地向花剌子模挺进，发动了举世震惊的西征。

成吉思汗西征，木华黎身上的担子陡然加重了。帝国的主力被调往西方，木华黎手中的军队，核心只有自己的札剌亦儿家族以及兀鲁兀、忙兀、弘吉剌、亦乞列思五投下（蒙古分封给宗室、功臣的人民、土地在蒙古语中称为"爱马"，汉译为"投下"）家族的一万三千蒙古军，以及汪古部的一万军队。

而相对的，随着蒙古主力北撤，金朝的"收复失地运动"也开始如火如荼地进行。金朝将领乃至一些打着金朝旗号的地方武装纷纷攻城略地。武仙活跃于威州、真定一带，苗道润在河北"前后抚定五十余城"，张开收复河间府、沧、景等地，王福收复滨、棣二州，郭文振、赵益围攻太原，张林控制益都，严实则"太行之东，皆受实节制"。

木华黎作为成吉思汗麾下第一智将，不仅在战场上勇猛无畏，在政道上也有着同时代其他蒙古英杰难以匹敌的智慧。面对不利局面，他采取了一系列有效措施。

首先，木华黎改变了蒙古军攻城之后弃而不守的传统，专门抽调各部人马组成探马赤军作为镇戍军，专司镇守。同时，为了避免守株待兔式的死守，保持机动性，镇戍地点不固定，因军事和占领需要而定，即所谓"驻兵不常其地，视山川险易、事机变化而位置之，前却进退不定制"。

其次，为了弥补军力不足、统治不稳的弊端，木华黎大力招降纳叛，不论是金朝地方将领还是趁势而起的地方武装，全都进行延揽，所谓"招集豪杰，勘定未下城邑"。木华黎凭借着自己可以代行大汗之权的便利，提出凡是纳土归降者，便任命为原地的地方长官，土地人民均归其管辖，授予行省、领省、都元帅、副元帅之类的高官，也可授予万户长、千户长、百户长之类的蒙古官职，并且可以世袭。也就是说，只要投降，便可以成为朝廷认可划地为王的诸侯。

此时金朝的权威低落不振，很多地方官员早已生了异心，至于自己组织私兵保卫乡土的地方豪强，更是大多对金朝并无效忠的义务，在木华黎的招徕下，纷纷成为识时务的"俊杰"，真定史天泽、顺天张柔、东平严实、济南张荣、益都李全、大名王珍、中山邸顺、河东李守贤、太原郝和尚、藁城董俊等都成了蒙古帝国的新贵，无不是统兵数万、辖地千里、专制一方的"土皇帝"，因为其爵位可以"父死子继、兄终弟及"，这些人便被称为"世侯"。有了这些世侯，木华黎可以调动的机动部队达到十万之众，再不会捉襟见肘了。

调整了战略，有了兵源，自然可放手施展。短短数年之间，木华黎如狂风一般横扫河北、山东、山西三省数十州大小上百个城邑，金朝在黄河以北的短暂复兴只是昙花一现。

面对木华黎疾风暴雨般的攻略，金朝只能注重防御河南、陕西一线，对黄河以北各省"为宰执者往往无恢复之谋"。但如果黄河以北全境沦陷，木华黎便可集中兵力攻打河南地区，金朝更会陷入危机。在无奈之下，1220年金宣宗被迫采纳宰臣们的建议"择土人尝居官，有材略者"，实行封建，建九公，分掌黄河以北各省行政军事。所谓"九公"就是九位分布于河北、山西、山东各地的军事武装首领，金廷册封他们为公爵，拥有在所辖封疆和新收复州县及本路兵马的行政、司法、任官、收税等大权，这些公爵分别是沧海公王福、河间公移刺众家奴、恒山公武仙、高阳公张甫、易水公靖安民、晋阳公郭文振、平阳公胡天作、上党公张开、东莒公燕宁。

金朝的这一策略，可说是对蒙古招徕册封世候的反制，所谓"诸侯世擅其地，则各爱其民；爱其民，则军不分，修其城郭，备其器械，则人自为战"，彻底放权给地方，地方首脑再作战，保护的不再是千里之外朝廷的疆土，而是自家家产，自然会竭力死战。

然而，金朝的谋划最终全然落空。蒙古的"世侯"大多都为蒙古效死力，有的世侯如史天泽、张柔等更是有着不弱于蒙古军的战力，成为木华黎经略中原的莫大助力。而金朝的"九公"却没能实现金朝寄予的"人自为战，则我众彼寡，夷狄不能交侵……则天下终为我有"的愿景。易水公靖安民被部下所杀，东莒公燕宁、平阳公胡天作战死，恒山公武仙、沧海公王福始终在金蒙阵营之间摇摆不定，武仙一度降蒙古，王福则降了南宋，河间公移刺众家奴，高阳公张甫仅能在信安一地据守自保，张甫最终为南宋所杀，晋阳公郭文振、上党公张开亦无大作为，失去根据地后，"部曲离散，名为旧公，与匹夫无异"。

究其原因，实在于金朝作为集权极为成功的王朝，封建之举实出于无奈，而无奈之下的封建，封建的好处便不可得，而弊端却得了十足。金朝是在黄河以北诸省基本失控的情况下才采取封建之策，对于九公毫无掌控，九公内部矛盾丛生，互相攻伐，根本不能协力抗蒙。忠于金朝的，不免落得兵败而死，而私心自用的，既然土地、人众归自己所有，如遇危机，自然以自保为上。

更重要的是，蒙古作为封建制浓厚的草原帝国，对功臣封建是天经地义，对于世侯来说，许诺给自己的封国是可以期望常保无虞的。基本保障既有，只要出力作战，还会有更大的爵禄，有何理由不出力呢？而金朝原本就是集权帝国，连宗室、宰相之权都尽收于皇帝，若不是万不得已，哪里容得下裂土的封君？在封建九公之时，金朝朝野便有"此辈小人假重柄，朝廷号令威权无乃太轻乎""昔唐分河朔地授诸叛将，史臣谓其护养孽萌以成其祸，此可为今日之大戒也"等反对之声。真到了"天下我有"的一天，削藩除国可说是题中应有之义，爵赏既然是权宜，又如何能换来真心效力？

木华黎得世侯如虎添翼，金朝封九公却涣散了军心，原本就强弱分明，又此消彼长，到1222年初，木华黎已平定了河北、山东、山西三省的大部分地区，且建立了稳固的统治，可说超额完成了成吉思汗交予的任务。

而接下来，一向睿智的木华黎却犯了错误：向金朝黄河以南地区用兵，彻底灭亡金朝。

顺风顺水之下，人都希望扩大战果，木华黎也不能免俗。但他这次却失算了，金朝南迁之后，所能完全统治的，只有河南和陕西两省，黄河是金朝战略防御的最后屏障，一旦被逾越便是亡国之祸，因此会不惜一切代价死守。而在黄河之后，金朝中央政府牢牢掌握着军、政、财、民等各项大权，足有拼死一搏的本钱。这与木华黎扫荡黄河以北的情形完全不同。

如果成吉思汗主力在此，自然不惧金朝的孤注一掷，而以木华黎的实力，要想进行对金朝的灭国之战，还是太勉强了。

1222年冬，木华黎率军五万西进，正式发动了对陕西的攻势。头一仗便取下了河中府（今山西永济市西南蒲州镇）。

河中府背靠关陕，南阻黄河，地势重要，被金朝认为是"国家基本所在"，也是金朝黄河防线的锁眼。取下这里，是一个好开局，接下来木华黎召集众将商议："吾累卿等留屯于此，今闻河中东西皆平川广野，可以驻军，规取关陕，诸君以为如何？"

大部分将领都认为："河中虽用武之地，南有潼关，西有京兆，皆金军所屯；且民新附，其心未一，守之恐贻噬脐之悔。"

但大将石天应却力排众议，他认为："葭州正通鄜、延，今鄜已平，延不孤立，若发国书，令夏人取之，犹掌中物耳。且国家之急，本在河南，此州路险地僻，转饷甚难，河中虽迫于二镇，实用武立功之地，北接汾、晋，西连同、华，地五千余里，户数十万，若起漕运以通馈饷，则关内可克期而定，关内既定，长河以南，在吾目中矣。"

石天应是木华黎爱将，兴中永德（今辽宁朝阳南）人，在木华黎征讨辽东时率部归附，跟随木华黎经历大小二百余战，以临机应变、捷出如神著称，累功官至金紫光禄大夫、陕西河东路行台兵马都元帅。此时他已经年过花甲，希望有生之年灭金而成不世之功，因此强力主张继续用兵："吾年垂六十，老毫将至，一旦卧病床第，闻后生辈立功名，死不瞑目矣。男儿要当死战阵以报国，是吾志也！"

石天应这种时不我待的精神也正合木华黎所想，于是他留石天应驻守河中府，自己"乃渡河拔同州，下蒲城，径趋长安"。

然而，河中府如此重要，金朝自然不会坐视失陷。金河中府守将侯小叔是水手出身，勇悍有谋，被金朝枢密院认为"才能可用"，授以权元帅右都监、便宜从事的高位，因此对金朝十分忠心。他因蒙古军攻城时不在城中而失城，返回后集结兵力，"众兵毕会"，趁夜色发动反攻。

此时，蒙古军主力随木华黎开走，石天应兵力不足，河中府又刚经过战火，城防残破，守城器械也未能完备。石天应因此派出部将吴泽在半路设伏，避免金军反攻。岂料吴泽醉酒误事，金军来时"方醉卧林中"，被侯小叔长驱直入，金军顺利攻入城中。

城中大乱，"新附者争缒而去"，石天应身边仅有四十余骑，知道难以抵挡，他鼓舞部下道："先时人谏我南迁，吾违众而来此，事急弃去，是不武也。纵太师不罪我，何面目以见同列乎！今日唯死而已，汝等勉之。"面对四面而来的金军，死战不退，终于"饮血力战"而死。

河中府得而复失，又折了石天应，这已经是重大挫折，而木华黎攻打长安，又因金守将完颜合达的坚守而"不得入"，只得转而攻打凤翔。为了一鼓作气，木华黎特地召西夏出兵五万助战，在凤翔郊外连营百里日夜攻打。

金守将完颜仲元拼死抵御，金廷又派右监军赤盏合喜、静难军节度使颜盏虾麻率兵援助，双方都拼尽全力，战况极为激烈，一直持续到第二年的二月。金军硬是顶住了木华黎的攻势，而西夏军见战况不利，不愿自损实力，擅自退兵。木华黎无力再发动攻势，只得解围回师。

攻凤翔不下对木华黎是沉重打击，撤兵时他不禁慨叹："吾奉命专征，不数年取辽西、辽东、山东、河北，不劳余力，前攻天平、延安，今攻凤翔皆不下，岂吾命将尽耶？"

这话一语成谶，1223年三月，木华黎在退军途中病重，临终前给家人、部下留下遗言："我为国家助成大业，事干戈四十年，东征西讨，无复遗恨。所恨者，汴京未下耳，汝等勉之。"言罢，一代名将赍志以殁。

而随着木华黎的死，局势也出现对蒙古不利的变化：金朝调集大批精锐部队与山西的公府军合兵，大举反攻山西，收复河东许多州县城邑。同时，西夏也出现变故，被成吉思汗降服的夏襄宗被宗室李遵顼废黜，李遵顼自立为王，是为夏神宗。虽然废了襄宗，但神宗的政策却没有改变，仍然坚持附蒙攻金。但连年征战，败多胜少，国力空耗，引起朝野不满，于是神宗不得不退位，其子李德旺即位，是为夏献宗。献宗尽改父亲政策，积极谋求与金朝议和。1224年，夏金和议成，结为"兄弟之国"一起抗蒙。

蒙古大将去世，主力未归，金、夏两国复兴的机会似乎就要来了。然而，此时的成吉思汗已经灭了不可一世的花剌子模，他的主力大军马上就要东返了。

第三章

成吉思汗的遗言

1221年，已经灭了花刺子模的成吉思汗为了巩固在中亚的征服成果，一面派大将者别、速不台率军继续西进，追剿花刺子模的残军。一面让第四子拖雷收服呼罗珊（意为"太阳升起的地方"，大部分在今伊朗境内，一部分在阿富汗赫拉特一带和土库曼斯坦境内的马雷一带）。两支大军都取得不菲的成绩，者别和速不台虽然没能抓到花刺子模的摩诃末苏丹（他已经在逃亡途中病死），但因为迷失道路，竟然一直打入了斡罗思国境内，先后征服了阿塞拜疆和格鲁吉亚。而拖雷仅用三个月时间便横扫了呼罗珊全境。

而成吉思汗则一面休整兵马，一面在大雪山（今阿富汗兴都库什山）八鲁湾川等待着一位神仙的到来。

这位神仙名叫丘处机，是道教全真派掌教，其人道法高深、品德高洁，在我国北方有极高声望。成吉思汗虽然在战场上战无不胜，但毕竟已经进入暮年，有着对衰老和死亡的恐惧。他听说道教真人有长生不老的灵丹，因此多次派使臣请丘处机面见。

丘处机所掌的全真派是内丹派，最反对服食金丹的外丹派，也不会有什么长生不老的方法传授给成吉思汗。但他还是接受了邀请，他希望通过和这位足有一统天下能力的王者会面，为自己的教派赢得更大的生存空间。而作为修道者，他更希望自己能够说服成吉思汗胜残去杀，减少战乱对黎民百姓的残害。

1222年，已经七十三岁的丘处机经过万里跋涉，终于见到了成吉思汗。面对成吉思汗"远来有何长生之药以资朕乎"的发问，丘处机直接回答自己只有养生之道而无长生之药，成吉思汗若想长生，需要"外修阴德，内固精神耳"。

虽然十分失望，但成吉思汗十分欣赏丘处机的诚实，也对他仙风道骨的气派十分欣赏，尊称其为神仙，礼敬有加。两人相处了一年之久，丘处机不断劝谏成吉思汗，指出他是"本天人耳，皇天眷命"，那就应该"天下之人，皆陛下之子，愿承天心，以全民命"，因此要"少杀戮，减嗜欲"。成吉思汗表示同意："神仙三说养生之道，我甚入心。"赐丘处机"宗师"尊号和虎头金牌，敕命其掌管天下宗教。

丘处机东返后，凭借着成吉思汗钦赐的虎头金牌和敕书，大力救济、庇护战乱中的中原百姓，"凡前后所活，无虑亿万计"。

成吉思汗断了可以长生不老的念头，开始安排后事。1224年，成吉思汗返回蒙古之前，在费纳客忒（今乌兹别克斯坦塔什干西南）河畔召开了一次"忽里勒台"，对这次西征的有功之臣进行封赏，尤其是对四个儿子的封国进行了划分。长子术赤得到"也儿的石河和阿勒台山一带的一切地区和兀鲁思以及四周的冬、夏牧地"，也就是囊括额尔齐斯河以西，咸海、里海以北的钦察、花剌子模和康岭等古国的领土；次子察合台被授予"从畏兀儿地起，至撒麻耳干和不花剌止，他的居住地在阿力麻境内的忽牙思"，即畏兀儿地区之边延伸到阿姆河以北地区的草原；三子窝阔台作为自己的继承人，将要统治整个帝国，因此只得到叶密立（新疆额敏）和霍博（新疆和布克赛尔）封地作为即位前驻牧之用；四子拖雷因是幼子，按照蒙古"幼子守灶"的传统，得到了成吉思汗最大的家产，"我所聚集起来的禹儿惕、家室、财产、库藏以及军队在内的一切，则让拖雷掌管。"

1225年，成吉思汗的大军开始东返，结束了蒙古的第一次西征。

战神最后一战

西征完毕，返回草原的成吉思汗，此时已经六十三岁了。在人生七十古来稀的古代，已经要走向人生的终点了。而且在回军的同年，他的长子术赤于四十六岁的盛年病逝在自己的封地。白发人送黑发人，更让他悲恸不已，感叹人生无常。

但老骥伏枥，壮心不已，一生征战、灭国无数的他在人生的暮年，依然充满斗志。这位不世英豪，仍要继续自己的征服生涯，如他自己所说，要在战场上走完自己波澜壮阔的人生之路。

他的眼光看向了降而复叛的西夏。

西夏献宗李德旺成为西夏皇帝后，一反其父政策，多方运作，想要摆脱蒙古藩属的地位。他先是收留了屈出律的儿子赤腊喝翔昆，之后又拒绝了向蒙古派遣质子。在木华黎攻打凤翔时，更是擅自撤走援兵，使得木华黎功败垂成。木华黎死后，西夏更与金朝缔结兄弟之盟，正式背叛了蒙古。

成吉思汗对于臣服者一向十分宽厚，但对于背叛的容忍度极低。西夏的作为，他绝不会姑息。木华黎去世后，他第一时间召木华黎之子孛鲁到自己的西征大营，让他承袭木华黎的国王爵位，密令他回去后伺机征讨西夏，并从西征军中抽调一支军队交孛鲁带回。孛鲁东返后，就在夏金和议的同年，突然发兵猛攻西夏，攻破银州（今陕西米脂），"斩首数万级，获生口马驼牛羊数十万，俘监府塔海"。西夏与金朝议和抗蒙，还未展开行动，便遭了重创。

如今，西征回军不过一年，成吉思汗便迫不及待地率十万大军大举伐夏，要将惩罚进行到底。而西夏也知道这次是不死不休之局，也做好了决一死战的准备。

1226年二月，蒙古大军攻下西夏的军事重镇黑水城、兀剌海等城之后，大将阿答赤率军与高昌国亦都护合兵，进攻沙州（今甘肃敦煌）。西夏沙州守将籍辣思义伪降，设伏以待。蒙古军陷入包围，阿答赤差点被擒，拼死力战才逃出生天。蒙古军吃了败仗以后，全力强攻，籍辣思义率兵顽强抵抗，双方胶着一月之久，夏军终因死伤过重而抵抗失败，沙州陷落。

五月，蒙古军进军包围肃州（今甘肃酒泉），成吉思汗派人招降肃州守将昔里都水，昔里都水原本想投降，"射书城外约降"，但部下无人肯降，将其杀死，誓死守城。成吉思汗挥军强攻，将肃州攻破。六月，蒙古军乘胜进兵攻打甘州（今甘肃张掖北），西夏守臣曲也怯律在接到成吉思汗招降文书后也准备投降，但麾下以阿绰为首的三十六名部将将其杀死，严守不降。在蒙古军的猛攻之下，甘州终于陷落，阿绰等三十六人皆死。

这里有一个很有意思的插曲。这甘州守将曲也怯律有一个庶子，因为曲也怯律的正妻十分彪悍，将他赶出家门去放羊。成吉思汗第一次攻打西夏时，遇到这个放羊的孩子，发现他聪明过人，便将之收养，交给皇后孛儿帖抚养长大，取蒙古名字为察罕。察罕长大后，成为成吉思汗麾下大将，屡立战功，官居蒙古马步军都元帅。这次围攻甘州，察罕便是以父子之情劝生父投降，但事与愿违，父子未得相认便天人永隔。甘州陷落后，成吉思汗本想屠城，在察罕的劝谏下乃止。

七月，蒙古进兵攻打西凉府，西夏守将斡扎箦虽奋力抵抗，但也终因力屈，被迫率城中父老投降。紧接着，搠罗、河罗等县也相继被攻陷。

至此，西夏河西地区几乎全部为蒙古所有。

一连串的失败，使得西夏朝堂大乱，退位的神宗与在位的献宗忧悸于心，于两个月内先后病卒，西夏皇位传给了献宗的侄子李睍，是为西夏末主。而西夏新主登基的仪式还没办完，成吉思汗就兵分两路向西夏都城中兴府挺近。八月，西路军越过沙陀（今宁夏中卫市沙坡头区西），抢占了黄河九渡，攻取了应里等县。冬十月，东路军攻破了夏州。两路大军形成了对西夏核心地区灵、兴之地的钳形攻势。

驻守灵州（今宁夏灵武西南）的，是夏神宗的长子李德任，他曾是太子，因为曾进谏神宗与金朝约和而被废，发配到灵州，弟弟李德旺成了国王。但李德任没有因此放弃职守，一面率军民严守城防，一面派使者催促援军。

夏末主将可用之兵尽数调集，凑齐十万大军，交给了大将嵬名令公驰援灵州。145年前，西夏便是在灵州之战中打败北宋三十万大军，击破了宋神宗一举灭夏的梦想。如今，灵州城外的合剌合察儿平原上，又爆发了决定西夏国运的大战。

嵬名令公所率领的是西夏最后的主力，全军上下都知道这是生死存亡的一战，因此无不奋勇。而屡屡获胜的蒙古军也是士气高昂，将士用命。双方的激战极为惨烈，尸骨遍野，血流成河。按照《史集》的记载，成吉思汗亲自站在冰面上指挥作战，最终击败了西夏军，"唐兀惕人（党项人）死者为蒙古人的三倍"。嵬名令公率残部撤走，西夏主力几乎丧尽。

紧接着，蒙古军开始攻打灵州，成吉思汗用火攻之法将之攻破，李德任被俘，宁死不屈而被杀。

十二月，蒙古军驻扎在盐州川，进行四面搜杀，"穿凿土石避之，免者百无一二，白骨蔽野，数千里几成赤地"。而正在此时，天象显示五星聚于西南，是不祥之兆，于是成吉思汗下令，再攻城时除首要抵抗者外其他人一概不杀，并且杜绝了随意的掠夺。

1227年正月，蒙古大将阿鲁术趋军围困西夏首都中兴府。成吉思汗为彻底断绝西夏的退路，亲自率军攻破积石州、临洮府，又拔德顺数州。在中兴府，西夏丞相高良惠"内镇百官，外励将士"，日夜拒守，积劳成疾，同僚们劝他自爱，他叹道："我世受国恩，不能芟除祸乱，使寇深若此，何用生为？"继续带病守城，于四月间病死。

宰相病死，使得西夏士气更为低落，六月，西夏国内又发生了强烈地震，大量房屋塌毁，宫室毁坏，瘟疫遍行，更是雪上加霜。中兴府固守半年之久，城内早已粮尽援绝，士兵与百姓多被瘟疫缠身，已完全失去了抵抗之力。

夏末主无奈之下，只得遣使向成吉思汗请降，"以备贡物，迁民户"为理由，请给一个月的宽限时间，方能"自来朝谒"。此时的成吉思汗因为征讨西夏前进行围猎时意外坠马落下的伤势加重，已经沉疴难起，正避暑于六盘山，感到自己将不久于人世，为避免西夏困兽之斗，同意了夏末主的请求。

是年七月，成吉思汗向诸子与部下留下遗言后病逝，享年六十五岁。而李睍也几乎在同时率文官李仲谔、武将嵬名令公等奉图籍出降，西夏至此亡国，享祚一百九十六年。

《史集》等书中记载，成吉思汗遗嘱死后秘不发丧，如果夏帝献城投降，可将他连同城内军民全部杀掉，于是诸将遵命行事。不过，黎东方先生在《细说元朝》中认为"成吉思汗生平杀人虽多，并不喜欢杀害已经向他投降的人，这个传说未必可靠"。而《元史·太祖本纪》记载，成吉思汗临终遗言："朕自去冬五星聚时，已尝许不杀掠，遽忘下诏耶。今可布告中外，令彼行人亦知朕意。"《元史·察罕列传》中则记载"众将擒夏主杀之，复议屠中兴，察罕力谏止之，驰入，安集遗民"。真实情况应该是，夏末主、嵬名令公这些君臣难逃一死，但中兴府的军民并没有遭到大规模屠杀。

关于成吉思汗的遗言，除了秘不发丧，避免西夏投降有变之外，还再次确定了自己的继承人是窝阔台，并留下了灭金方略——"金精兵在潼关，南据连山，北限大河，难以遽破。若假道于宋，宋、金世仇，必能许我，则下兵唐、邓，直捣大梁。金急，必征兵潼关。然以数万之众，千里赴援，人马疲弊，虽至弗能战，破之必矣。"

"史上最伟大的征服者"在生命的最后，终结了一个国家，又留下了灭亡另一国家的方略，却也下诏"许不杀掠"。在人生的终点，他没有改变征服者的身份，但似乎已经有改变征服手段的意图了。

成吉思汗去世后，手下将领遵循遗诏"密不发丧"，由最忠心的部下把遗体运回蒙古草原下葬。据众多史籍记载，成吉思汗的下葬地点就在蒙古圣地布儿罕山一代，他的将士们将他下葬后，放出万千骏马来回奔跑将墓地踏平，然后植木为林，并以一棵独立的树作为墓碑。为保密起见，除马匹踏平墓地外，为便于日后能找到墓地，在成吉思汗的坟上杀死了一只驼羔，将羔血洒于其上，并派骑兵守墓。等到第二年春天小草长出以后，墓地与其他地方分辨不出时，守墓的士兵才撤走。子女如想念成吉思汗，就让当时被杀驼羔的母驼作为向导，如果母骆驼在一个地方久久徘徊，哀鸣不已，那么这个地方就是陵墓所在。

成吉思汗的安葬地被称为大禁地，也称起辇谷，日后蒙古帝国、元朝所有大汗、皇帝死后都归葬在这里。由成吉思汗重臣者勒蔑、速不台所统领的兀良哈部的一支看守，被称为"大禁地兀良哈"。

然而，近八百年过去了，漫漫草原，茫茫戈壁，神秘的成吉思汗陵墓隐匿得就如同从来不曾存在过一样，渺无踪迹。不知有多少考古学家、探险者甚至盗墓者希望能够找到他的长眠之地，但除了一次次失望之外，一无所获。

也许，人们误解了蒙古的丧葬习俗，蒙古人对于祖先尸体并不看重，而是注重祭祀灵魂，无论生前多么伟大，死后尸体很有可能是天葬，也就是由马驼乘载着尸体无目的地在草原上行走，尸体落在哪里，哪里便是安葬地，从而归于自然，是不会修建豪华的陵墓、陪葬大量陪葬品的。祖先的灵魂会附着于其生前使用过的物品上，由后世子孙世代祭祀。比如现在内蒙古伊金霍洛的成吉思汗陵，就是成吉思汗的祭祀堂，供奉其生前使用的各种物品。

无论东方、西方，对于英雄的出生，往往会给予很大关注。中国史书的描述，往往会出现红霞满天、黄龙入腹之类的"神迹"，西方虽不强调这些，但对其家世、祖先、生长环境等都要作出详细陈述，以展示其不同凡响。而对于英雄的死去，却总是大书特书其评价和身后事，对其死去的那一刻往往并不关注，可能因为无论凡俗，死亡都是一样，不必过于在意。不过，若以英雄之间相比，其死亡时的状态却可有高下之分，就有人曾将成吉思汗与其他著名的世界征服者的死亡做了比较：

历史已经宣告了大多数征服者最终的可悲结局。亚历山大大帝三十三岁死于巴比伦神秘的环境之下，当时他的部下将其家族灭门，并瓜分了他的领土。恺撒的贵族同伴和以前的盟友在罗马元老院背叛他，并在议会厅里将其杀害。在经受所有的征服成果被摧毁与被颠覆之后，孤独而又痛苦的拿破仑，作为一个寡居独处的囚犯，被关押在地球上偏远而又闭绝的无人孤岛上，独自面对死亡。然而，年近七十的成吉思汗却是在他营帐内的床上去世的，亲属、忠实的朋友以及随时为他赴汤蹈火的忠诚士兵都聚集在他周围。

也许，对比死亡，更能看出英雄人物的高下。

成吉思汗的身后评价可谓冰火两重天。称之"祸魔"者有之（巴克霍森），将其功业一律称为"只有破坏作用"者有之（余元盦），说他"通观成吉思汗的全部活动后，必须肯定，这些活动整个说来对人类进步事业造成了很大损害"者有之（迈斯基）；而称其为"缔造全球化世界第一人"者有之（杰克·威泽弗德），称其为"英勇果决，有度量，能容众，敬天地，重信义"的明君者有之（赵珙），称其为"深沉有大略，用兵如神……其奇勋伟迹甚众"者亦有之（宋濂）。

其实，这位在中国历史乃至世界历史上留下了浓墨重彩的英雄，其光辉不仅在当时耀眼夺目，对后世的影响也深远绵长，又何必在乎评价？所谓"后人凭吊空牢骚"，对成吉思汗来说，生前无憾，死后化为传奇，这便足够了。

风雪三峰山

　　1227年，大蒙古国的缔造者成吉思汗病逝。在大蒙古国之前，一个游牧帝国在其伟大的领袖死后，总会出现动荡甚至战乱，但成吉思汗是不会有这个担心的。生前，他已经让自己所有的儿子和重臣认可了自己所定的继承人。

　　这个继承人，便是他的三子窝阔台。

　　窝阔台的军政能力都足以继承成吉思汗的事业，而且还有着成吉思汗所欠缺的仁厚，是一个"有宽宏之量，忠恕之心"的人，据他的近侍记载，他"天容晬表，一类释迦真象，仁厚有余，言辞极寡，服御简素，不尚华饰，委任大臣，略无疑二"，作为帝国的第二任领导人，可以说相当合适。

　　但是，窝阔台却没有在成吉思汗去世后立即继承汗位，按照传统和《大札撒》的规定，大汗即位必须召集所有宗王召开"库里勒台"，前任大汗所定的继承人必须得到所有人的认可和推举才能即位。而在"库里勒台"召开之前的三年中，他的四弟，成吉思汗的幼子拖雷依据"幼子守灶"的规矩出任监国。

　　1229年八月初，在怯绿连河（今克鲁伦河）的曲雕阿兰之地，大蒙古国决定第二任大汗的"库里勒台"召开。

按说，成吉思汗生前已经定下了继承人，只要大会一召开，窝阔台应该很顺利地成为大汗才是。然而，这个大会竟然开了四十天都没有结果，贵族们"每天都换上不同颜色的新装，边痛饮，边商讨国事"，好像光专注于吃喝，就是不决定谁来继位。

享受了三年至高权力的拖雷已经不情愿交出权力了，宗王们也"多归心拖雷"，这才迁延不决。无奈之下，窝阔台只能请耶律楚材以天意的名义说服拖雷，并让二哥察合台抢先跪拜表示拥立，这才顺利即位。

即位的艰难，使窝阔台对拖雷产生极大的不满，这种不满逐渐发酵，为蒙古帝国的将来蒙上了厚重的阴霾。

成为大汗的窝阔台，立即开启对外的征服，他需要用不逊于父亲的武功来证明自己是合格的继承人。

即位的同年，窝阔台汗便发动了"绰儿马罕西征"。由老将绰儿马罕率军征讨蒙古撤军后开始复兴的花剌子模，并进一步巩固蒙古帝国在伊朗和高加索地区的统治。绰儿马罕漂亮地完成了任务，刚复兴起来的花剌子模被一击而灭，伊朗全境平定，小亚细亚的塞尔柱王朝，中东的安条克王国，高加索地区的亚美尼亚王国均成为蒙古帝国藩属。

这次西征只是对成吉思汗西征的扫尾工作，窝阔台真正要费大力气完成的，是彻底灭亡金朝，完成父亲的遗愿。

金朝此时已经失去辽东、山东、河北、山西的大部分领土，仅剩下陕西、甘肃东南部、河南、江苏和安徽一部。但金朝先前顶住了木华黎的攻势，之后金宣宗去世，其子完颜守绪已经即位，是为金哀宗。这是一个力图恢复的皇帝，即位后全面否定了自己的父亲金宣宗的错误策略，与西夏、南宋构和，起用完颜合达、移剌蒲阿、完颜陈和尚等众多能战之将，金朝一度颇有中兴气象。

1228年夏，木华黎之子孛鲁指挥大军攻打陕西诸地，为攻打河南清除障碍。蒙古军一路攻打到泾州（今甘肃泾川县北），并阻断了庆阳（今甘肃庆阳市粮道），之后，蒙古军进攻大昌原（今甘肃宁县西南三十里太昌乡附近）。在这里，蒙古军遇到了攻金以来最强的对手，完颜陈和尚与他率领的忠孝军。

忠孝军是金朝在1223年左右组织的一支精锐雇佣军，由"回纥、乃满、羌、浑及中原被俘避罪来归者"组成，也就是由蒙古征服各地时逃亡到金朝的人员组成，个个"以骑射选之"，勇悍敢战，且都与蒙古有血海深仇，再加上金朝给予他们的军饷"月给三倍它军"，因此战斗力极强。

完颜陈和尚，本名完颜彝，字良佐，金朝将门出身，曾被蒙古军俘虏，在蒙古生活一年有余，之后杀死守卫南逃。其人勇气过人，又熟悉蒙古战法，没有如一般金朝将领一样有"恐蒙症"，任忠孝军提控后，面对"鸷狠凌突，号难制"的部下，他"御之有方，坐作进退皆中程式"。

在大昌原，完颜陈和尚"沐浴易衣"后，率四百忠孝军奋勇冲杀，竟一举击破八千蒙古军，取得了大昌原大捷。

蒙金开战以来，金朝屡战屡败，不多的胜利也是在守城战上，而能够在野战中以少胜多战胜蒙古军可说从未有过，"盖自军兴二十一年始有此捷"，金朝上下士气大振，"三军之士踊跃思战"。而蒙古受此挫折，没能完成对汴梁施加压力的战略目标，不久孛鲁病故，其子塔思袭国王爵位。1229年八月，金将移剌蒲阿、武仙围攻潞州（今山西长治），塔思率兵援救，被金军夜袭击败，"辎重人口皆陷没"，潞州、泽州（今山西晋城市）被金军攻陷。

一连串的胜利，使得金朝颇有中兴的势头，窝阔台汗自然不能坐视金朝恢复元气，1230年七月，亲率大军南下。

1230年八月，蒙古军攻陷卫州（今河南卫辉市），但在两个月后，金哀宗派完颜合达、移剌蒲阿二将率兵十万将卫州复夺。十一月，窝阔台汗又派大将速不台率军攻打潼关，岂料常胜名将速不台竟然败于完颜陈和尚之手，潼关未能攻克，反而损兵折将。窝阔台汗斥责了速不台，让他立功自效，并加大了进攻力度。十二月，蒙古军先后攻破了天胜寨（今河北固安县东南）及韩城（今山西襄垣县北郊）、蒲城（今陕西蒲诚县）。

到1231年二月，蒙古军攻陷凤翔，使得金朝彻底失去了潼关以西的土地。到五月，窝阔台汗召集诸将商讨灭金策略，定下了"以中军自碗子城南下，渡河，由洛阳进；斡陈那颜以左军由济南进；而拖雷总右军自凤翔渡渭水，过宝鸡，入小潼关，涉宋人之境，沿汉水而下。期以明年春，俱会于汴"的策略。这其中，左路军由成吉思汗妻弟斡陈率领，从山东方向牵制金朝兵力，中路军由窝阔台汗亲自率领，攻打金朝黄河防线重镇河中府。而最关键的是拖雷率领的右路军，用大迂回之策，借道南宋，从背后攻击金朝，这正是成吉思汗遗言所定下的战略。

是年九月，蒙古大军开拔。中路军在窝阔台汗率领下于1231年十月包围河中府，十二月将之攻陷。在平阳、太原等地相继失守后，河中成了金朝在黄河以北的唯一战略据点。河中府的沦陷，使得金朝所凭依的黄河天险不复存在了。窝阔台汗直驱金朝南京汴梁，金哀宗急召各路人马抵御，完颜合达、移剌蒲阿、完颜陈和尚、武仙以及在金夏之战中屡立战功的大将杨沃衍等所率金军主力近二十万人聚集。

正当金朝主力与窝阔台汗的中路军对峙之时，拖雷的西路军攻克了著名险隘大散关（陕西宝鸡西南），接着又占领了凤州（今陕西凤县）。然后分兵二路，一路经由凤州西南的武休关，直逼兴元（今陕西汉中），并分兵掠取四川的部分地区；一支由凤州而东，攻取洋州（今陕西洋县）。

大散关以南，本是南宋管辖的地区，为防御金朝一直驻有重兵。蒙古曾多次派使者与南宋联系，希望借道资粮，但南宋反应迟缓，蒙古军因而对南宋辖区进行焚掠。这样蛮横的做法虽然让南宋朝野十分愤怒，但毕竟与金朝不共戴天，最终还是答应了蒙古的要求。南宋四川制置使桂如渊为拖雷提供了军粮和向导。

于是，拖雷顺利越过了险隘饶峰关（今陕西西乡县东北），来至金州（今陕西安康）。金州在汉水之南，可以顺流而下，直抵襄、樊。但是拖雷没有走便捷的水路，而是由金州向东南方向挺进，进占房州（今湖北房县），然后挥师东进，在均州（今湖北均县）、光化一带用皮囊渡过了汉水。从而完成了"假道借宋"的战略。

拖雷军转战千里，迂回到金朝的后方，而窝阔台汗的中路军屯兵河中，两者遥遥呼应，对金朝形成腹背夹攻的形势。金哀宗大惊，忙令各路金军南下，金朝主力会集于邓州（今河南邓州市），准备迎击拖雷的右路军。

1232年一月十四日，完颜合达、移剌蒲阿作为金军的总指挥，在禹山立阵，"两省立军高山，各分据地势，步迎于山前，骑屯于山后"，做好了埋伏圈，专等拖雷前来。拖雷所部只有四万人马，如果进入了金军十余万人组成的包围，必有灭顶之灾。岂料，开战前，"有金大将哈答（完颜合达）麾下钦察者逃来，告哈答伏兵于邓西溢截等候"，将金军的设伏情况告知了拖雷，于是，拖雷命麾下骑兵排好"雁翅"阵，转过山麓，迂回到金军骑兵后方，并主动发起攻击。

金军的伏兵之计未能奏效，只得与蒙古军短兵相接，金军人多势众，终于逼迫蒙古军"稍却"，退兵三十里。

禹山之战，蒙金双方只是略加接触，蒙古军虽然退却，但损失轻微，可金军却认为自己取得大捷，众将邀功请赏，汴梁城中权贵也举杯相庆，完全没有进一步的战略。

拖雷见金军兵多，放弃强攻，留一部牵制、监视金军，而以主力渗透入金军后方，"泌阳、南阳、方城、襄、郏至京诸县皆破，所有积聚焚毁无余"，断掉了金军的后方补给。金军粮草匮乏，又怕蒙古军乘虚偷袭汴梁，只好北撤。而拖雷采用了速不台"城居之人不耐劳苦，数挑以劳之，战乃可胜也"的策略，命蒙古骑兵沿途骚扰，金军不得休息，又缺军粮，甚至"军士有不食至三日者"，疲饿不堪。

当金军撤退到钧州（今河南禹县）三峰山时，窝阔台汗的中路军已经包围了汴梁，并派出口温不花（成吉思汗异母弟别里古台之子）率一万骑兵支援拖雷，堵住了金军的退路。

金军无奈，只得在三峰山与蒙古军决战。此时金军有步兵十二万，骑兵二万，而拖雷所部加上援兵不过五万，若金军能破釜沉舟拼死一战，还有胜利的机会。然而此时金军的士气已经在连天的行军中消磨殆尽，再加上天降大雪，"金人僵冻无人色，几不能军"，已经完全失去了战斗力。拖雷率军猛攻，金军"流血被道，资仗委积"，全面崩溃。

三峰山一役，金军强将锐卒损失殆尽：移剌蒲阿在撤往汴梁途中被俘杀；完颜合达、完颜陈和尚战后逃亡钧州，城破被杀；杨沃衍在钧州自尽；高英、樊泽、按忒木等忠孝军都尉均在战场上战死。金军将帅骨干力量几乎全灭，仅有武仙逃出生天，还能"收溃军得十万人"，算是保留了一点元气，但武仙本人能力一般，战后更对金朝的前景彻底灰心，只想自保，并不能改变"至于三峰山之败，不可收拾，上下骇眙，而金事已去十九"的结局。

金军主力覆灭，接下来的战争已经用不着身为大汗的窝阔台亲临指挥了，窝阔台汗准备返回蒙古草原，拖雷与他同返。

是年六月，回军途中的窝阔台汗突然患病，萨满巫师提出必须有亲近人代死才能痊愈，拖雷为给窝阔台汗祛病，喝下巫水而死。这虽看似是兄弟友爱，但鉴于拖雷强大的实力对窝阔台汗的威胁、窝阔台汗即位的艰难以及拖雷死后窝阔台汗对拖雷家族实力的多方削弱，有很多史家提出，这其实是窝阔台汗做局毒杀拖雷。

最是无情帝王家，成吉思汗去世不到五年，他的儿子们便开始骨肉相残，而随着拖雷之死流出第一股鲜血，蒙古帝国内部的倾轧也开始日趋激烈，最终会让帝国分崩离析。

君王死社稷

历史总是有着轮回和巧合，当1127年金军围攻汴梁，最后掳走北宋徽钦二帝时，无论如何也不会想到，仅过了105年，自己的子孙也在汴梁遭受强敌围攻，且局势更为绝望——北宋还有江南，而金朝却已经穷途末路了。

金军主力丧尽，蒙古军在速不台的指挥下毫无顾忌地围攻汴梁，金哀宗"亲出宫，巡四面劳军，故士皆死战"，在金军守城将士"人自激昂，争为效命"的抵抗之下，蒙古军连续十六昼夜的强攻竟然没有破城，为了减少损失，速不台决定暂时撤围。

虽然围解，但汴梁仍在蒙古军的威胁之下。金哀宗不断派使臣求和，但都遭到拒绝。调兵入汴梁救驾，但援军不是被半路劫击，就是私心自用、推脱搪塞。汴梁外无援军来助，内又粮储殆尽、疫病横行，显然已经无法再顶住一次围攻了。

七月，蒙古派出使臣唐庆一行到汴梁宣谕，要求金朝投降。应该说，一连串的失败，已经让金哀宗从刚即位的奋发有为变得颓唐了，三峰山之战不久，他便已经下诏自降身份："上书不得称圣，改圣旨为制旨。"所以他面对蒙古的劝降，应该是有所动心的。但金朝军士申福、蔡元等人却"擅杀北使唐庆等三十余人于馆"，这样一来，无论是议和还是投降都没有了可能。

使者被杀的蒙古必然会以先前百倍的攻势前来报复，知道无力抵御的金哀宗决定出逃。是年十二月，他率部分大臣离开汴梁，留参知政事完颜奴申、枢密副使完颜斜捻阿不留守。

听闻哀宗出逃，速不台立即率兵再次包围汴梁，并追击哀宗一行。汴梁本就已经残破不堪，"内外不通，米升银二两。百姓粮尽，殍者相望，缙绅士女多行乞于市"，如今皇帝一走，自然更是"人情益不安"。西面元帅崔立发动兵变，杀害完颜奴申、完颜斜捻阿不，率兵挟持太后，自封为王，然后开城向蒙古军投降。

逃出汴梁的哀宗一行对去往哪里原本有多个选择，其一是去开州，二是去归德，三是去卫州。最终，哀宗认为"太后、中宫皆在南京"，如果去开州，"万一不如意"，将居无定所；如果去归德，要回汴梁"更五六月不能还"；而去卫州，"还京为便"，于是前往卫州。其实，既然逃出汴梁，便应该放下负累，前往最容易聚兵的地方，此时还想着还京是怕背上不孝的骂名，但这也就丧失了出逃的意义。不得不说，哀宗此时的优柔寡断，虽看似有人情味，却是毫无意义的取祸之道。

卫州此时已经被蒙古军占领，哀宗攻打三日未能攻下，反而遭到追击而来的蒙古军突袭，损失惨重，最终只能逃往归德。

在归德，金哀宗又遭遇了一场政变。因为他在这里，金朝各地人马纷纷向这里聚集，导致粮草不济，于是只能让禁卫军出城外就食。结果此时统领忠孝军残部的蒲察官奴趁机作乱，杀死朝廷大臣三百多人，软禁了哀宗，自领朝政。

这蒲察官奴是女真人，和完颜陈和尚一样，曾经被蒙古军俘虏，靠着个人武勇杀人夺马逃回金朝，金廷将之收入忠孝军。其人一向狂悖不法，但确实骁勇善战，这次虽然作乱，险些颠覆金廷，但面对蒙古军的追兵，却打出了一场大捷。

其时，蒙古追兵已经来到归德，依水下寨。蒲察官奴率四百五十名忠孝军发动夜袭，"持火枪突入"，竟取得完胜，围攻归德的蒙古军惨败，士兵战死三千五百多人，"十千户皆在死列"，"一军皆没"，尤其是领军的蒙古大将槊直膊鲁华、汉军世侯董俊也战死阵中。

这是金朝灭亡前的最后一次"大捷"，而且含金量甚至超过了完颜陈和尚的大昌原和潼关之战，因为完颜陈和尚虽击败孛鲁、速不台，但蒙古并无大将阵亡。这一次，蒙古竟同时折损两员大将。要知道，槊直膊鲁华是成吉思汗时代便威名素著的大将，在灭乃蛮、西夏以及攻金的战事中屡立大功，董俊是木华黎最早招徕并册封的汉军世侯之一，功勋卓著，其所部号称"匡国军"。他们战死，所部更是几乎全军覆没。在金朝已经穷途末路之际，这样的战绩简直可称作奇迹了。

当然，这奇迹也不过是回光返照罢了。1233年六月，为了摆脱控制，金哀宗暗杀了蒲察官奴，之后逃往蔡州（今河南汝南）。而就在他进入蔡州不久，蒙古与南宋达成协议，联兵灭金。九月，蒙宋联军将蔡州包围。

蔡州无险可守，哀宗知道不可久据，因此打算用手中最后的实力攻打南宋的四川，"欲出宋不意，以取兴元"。武仙、武天锡出兵进攻南宋光化、吕堰，试图为哀宗杀出一条出奔四川的道路，但在南宋大将孟珙的抵抗下大败，哀宗入川的希望破灭。

1233年十二月，蔡州外城被攻破，哀宗"微服率兵夜出东城谋遁"，遭到堵截，只得退回城中，亲自安抚士卒守城。但蔡州城防破损，粮草耗尽，"自是殍者日多，人至相食"，已陷入绝境。

哀宗彻底绝望，做好了最坏的打算，他召集群臣，言道昔日凡亡国之君，"或为俘献，或辱于阶庭，闭之空谷"，而他绝不愿受此屈辱，"朕必不至于此"，打算以身殉国。1234年正月初九，在蒙宋联军攻城日急的关头，哀宗传位于宗室完颜承麟，完颜承麟推辞，哀宗道："朕所以付卿者，岂得已哉？以肌体肥重，不便鞍马驰突。卿平日矫捷有将略，万一得免，祚胤不绝，此朕志也。"于是完颜承麟接受禅让，是为金末帝。

初十日，蒙古军从西门，南宋军从南门攻入城中，蔡州陷入巷战。哀宗自缢身亡，履行了自己的诺言。但是，他希望能够靠完颜承麟延续国祚的愿望终究落了空，在巷战中，只做了一天皇帝的金末帝完颜承麟战死，延续了一百一十九年的大金皇朝灭亡。

从1211年成吉思汗首次南下伐金开始，蒙古经过二十三年的不断征战，终于实现了消灭世仇的夙愿。而南宋也报了当年靖康之变的仇。蒙宋双方找到金哀宗的尸骨，各取一半去祭奠自己的先祖。

金朝灭亡既有时势的客观原因，更有其主观原因，但相对于辽、北宋、西夏之亡，金朝的坚韧和硬骨还是值得称道的。在蔡州陷落之时，上至皇帝、嗣君，下至宰相、元帅、兵丁几乎满城殉国，被俘者也都宁死不屈。其中有两个人物值得一提。

一是官职为都尉的毛牷。其人本是恩州（今河北邢台市清河县）盗匪，金宣宗南迁之后，他主动率众"被招安"，成为金朝将领而抗蒙。蔡州之战，毛牷与儿子拼死力战，其子奋战而死，毛牷自己也在城破后自缢。《水浒传》中的宋江被招安后抗辽，并非真实，而毛牷父子本是盗匪，却主动被招安，为金朝尽忠，其传奇性可以说比宋江更甚。

二是哀宗最后一任御史中丞张天纲。城破后，他被宋军俘虏，押送至南宋首都临安。临安知府薛琼问他："有何面目到此？"张天纲回答："国之兴亡，何代无之。我金之亡，比汝二帝何如？"宋理宗亲自审问他："天纲真不畏死耶？"张天纲答道："大丈夫患死之不中节尔，何畏之有？"

后人常津津乐道于南宋抵抗蒙古帝国——元朝的征服长

达四十余年，其实，南宋水网纵横的环境不利于蒙古军队作战，蒙古军需要用很长时间筹建水军，适应南方气候环境，南宋抵抗时间长虽有人和，也有地利。而金朝所辖之地大部分为北方平原，抵抗更为吃力，仍能坚持二十三年之久，人和更占主要。

金朝虽然因政治劣质化不能逆转而最终一步步走向亡国，但毕竟曾经有过辉煌，文治教化一时之盛，还是有余庆留下的。元世祖忽必烈的重要谋臣郝经便曾经是金朝臣民，他便总结道，金朝"至世宗与宋定盟，内外无事，天下晏然，法制修明，风俗完厚"，所以"故老语及先皇者，必为流涕，其德泽在人之深如此"。

既然"德泽在人"，再加上儒学繁盛，"明昌、泰和间崇文养士，故一时士大夫争言、敢为相尚。迨大安中，北兵入境，往往以节死"。《金史·忠义传》共设四卷，收录的人物有八十八人。其中死难于宣宗至哀宗时期的人数居多，有七十二人，多是金蒙战争中的殉节之士。

但这些只是很少一部分，大量为金殉节者并未收录，后世史家除了《金史》外，又从刘祁《归潜志》、王鹗《汝南遗事》、元好问《壬辰杂编》、杨奂《天兴近鉴》等书以及南宋史书和地方志等的记载中，共统计出与蒙古军作战时战死、自杀的殉节之士共四百七十三人。这样的数字，在历朝历代中都十分突出，也难怪元人虞集感叹："自古国亡，慷慨杀身之士未有若此其多者也。"

而从这些殉节之人的族属来看，汉人280人，女真人156

人，契丹人11人，其他糺人为2人，渤海人3人，奚人2人，西域人1人，其他不明族属的有18人。可说几乎包含了当时中国北部所有民族。

殉节者不仅有宗室、官员、进士，还有大量平民，在已经统计的数据中，官员150人，宗室13人，贵族25人，义军105人，进士79人，荫补9人，吏员6人，武举3人，宦官1人，嫔妃2人，律科1人，道士3人，妇女41人，平民18人，未出仕金朝的士大夫为14人，不明出身2人。平民殉节，虽有蒙古军杀戮惨重而产生的义愤的原因，但金朝推行儒化，宣扬忠孝的教化作用更为重要。

所谓"爵禄豢养之恩，不如礼义渐摩之泽也"，诚哉斯言。

萨迦班智达的选择

对窝阔台汗来说，灭亡金朝，是除了最大外患，而拖雷之死，则使最大的内忧不复存在。父亲创建的格局所带给他的压力已经摆脱，接下来，他可以进一步营造自己的时代了。

金朝灭亡一年后，1235年，窝阔台汗就办了两件大事。第一件是组织了"长子西征"，派出成吉思汗四子各家族由长子率领的主力，以大哥术赤的儿子拔都为最高统帅，老将速不台为先锋，西征欧洲。这次西征，既是扩充领土，获取财富，也是充分锻炼蒙古帝国第三代、第四代的能力。长子大军一路西进，征服罗斯诸城邦，并一度占领波兰、匈牙利全境。

如此一来，术赤家族的领地扩展到东欧，而东西方的商路也有了新的局面。原本自从西汉凿通西域以来，丝绸之路分为南北中三路：第一条是沿着昆仑山北麓到达安息（今伊朗），直至印度洋，称为南道；第二条顺天山南侧行走，越过帕米尔高原，到达中亚和波斯湾等地，称为北道；这两条线路都在天山以南，西汉以后天山北路又增加了第三条丝路，通往地中海各国，称为北道，原来的北道就改称为中道。但在唐朝中后期，因为怛罗斯之战唐朝退出中亚，以及随后的安史之乱唐朝衰落，南北中三路均已中断。

成吉思汗的西征，重新凿通了西域商路，而窝阔台汗发动的长子西征，则出现了新的通路：从中原地区向北越过古阴山（今大青山）燕山一带的长城沿线，西北穿越蒙古高原，之后经过"南俄草原"中西亚北部，直达地中海北陆欧洲地区的通道。蒙古帝国极为重视驿站的管理和驿路的维护，"止则有馆舍，顿则有供帐，饥渴则有饮食"，商旅行贾"不需为马匹携带饲料，也不需为跟随商队同行的人们携带粮食。此外，商队不带向导，因为草原与农业地区有着人烟稠密的畜牧业和农业居民点，只需付出若干报酬即可获得一切必需物资"。

而为了让帝国的中心受惠于商路，窝阔台汗在长子西征的同时，办了第二件大事——改变成吉思汗不设固定首都的习惯，修建了哈剌和林城。

该城坐落在鄂尔浑河岸边，南北约四里，东西约二里，蒙古大汗的万安宫在城之西南角，有宫墙环绕，周约二里。按照史料记载，哈剌和林"有两个地区：一是萨拉森人区，市场就在这个区里。许多商人聚集在这里，这是由于宫廷总是在他附近，也是由于从各地来的使者很多。另一个是契丹人区，这些契丹人都是工匠。除这些地区外，还有宫廷书记们的若干座巨大宫殿，十二座属于各种不同民族的庙宇，两座伊斯兰教寺院，一座基督教徒的教堂。城的周围环绕着土墙，并有四个城门"。其中所谓萨拉森人，泛指信奉伊斯兰教的各族，而契丹人，则是指汉人，"十二座属于不同民族的异教徒庙宇"，主要是佛寺和道观。联通东西方的商路，以哈剌和林为中转站，或进入中原，或前往西方。

西征与建城是窝阔台汗的主动行为，影响深远，而另一个被动行为也触发了一系列历史大事，那便是对南宋"三京之役"的反攻。

蒙宋联军灭金之后，"约以陈、蔡为界"，但灭金对于南宋来说是一吐百年愤怨的大事，朝野上下沉浸于一雪靖康耻的兴奋之中，尤其是南宋理宗皇帝此时刚刚亲政便得到如此大礼，更是豪情万丈，决心"洗濯三十年积弊"。于是，1234年六月，南宋发动了以收复北宋"三京"（即东京开封府、西京河南府、南京应天府）为重点的"三京之役"。

南宋的北伐因为初期蒙古军已经北撤，因而十分顺利，汴梁、洛阳、应天府先后被光复，但很快便遭到蒙古军的反击。此时中原地区因为连年战乱，十室九空，根本无处筹措粮草，宋军陷入缺粮的窘境，且因为反对贸然北伐，参与灭金之战的众多有经验、有能力的将领如孟珙等都被调往后方，率军的都是如赵葵、全子才之类的庸懦之将，军队战斗力也不强，因此在蒙古军的反攻之下一溃千里。是年八月，南宋的三京之役宣告失败。

后世史家大多认为南宋自视过高，贸然北伐，破坏与蒙古的合议，从而拉开了绵延四十余年的战幕。南宋的北伐确实是不审时度势的莽撞之举，但要说日后战争完全就是这三京之役引起也失之偏颇。金朝灭亡后，蒙古与南宋接壤，要想不爆发战争，双方的关系就必须予以确定。对于蒙古来说，南宋不是一定要灭亡的，但必须臣服，窝阔台汗多次派使臣出使南宋，这一点始终坚持。而南宋一向以中华正统自居，当年在靖康之耻半壁沦陷的残局之下，对金朝都臣服得不情不愿，如何肯臣服蒙古？双方在根本问题上有原则性冲突，自认是长生天赋予使命要统治天下的蒙古大汗和自认是汉唐继承人、天下之主的南宋皇帝注定是要兵戎相见的。

只是这第一枪由南宋先开，确实是出乎了窝阔台汗的意料。他立即部署了反攻，1235年春，窝阔台汗以自己的第三子阔出为统帅，以十八万大军兵分三路南征南宋。

蒙古这次南征，与南宋的三京之役一样，初期十分顺利，因为南宋将帅无能，加之对北人，也就是金朝归附南宋的将领和军队不信任，导致众多重镇包括襄阳相继失守。但在后期，阔出因病死于军中，南宋方又有孟珙、杜杲等名将力挽狂澜，蒙古军最终未能有大的突破，撤兵北返。

南北战事暂时停顿，窝阔台汗开始要考虑如何消灭南宋的战略了。经过阔出南征，他发现南宋的江淮、京湖地区水网纵横，坚城林立，没有水军也不善水战的蒙古军很难发挥战力，因此他把突破点选在了四川，因为这里在借道伐金过程中蒙古军已经多次深入，情况更为熟悉，且只要夺取四川，便可顺江而下，南宋的长江天险也就不复存在了。

进取四川的任务，窝阔台汗交给了自己的次子阔端，让他率部驻守河西走廊的要地凉州（今甘肃武威），掌管今甘肃、青海、宁夏、内蒙古西部、新疆东南部、陕西等广大地区，负责攻打四川。

阔端一度攻陷成都，"凡破四川府州数十，残其七八"，并试图突破夔门，顺流进击南宋的长江中下游地区，但在归州、巴东等地为宋军所阻。

顺江东下的计划受挫，阔端决定实施更大范围的迂回，效仿爷爷成吉思汗灭金战略，"欲由大渡河直破大理国"，然后侧面进攻南宋。可这一战略，需要巩固对甘青藏区的统治以保障南下大军的侧翼，而要巩固甘青，则需要彻底控制西藏。

于是，1239年，阔端派部将多达那波带领一支蒙古军，从甘、青藏区出发，前往西藏。

此时的西藏，自从吐蕃帝国崩溃后，已经做"隐士"397年了。

当年吐蕃帝国强盛时，不但雄霸青藏高原，而且占据河西走廊，与唐朝和阿拉伯帝国争雄于中亚，甚至曾攻陷过唐都长安。但在841年，吐蕃最后一任赞普（吐蕃王号，意为雄强丈夫）墀达摩吾东赞因感到国内佛教势力太大而灭佛，导致佛教强力反弹，他自己被僧侣暗杀。两个儿子各据一方，互相争权攻伐长达二十三年之久，最终帝国在连年天灾、人民起义和豪族分治之下崩溃。

平民和奴隶大起义将吐蕃帝国原有的行政建制全部摧毁，而起义军也未能建立统一政权。所以在起义的高潮过后，便形成了千百家豪族星罗棋布的局势。而原王室在遭到起义军毁灭性的打击后，残余者四处逃遁，并建立起许多政权。青藏高原遂进入长达400年的割据时期。

而在这乱世之中，被打压的佛教却再次获得复兴和弘传，各地封建主都借助佛教以安定地方。藏地佛教进入"后弘期"，并与本土宗教苯教相结合，形成了真正意义上的藏传佛教。同时，由于藏区的四分五裂，佛教在其传播过程中又形成众多教派，如宁玛、噶当、噶举、萨迦等。随着这些教派的形成和发展，藏族社会也随之暂趋于相对稳定和安宁。作为曾经辉煌一时的吐蕃帝国的核心区，数百年间，西藏的情形几乎不为外人所知。

阔端派多达那波进军西藏时，这里还是"各自为政，不相统属"，但佛教信仰已经根深蒂固，一些高僧大德的影响力可以超越教派和封建领地。

多达那波率军入藏，并非要武力攻取西藏，而是在武力威慑之下，寻找足以代表西藏的人物，促使西藏臣服。蒙古军经藏北草原从当雄沿着乌鲁龙曲河到达旁多（今西藏林周县）后，便开始实施征服西藏的第一步——武力威慑，目标则是噶当派寺庙杰拉康寺。

之所以选择这里，因为杰拉康寺位于今拉萨市林周县西部的春堆乡虎头山水库的西边，杰拉康西南有路可通堆龙德庆县的玛乡再到楚布寺，南面越过郭拉山口就到拉萨北面的夺底沟，东北有路通到达隆寺和热振寺，东面有路直通墨竹工卡，是一个重要的交通路口。打击这里，可以有效地震慑周边各势力。

开战前，多达那波派出一支偏师去攻打热振寺，因为这座寺庙也属于噶当派，可以阻止其支援杰拉康寺。

西藏各大寺庙也是封建领主，都有僧兵保护，见蒙古军杀来，杰拉康、热振两寺的僧兵都进行了英勇抵抗。但僧兵曾经的战斗都是类似于械斗一般，既不激烈也不正规，这与大军团作战的能力相差的不可以道里计。所以，僧兵面对此时所向无敌的蒙古军，可说毫无胜算。仅一天，战斗便结束了，两寺被焚毁，抵抗的五百余僧人战死。

一战就使得两座名寺毁灭，五百僧人死难，这破坏程度远超出了西藏的僧团和地方势力之间的互斗，也展现了蒙古军可怕的战斗力。这对西藏各教派的僧俗造成了巨大的心理震撼。

多达那波在战斗胜利后，控制各处要隘，拆除堡寨，并设立驿站供应物资。同时也着手修复杰拉康的佛殿，以此向西藏僧俗表示怀柔。多达那波也通过侦查，了解了西藏各地重要人物的信息，写信给阔端，指出："在边地西藏，僧伽以噶当派最大，最讲脸面的是达隆的法主，最有声望的是止贡派的京俄，最精通教法的是萨迦班智达，从他们当中迎请哪一位，请颁明令。"

阔端接到信后，结合自己之前得到的情报，认为应该请一位在宗教上地位很高而在世俗权力上并不很权威的人物商讨西藏的归附问题是最为有利的，于是回信道："今世间的力量和威望没有能超过成吉思汗的，对来世有益的是教法，这最为紧要，因此应迎请萨迦班智达。"并让使者携带自己的信函以及"白银五大升，镶缀有六千二百粒珍珠之珍珠袈裟，硫黄色锦缎长坎肩，靴子，整幅花绸二匹，整幅彩缎二匹，五色锦缎二十匹"的礼物，前往迎请萨迦班智达。

"萨迦班智达"并不是名字，而是一个尊号，萨迦是藏传佛教的一个教派，创始于1073年，因该教派主寺萨迦寺所在地呈灰白色，故得名萨迦（藏语意为白土）。而班智达意即"学富十明学的大学者"，合起来便是萨迦派的大学者。

萨迦派历史上有著名的"萨迦五祖"，其中萨迦第四祖贡噶坚赞，便是这位萨迦班智达。

吐蕃帝国灭佛时，藏地佛教遭到毁灭性打击，佛教信徒为了传承法脉，不得不娶妻生子，在家族中秘传。因此"后弘期"的藏传佛教各派基本上都是家族传承。萨迦派也不例外，其教主传承在昆氏家族，而贡噶坚赞便是萨迦派第一祖贡噶宁布大师最小的儿子柏钦沃波的长子，原名班丹顿珠。

班丹顿珠于1182年出生，自幼便在父亲柏钦沃波、伯父札巴坚赞座前学习，受密宗诸灌顶教导口诀，闻习若干医典要诀，并受居士戒，取法名贡噶坚赞。22岁那年（1204），又拜当时入藏的克什米尔佛学大师释迦室利为师，受比丘戒，正式成为一名僧人。

贡噶坚赞极为聪慧又修行刻苦，因此不但精通佛学，还在工艺学、星象学、声律学、医学、修辞学、诗歌等方面均有极深造诣。因此，他不仅获得"班智达"这一大学者的称号，而且成为第一位享誉整个藏族地区的"班智达"，无论是各地封建主，还是其他教派僧人，都对他礼敬有加，尊称其为"萨迦班智达"。

萨迦班智达此时已年过花甲，但在接到阔端的信函后，还是决定前往。临行前，有人问他："你究竟有何神通本领？请不要隐瞒说真心话。此外，你前往蒙古地方有何好处？"萨迦班智达答道："我对佛法无限敬信感戴，对经典之义略有所知，心生现观续部然而不大。我为何前往蒙古供施处？若不去的话，军队即来。若军队来此，就会给雪域西藏带来灾难。为饶益众生和牲畜，只好暂时前去，无有其他裨益。总之，为饶益众生，敢于牺牲自己的生命。"

1244年，62岁的萨迦班智达带着两个侄子——年仅10岁的八思巴和年仅6岁的恰那多杰——起身前往凉州。

萨迦班智达一行走了近三年时间才到达凉州，这倒不仅是因为路途遥远艰险，而是萨迦班智达沿途拜访各教派僧团和地方领主，与他们倾心交谈，商讨西藏归附的细节，以达成共识。待他到达凉州时，可以说已经基本上是代表西藏的各派势力了。

然而在萨迦班智达奔波于西藏各地之时，蒙古帝国的政局发生了变化，窝阔台汗病逝了。

窝阔台汗极好杯中之物，"经常喝得酩酊大醉，并且在这方面无所节制"。他的二哥察合台为了控制他饮酒，指派了一名大臣专门监督他饮酒的数量。可窝阔台汗却耍了心眼，将小杯换成大杯，这样杯数看似少了，但喝得更多了。他最信任的耶律楚材也屡屡劝谏他戒酒，并指着锈蚀的酒槽铁口说："麴蘗能腐物，铁尚如此，况五脏乎？"可窝阔台汗虽然赞赏耶律楚材的忠心，赐给金帛，但也并没有接受他的劝谏。

酗酒的恶习使窝阔台汗的身体迅速垮了下来，1241年，在位仅13年的窝阔台汗在又一次暴饮之后猝死，年56岁。

窝阔台汗的死，让各处蒙古大军都停止了军事行动，西征欧洲的长子大军东返，驻扎在西藏的多达那波也撤军北返，这却间接帮助了萨迦班智达对各势力的劝谕，西藏僧俗认为蒙古撤军是表现了和平的诚意，因此大多都表示愿意归顺。

1246年八月，萨迦班智达一行抵达凉州。恰逢阔端去回蒙古草原参加新大汗继位庆典，只得在凉州暂且等候了一段时间。1247年，阔端返回凉州，即与萨迦班智达会面，两人正式开启了著名的"凉州会谈"。

阔端对萨迦班智达的到来十分高兴，在他看来，萨迦班智达是"以头来归顺，他人以脚来归顺，汝系因我召请而来，他人则是因恐惧而来，此情吾岂能不知？"这为会谈定下很好的基调。

经过反复磋商，双方终于达成一致意见，西藏正式归附蒙古，有上缴贡品、维护驿站、服从徭役兵役等义务，而大蒙古国则保护佛教，维持各僧俗势力原有的权利。

　　而萨迦班智达因为用自己的医学知识治愈了阔端的病痛，使得阔端对之十分信服，因而礼敬有加。在萨迦班智达刚见到阔端时，他的宫廷中最受尊重的是也里可温（基督教）教士和蒙古萨满，佛教僧侣只能坐在他们的下首。而萨迦班智达却改变了这一格局，佛教遂居于基督教和萨满教之上。阔端还在凉州为萨迦班智达专门修建了一座寺院作为驻锡地，这座名为幻化寺的寺院遗址至今仍在甘肃武威的白塔村。

　　萨迦班智达与阔端的"凉州会谈"，不仅使西藏走出了从吐蕃帝国崩溃后的封闭状态，从此进入亚洲大格局之中，藏传佛教大举东传开始。而对于蒙古帝国而言，大迂回进攻南宋的道路也敞开了。

第四章

从宗王到大汗

窝阔台汗的后宫由六位皇后和若干侧妃组成，按照蒙古的传统，六位皇后都算正妻，她们所生的儿子也都算是嫡子。窝阔台汗有七个儿子，长子贵由、次子阔端、三子阔出、四子哈剌察儿、五子合失是嫡子，六子合丹、七子灭里则是庶子。庶子不能成为储君候选人，因此窝阔台汗的继承人只能从前五个儿子中选出。

窝阔台汗也和父亲成吉思汗一样，并不属意于长子和幼子，而是最喜欢第三子阔出，"这个儿子很聪明，生来是个幸运儿，合罕有心让他做自己大位的继承者"。可惜，阔出年寿不永，先于父亲去世了。悲痛之余的窝阔台汗爱屋及乌，将阔出的儿子失烈门养在身边，准备立为继承人。这一安排，"诸王百官皆与闻之"，但并没有如成吉思汗立窝阔台那样正式宣布。

没有正式宣布，便不算是圣旨，当窝阔台汗暴死之后，隐患就出现了。

原来，窝阔台汗的大皇后孛剌合真在他去世后也很快去世，六皇后脱列哥那以长子贵由生母的身份摄政。作为母亲，自然要全力扶持亲生儿子上位，于是她花费五年时间，"用巧妙和狡猾的手腕，她控制了一切朝政，并且施给各种小恩小惠，请客送礼，赢得了她族人的欢心，顺从她和愉快地听着她的吩咐和指令，而且接受她的统治"，获得了大多数贵族的支持，并将窝阔台汗生前信任的近臣耶律楚材、镇海、牙剌瓦赤等人排挤出朝堂。

1246年，在哈剌和林附近的达兰达葩召开"库里勒台"时，贵由毫无悬念地被推举上位，成为蒙古帝国第三任大汗。

然而，脱列哥那皇后很快便后悔了。贵由汗虽然是母亲一手操作立为大汗的，但并不是一个甘心被母亲操控的弱势君王。即位不久，他便处死了母亲最为信任的心腹法迪玛，重新起用被母亲逼走的老臣镇海，从母亲手中夺回了统治权，脱列哥那皇后又气又急，贵由汗继位不过一年，她便去世了。

贵由汗只比她多活了一年，于1248年去世。贵由汗的皇后斡兀立效法自己的婆婆，在丈夫死后摄政，打算将窝阔台汗所指定的继承人失烈门扶上汗位。可是她"大部分时间单独与珊蛮们在一起，沉溺于他们的胡言乱语，而不认真治理国家"，贵由的两个儿子忽察和脑忽则各自为政，和母亲对抗，贵由的兄弟阔端、合丹也不服从她，窝阔台家族一片混乱。

见有机可乘，拖雷的遗孀，也是拖雷家族的大家长唆鲁禾帖尼，在此时"恩赐她的族人和亲属，犒赏军队和百姓，获得了各方面的拥戴，因此使所有人听从她的旨意，并在每人的心灵中种下了感情和恩义"，先后拉拢了术赤家族和左翼诸王各家族，形成了强大的政治联盟。然后，在术赤和拖雷两大家族强大武力的护卫下，于1551年在斡难—怯绿连地区召开了"库里勒台"，将拖雷的长子蒙哥拥立为蒙古第四任大汗。

从窝阔台汗去世到蒙哥汗即位，在这长达十年的时间里，蒙古帝国的中枢是混乱的，因此对外战争也几乎停滞。随着蒙哥汗的即位，这位"刚明雄毅，沉断而寡言，不乐宴饮，不好奢靡"的可汗立即便扭转了财政窘迫、政出多门、中央软弱无力的局面，蒙古帝国再次焕发了成吉思汗时代的雄浑之气。

蒙古铁骑将再次出发。

金莲川的筹谋

蒙古在还是小部落时，便是用战功来衡量一个统治者是否称职。成吉思汗时代，近乎所有的大型战役，可汗本人都要亲临阵前。成吉思汗缔造了一个无往不胜的"战神传说"。窝阔台汗亲自指挥了灭金之战，并发动了对欧洲的"长子西征"。贵由汗也曾独立指挥征伐辽东之地，擒获东夏国主蒲鲜万奴。

以此相较，蒙哥汗便相形见绌了——在长子西征中，他率领着拖雷家族军团参与其中，虽也不乏战功，但并没有独立指挥大型的灭国之战。而且在占领罗斯诸城邦后他便被召回本土，后面攻破波兰、匈牙利等国家的硬仗自己没有参与。

因此，他从即位之初便酝酿了一个宏大的征服计划：一要灭亡南宋；二要再发动一次西征，征服西亚诸国。

西征的任务，蒙哥汗交给了自己的弟弟旭烈兀。1252年，旭烈兀率十五万大军出发西征。旭烈兀的进军十分顺利，挡在路上的亦思马恩派宗教国、阿拔斯王朝、阿尤布王朝均被荡平，蒙古大军直抵西奈半岛，准备攻入埃及。

灭亡南宋的任务，蒙哥汗留给了自己："我们的父兄们，过去的君主们，每一个都建立了功业，攻占过某个地区，在人们中间提高了自己的名声。我也要亲自出征，去攻打南家思（南宋）！"

攻打南宋，蒙哥汗仍想继续窝阔台汗时代的大迂回战略，先去征服大理国，包围南宋，然后几路并举而灭之。

攻打大理国的任务，他交给了另一个弟弟忽必烈。

忽必烈是蒙哥汗众多弟弟中最特殊的一个，他从小就性格沉稳，对于政治总比对战争感兴趣。在蒙古帝国第三代贵族的其他人都在争着出外作战积累军功的时候，忽必烈却总是和汉地而来的僧侣、儒生混在一起，以至于到36岁还没有值得称道的战功。

对于这个弟弟，蒙哥汗并不理解，但毕竟是一母所生的亲弟弟，还是依为自己的左膀右臂。在他继位的"库里勒台"上，几个弟弟包括忽必烈在内负责维持秩序，监视宗王和将领。待到仪式结束，大局抵定，他就将几位弟弟都安排到要害地区，掌管实权。忽必烈是同母弟中最年长的，被委派掌管漠南汉地，以金莲川作为治所。

金莲川地处今天的内蒙古锡林郭勒盟正蓝旗闪电河（也称滦河）沿岸，原名为曷里浒东川。其地"龙冈蟠其阴，滦江经其阳，四山拱卫，佳气葱郁。都东北不十里，有大松林，异鸟群集，曰察必鹊者，盖产于此山。有木，水有鱼，盐货狼藉，畜牧蕃息，大供居民食用。然水泉浅，大冰负土，夏冷而冬冽，东北方极高寒处也"，是绝佳的避暑胜地，辽代时便是皇帝和达官贵族们游猎避暑的所在。到金代，金世宗完颜雍选择夏宫时，来到此处，看到茂盛的金莲花"花色金黄，七瓣环绕其中，一茎数朵，若莲而小，六月盛开，一望遍地，金色灿然"，故将"曷里浒东川"更名为金莲川，在这里修建了凉陉离宫。

这里"控引西北，东际辽海"，是联络哈剌和林与中原的必经之路，忽必烈在此驻扎，即可沟通哈剌和林，又可有效掌控中原，可见蒙哥汗对他的信任。

对当时的蒙古帝国来说，人口最稠密、经济最发达的地区便是中原，忽必烈得到如此重任，身边臣属纷纷相庆，只有姚枢闷闷不乐。忽必烈问其故，姚枢答道："今天下土地之广，人民之殷，财富之阜，有如汉地者乎？军民吾尽有之，天子何为？异时廷臣间之，必悔见夺。不若手握兵权，供亿之需，取之有司，则势顺理安。"忽必烈恍然大悟：国家根本重地给了我，哥哥要是日后后悔，可就麻烦了。于是上表要求只领军事，蒙哥汗欣然照准，但仍给了忽必烈很大的权力，他可以利用自己出镇宗王的身份便宜行事。

蒙哥汗并不知道，自己这位弟弟并不是无所作为，只是他比同辈的兄弟们都明白，祖父创建的帝国虽然武功赫赫、天下无敌，但内部危机越来越大，用传统的草原封建制度已经难以维系帝国的长远发展。

作为大哥夺取汗位的全程参与者，忽必烈对蒙古帝国政治上的问题看得一清二楚。因为窝阔台家族的内讧，使得拖雷家族得以夺位，但这本身就代表着最高权力的不稳定性。成吉思汗遗言传位窝阔台，但拖雷却能够依靠库里勒台使窝阔台差点不能即位。窝阔台欲传位失烈门，却被皇后脱列哥那利用库里勒台否决而立贵由，这才导致窝阔台家族内部的分裂。

大哥蒙哥的即位，在登基大典上便差点遭到武装袭击：窝阔台家族的失烈门、脑忽率领部队逼近会场，打算武力夺位。所幸蒙哥和拔都的重兵早就埋伏在会场周围，失烈门等人的部队尚未展开行动，便被包围缴械。而蒙哥也因此进行了蒙古帝国开国以来最大规模的内部清洗：

失烈门被处死，脑忽被判处从军，忽察被流放高丽。贵由汗的皇后斡兀立、失烈门的母亲哈答合赤以"厌禳"的罪名被扔进水中处死。察合台家族的家长也速蒙哥以及察合台的孙子不里，在这次议定大汗的"库里勒台"上支持失烈门，也速蒙哥被废黜察合台汗国可汗的汗位，并被处死。不里被交给与他一直有矛盾的拔都，被拔都处死。

对于至亲骨肉都如此无情，对于普通大臣就更是鹰击毛挚，失烈门、脑忽等人的臣属按只歹、爪难、合答曲怜等七十七人，忽察的臣属不合台豁儿赤、哈儿哈孙等人，也速蒙哥的臣属密兰、速蛮豁儿赤等人，贵由汗的老臣镇海、合答、宴只吉台等人，无一幸免，尽数被杀。

这场清洗，虽然使得窝阔台家族一蹶不振，失去了再夺汗位的实力。但每次汗位交接都要有剧烈震荡乃至腥风血雨，也伴随着帝国上层一次又一次的分裂和敌视，这样能够长久吗？

忽必烈认为，帝国需要集权，需要一种新的体制，需要糅合各种制度，因此也要吸收各民族、各类型的人才为自己所用。

虽然还只是哥哥麾下的宗王，但他已经在为日后做大汗做准备。与其他兄弟唯祖父成吉思汗为榜样不同，他的偶像，是身兼可汗与皇帝的唐太宗李世民："上（指忽必烈）在潜邸也，好访问前代帝王事迹，闻唐文皇为秦王时，广延四方文学之士，讲论治道，喜而慕焉。"

因此，忽必烈学习李世民，不断地物色可用之才徕入麾下："始居潜邸，召集天下英俊，访问治道，一时贤士大夫云合幅奏，争进所闻。"在他身边"论定大业，厥有成宪"，从而聚集了一批"亡金诸儒学士及一时豪杰知经术者"。

当他正式以宗王的身份开府金莲川后，当初那些还看似缥缈的希望一下子清晰起来。无论是忽必烈本人还是身边的谋臣们，都开始加大积蓄力量的力度。尤其是对于人才的储备，更是四方延揽，不遗余力。很快，在藩邸旧臣的基础上，形成了一个庞大的人才储备库——"金莲川幕府"。

被忽必烈招入金莲川幕府的人士，可以考证的有六十余人，如刘秉忠、张德辉、姚枢、赵璧、王鹗、张文谦、窦默、许国桢、郝经、许衡、商挺、刘肃、宋子贞、王恂、李昶、徐世隆、李德辉、张易、马亨、赵良弼、赵炳、张惠、李冶、杨焕等。再加上一直充任忽必烈王府宿卫的廉希宪、董文用、董文忠、贺仁杰、阿里海牙、谢仲温、姚天福、高天锡、谒只里、昔班、阔阔等，形成了文武兼备的人才库。

其中，许衡是北方儒宗，门生遍天下，他接受忽必烈的聘请，有着"但当匡救生民疲"的抱负，他入幕带动了一大批人才；刘秉忠是"百科全书"式的奇才，于天文、地理、律历、占卜无不精通，天下事了如指掌；姚枢、廉希宪、张德辉、张文谦等人不但学识广博，而且足智多谋，是忽必烈的智囊；阿里海牙、董文用有勇有谋，是绝阵战场的将才；赵璧、郝经、马亨善于理财，帮助忽必烈掌管钱袋子；王鹗、徐世隆文采飞扬，作文倚马可待，是忽必烈倚重的笔杆子。

这些人日后"布列台阁，分任岳牧"，是忽必烈成就帝业的主要政治班底。

依靠这些人才，忽必烈开始着手治理久被战祸荼毒的中原地区，派杨惟中、高挺、史天泽、廉希宪分别管理邢州、河南、陕西等地，"如邢州、河南、陕西皆不治甚者，为置安抚、经略、宣抚三司。其法：选人以居职，颁俸以养廉，去污滥以清政，劝农桑以富民。不及三年，号称大治"。

忽必烈稳定中原汉地的一系列做法，蒙哥汗十分满意，但他知道，弟弟没有战功终究不能独当一面，因此才将征服大理国的任务给了他。忽必烈也知道，要想有更大的政治资源，战功是必不可少的，因此也立即遵旨启程。

长鞭所指，彩云之南。

目标，彩云之南

在得到蒙哥汗的命令后，忽必烈将自己金莲川幕府中的核心人物姚枢、刘秉忠、张文谦、廉希宪等人带在身边参赞军务，之后南下调集各路人马，于1252年六月正式发兵。

这次南征，规模并不小于旭烈兀的西征，名将速不台之子兀良合台，诸王也只烈（成吉思汗三弟合赤温曾孙）、也苦（成吉思汗二弟哈撒儿之子）、拔突儿（成吉思汗叔父答里台玄孙）、脱脱（窝阔台汗第四子哈剌察儿之子）等均率军参战，十万大军浩浩荡荡南下大理。

大理国此时已经立国300余年，但却早已不是段家的天下。在第十二代皇帝上德帝段廉义时，出现权臣杨贞义之乱，上德帝被杀。而另一权臣高智濂又起兵杀杨贞义，扶立上德帝之侄段寿辉为大理上明帝，自己专摄朝政，皇帝已成傀儡。之后高智濂之子高升泰更是废掉上明帝的儿子保定帝段正明自立为王，并改国号为"大中"。

高升泰只当了一年"大中皇帝"便一命呜呼，临死前认为自己悖主篡位才遭厄短寿，于是恢复大理国，立保定帝之弟段正淳为帝，高家则做了"中国公"，掌握实权。

到忽必烈准备兵威相加的时候，大理已经传到了复国后第八代皇帝段兴智，依然是傀儡，真正的当家人是高升泰的后人高祥。皇帝至尊而无实权，权臣掌国却名分不足，高家只注重自家领地，而对大理国都大理城为主的皇家领地刻意削弱。

原本大理国的军队分为常备军、乡军和夷卒。常备军名为爨僰军，由爨人（亦称乌蛮、罗罗斯，今彝族祖先）与僰人（亦称白蛮，今白族祖先）的精锐之士组成，人数不多却是维持统治的主力，乡兵是每遇战事，由大理国直接统治地区的豪族临时征集，夷卒则是臣服于大理国的各民族酋领的附属军。在大理国强盛时，以爨僰军为核心，乡军为辅助，再加上"滇东三十七部"的夷卒，足可有十万至十五万的人马。而如今，爨僰军被刻意压制，乡军主力都由高家掌控，只重点护卫自家领地会川（今四川会理西）、姚州（今云南姚安县西北）、鄯阐（今云南昆明）等，至于夷卒也因为各部酋领离心而无力调度，大理国已经是"酋领星碎，相为雄长，干戈日寻，民坠涂炭"的景象。

1253年四月，大军进驻六盘山，忽必烈先派人召请萨迦教主八思巴前来会面。此时萨迦班智达已经去世，萨迦教主已经由其侄子八思巴继承。之所以请八思巴前来，是忽必烈考虑到前往大理要经过吐蕃地界，而其地归附不久，需要八思巴进行宣谕。是年九月，忽必烈到达忒剌地区（今甘肃迭部与四川诺尔盖之间的达拉沟），经过策划，忽必烈决定三路出击，自己率领中路军，兀良合台统领西路军，也只烈统领东路军。

忽必烈的中路军的行军路线路途十分艰险，过雪山时"山径盘屈"，军队不得不"舍骑徒步"，养尊处优的忽必烈还得由随从背负而行。渡过大渡河后，来到"不毛瘴喘沮泽之乡，深林盲菁，绝崖狭蹊"，战马大量死亡。而迫近大理国境之时，又"稠林夹路"，军队只能"彪骑单行"。

中路军饱受了行军坎坷之苦，但有舍必有得，路虽难走，仗却打得极为轻松。军队到达答蓝（今云南宁蒗永宁），麼些蛮首领主动归降。到达大匮（今云南丽江大具），当地酋长又不战而降。之后的三赕（今云南丽江）、善巨（今云南永胜）、邓赕（今云南洱源邓川）等地，全都是主动迎降。在几乎没有受到抵抗的情况下，忽必烈大军渡过金沙江，逼近了大理国都大理城（又称为羊苴咩城）。

西路军的兀良合台的运气稍差一些。他们穿越阿坝草原南下，一路之上，战马"道死殆尽"，还一度断粮，"取死马肉续食，日行不能三二十里"。待到进入大理国境，虽然初时很多地方酋长主动投降，但在半空和寨（今云南丽江石鼓）却遭遇了大理军的顽强抵抗，其地"穴石引水，牢未可拔"，兀良合台绝其水道，待七天之后，守军因缺水士气涣散，才亲自率军将之攻陷。

1253年十二月，中西两路大军兵临大理城下，忽必烈派出玉律术、王君侯、王鉴三位使臣入城招降，承诺只要投降便不杀掠，如若顽抗则会"噍无遗类"。大理皇帝段兴智想要投降，他本是傀儡，何必抵抗？但权臣高祥不允，将三位使臣杀害。

既然杀使拒款，那高祥应该凭借"西倚苍山之险，东挟洱水之阨"的大理城防坚守，但他却选择了最为愚蠢的方式，挟持着段兴智率军出城决战。这样的作为可算是自寻死路，一战下来，大理军几乎全军覆没，高祥与段兴智逃走，忽必烈趁机发动攻城，原本固若金汤的大理城一夜之间就被蒙古军占领。

在搜索典册图籍的过程中，三个使者的尸体被发现，忽必烈勃然大怒，想要屠城。张文谦、姚枢、刘秉忠等人急忙劝谏："杀使拒命者，其国主耳，非民之罪。" 忽必烈对他们一向言听计从，于是下令不许军队进城抢掠，颁布"止杀令"，于是"军士无一人敢取一钱"。

止杀令不仅让大理国三百年的文明精华得以保存，更让忽必烈获得了大理民心。大理世家杨家掌门人杨公首先向忽必烈臣服，杨家是白族佛教密宗世家，其曾祖父圆慧是大理建德皇帝段正兴的佛学老师，祖父慧升被尊为智天大师，从祖父慧福被尊为戒辩大师，父亲升宗也是公认的密宗大师，母亲还是佛教义学教主赵德馨的长女。大理佛教兴盛，密宗世家在民间有极大的影响力。杨家臣服带动了一大批世家、官宦纷纷投诚，不仅大理城局势迅速平稳，周边各地也纷纷降服。

大理国都已经拿下，而东路军却杳无音信，原来东路军遇到了最难啃的骨头，他们沿川西平原的边缘南下进入大理国境。第一站便到了高家的世袭领地会川，高家子弟高通率军死守，这里的城防和乡军都是高家多年经营，又是保卫自己的家乡，因而战斗力强劲。也只烈与另一位诸王抄和攻了许久未能攻下，只得撤围绕过会川攻打姚州，而姚州更是高家大本营，东路军再次受挫，久攻不下，顿兵坚城而无计可施。

　　不久从大理城逃出的高祥回到姚州，意欲召三十七部夷卒助战，可诸部无一人前来，反而得知他去向的忽必烈派兵赶到，与东路军合兵猛攻姚州。姚州虽然是高家根基，但哪里承受得住蒙古两路大军的重击，终于城破，高祥被俘，押解到大理城斩首。

　　主宰大理国一百多年的高氏灭亡，大理国也就没有了主要抵抗力量。1254年春，忽必烈留兀良合台继续追击段兴智和征讨不愿臣服的部落，并任命刘时中为宣抚使治理民政，自己率主力北返。是年秋，兀良合台攻陷善阐俘虏段兴智，并将之送回漠北草原面见蒙哥汗。蒙哥汗表现得很大度，不但没有杀他，还赐给金符让他回云南帮助招抚其他部落。段兴智回国后全力帮助蒙古军平定云南各地，蒙哥汗大喜，赐他"摩诃罗嵯"称号（此为梵语，意思是"大王"），并让他管理云南各族。从段兴智之子段实开始，段氏从"大理皇帝"成为"大理总管"，掌管元朝云南行省的大理路，成为云南中西部地区的实际统治者。

　　大理既平，对于南宋的战略包围也就达成了，忽必烈在此役中是总指挥，自然是头号功臣。而以武功立国的蒙古，这次南征，拓地千里，也大大提高了忽必烈的声望。以前一些宗王还说他没有战功只重文治，现在可说事实胜于雄辩了。蒙哥汗也对弟弟的作为很满意，让他在关中、南京（汴梁）选择一处做自己的封地，在姚枢的建议下，忽必烈选择了关中。之后，蒙哥汗又把怀孟封给他。忽必烈的汉地封户达到四万四千户，而且具有了"天府陆海"的关中，实力大大增强。

回到金莲川，忽必烈继续推行以汉法治汉地的尝试，并且上奏蒙哥汗希望能够让自己便宜治理黄河以南，不受燕京尚书省的节制。此时，兄弟俩的感情是蜜月期，蒙哥汗照准此意。这样一来，几乎整个中原都受忽必烈管辖了，他大张旗鼓地进行改革，派遣幕府中精于民政、财政的人才充任各地官员，而且"益重儒士，任之以政"。如任命张耕、刘肃为刑州安抚使，史天泽、赵璧为河南经略使，廉希宪、商挺为宣抚使，管理京兆分地和关中，姚枢为关中劝农使，马亨为榷课所（也就是税务所）长官。

1256年，忽必烈命刘秉忠在金莲川相地形、建城郭，营造自己的固定大本营。刘秉忠选址于滦水之阳、龙岗之阳，认为两者合为重阳，是最吉祥之地。这座城市便是日后的开平——上都城。

很快，中原、关中等地出现"大治"景象，人口增长，赋税增多。原本苦不堪言的汉人百姓，对这位与其他大不相同的蒙古王爷顿时充满了感激之情，虽然未必会如姚枢所说"如赤子求母"，但民心向背与否已然是很明确的了。时人称忽必烈为"贤王"，认为他"能用士而能行中国之道"，算得上"中国之主"。

虽获得了民心，但忽必烈知道民心似水、民动如烟的道理，要想根基扎实，还得有强大的政治盟友。他利用自己幕府设在金莲川的便利，与东道宗王和木华黎札剌亦儿家族为首的五投下家族建立了紧密联系，同时又利用自己便宜治理汉地的权力，大力笼络汉人世侯，对他们极尽礼遇恩赏。于是，东道宗王、五投下家族还有众多汉军世侯都与他结成了政治同盟。

如此一来，忽必烈不仅在声望上，更在军政实力上成了蒙古帝国仅次于大汗蒙哥的人物。

权力的博弈场上，最危险的就是第二号人物，因为其具有取代第一号人物的实力，尤其是在蒙古帝国这个汗位归属以实力为准绳的体制下，第二号人物更容易受到猜忌——忽必烈的父亲拖雷便是前车之鉴。何况，蒙哥汗是个"自谓遵祖宗之法，不蹈袭他国所为"的人，对于祖父传下来的蒙古传统有着极强的自豪感，当忽必烈越来越倾向于汉人儒士，开始有意无意地改变蒙古传统的时候，他便不能容忍了。

很多人开始弹劾忽必烈，说他犯有两条大罪：其一，"中土诸侯民庶翕然归心"；其二，"王府诸臣多擅权为奸利事"。蒙哥汗以此为借口，对忽必烈治理的地区进行整顿，于是在1257年，开始了著名的"阿兰答儿钩考"。从经济问题入手，确实比较高明，因为这既不至于直接到诛杀弟弟的程度，又抓住了忽必烈的小辫子——比如榷课所长官马亨是忽必烈金莲川幕府的心腹，掌管榷课所之后，财政大有改观，可说日进斗金。可流水般的银钱却是一分一厘也没有交给汗廷，而是都进了忽必烈的"藩库"。

钩考，又称作理算，意思是财务审计，是中央政府对地方财政进行清理、核算的一种方式。这是避免地方截留钱谷，私设"小金库"。阿兰答儿是当时蒙古帝国都城哈剌和林的副守，是蒙哥汗的心腹重臣。阿兰答儿对忽必烈治理的汉地进行财物审计，便是"阿兰答儿钩考"。

《元史》记载，阿兰答儿性格苛刻横暴，擅作威福。这当然是因为忽必烈吃过他的亏，官方记载绝对不会有什么好评价。从整个钩考过程来说，阿兰答儿确实是残暴专横，对忽必烈的势力极力打击。不过，从当时蒙古帝国和蒙哥汗的利益来说，阿兰答儿又可说是"铁面无私"，他不但严格执行了蒙哥汗的命令，还有所发挥，设置了专门的"钩考局"，列出一百四十二条条例，对于所有征商事宜不分巨细一律严查。一时间，关中、中原一带与忽必烈关系密切的官员都被整肃。

忽必烈在各地设立的宣抚司、经略司、从宜府、行部等衙署全部被取消。赵璧、马亨等官员成为重点钩考对象，赵璧被多方罗织罪名，虽因其向来善待下属，无人告讦而作罢，但仍被处以罚款。赵璧两袖清风，拿不出钱来，所幸忽必烈代他偿还，他才得以免罪。而掌管税收却从不上交汗廷的马亨就没那么幸运了，被逮捕押解南下，送至燕京关押。临行前，忽必烈为马亨送行，难过地说："汝往，得无摭汝罪耶？"马亨倒是十分坦然："无害，愿一行。"马亨在狱中饱受摧残，但并不招供。阿兰答儿碍于忽必烈的面子，最后也不得不将之释放。

至于世侯中与忽必烈走得近的史天泽、刘黑马也都被褫夺了行政官职，只因为是"勋旧"而没有被过分追究。史天泽主动提出："经略使司我实主治，是非功罪，皆当问我。"希望能保护一些下属官员，可惜却起不了什么作用。在阿兰答儿严厉的钩考之下，中下级官员被折磨致死者有二十余人，免职、罚款者不计其数。

面对如此局面，忽必烈的愤恨和委屈可想而知，但从钩考开始，他的一切军政权力便被剥夺，他没有任何力量作出反抗，只能在开平城里生闷气。姚枢见状，连忙进谏："帝，君也，兄也；大王为皇弟，臣也。事难与较，远将受祸。莫若尽王邸妃主自归朝廷，为久居谋，疑将自释。"也就是劝忽必烈将家眷送往哈剌和林，以提交人质的方法表示自己并无异心。忽必烈认为有道理，于是忍下怒气，主动前去觐见蒙哥汗。

是年十二月，经过多次请求，蒙哥汗终于同意召见忽必烈，兄弟二人在可迭烈孙之地相见。没有见到弟弟时，蒙哥汗自然可以下手狠一些，待到一见面，同母所生的亲情便不能顾了。没等忽必烈解释，蒙哥汗便主动下令停止钩考，对一些被关押的官员，只是杖责一顿完事，安抚了弟弟。

汉地众多官员的噩梦终于结束，忽必烈也获得了安全保障，可汉法治汉地的改革夭折了，自己失去一切权力，成了闲住王府的"富家翁"。

但忽必烈的隐性实力并没有被削弱，反而让众多幕僚和汉地世侯与自己有了患难与共的情分，根基更稳固了，只要有机会他便能轻易崛起。

而这个机会，很快就来了。

奸相的高光时刻

1258年二月，蒙哥汗开始了对南宋的总攻击，宗王塔察儿（成吉思汗幼弟斡赤斤·帖木格之子）统率东路军攻打荆襄、两淮，蒙哥汗自己率西路军攻打四川，汉地世侯们的军队分别归于东西二路。两路大军十万余人，声势浩大。

在蒙哥汗出征前，忽必烈和其他宗王赶到玉龙栈为兄长送行，除了说些预祝胜利的吉利话，忽必烈也希望大哥能够让自己参与这次南征。可是，蒙哥汗却以忽必烈"腿有病，他以前已率师远征，平定作乱地区，今可让他留在家中养病"为借口拒绝了。

蒙哥汗当然不会愿意忽必烈跟随南征再建立功勋，他希望自己能够独立完成灭亡南宋的使命。可是，当蒙哥汗一路攻克诸多要塞逼近南宋四川的大本营重庆时，东路军的塔察儿却在攻打樊城失利后便顿兵不前，恣意享乐，放纵抢掠，数月没有攻下一个城池。蒙哥汗大发雷霆，派使者申斥，表示要"下令狠狠惩罚你们！"但东路军不能前进，西路军即使能够一帆风顺也难以达成一举灭亡南宋的目的，他必须选择换帅。

忽必烈和他的参谋们也在同时关注着前线的战事，听闻塔察儿失利的消息，近侍、康里人燕真进言道："主上素有疑志，今乘舆远涉危难之地，殿下以皇弟独处安全，可乎？"忽必烈于是立即上书蒙哥汗请求统兵。蒙哥汗虽然并没有解除对忽必烈的疑虑，但第一正是用人之际，第二毕竟血浓于水，于是下令："今可让他率领塔察儿诺颜的军队向南家思边境推进。"同时，命留镇云南的兀良哈台率军自南而北包抄南宋。

接到诏旨后，忽必烈带着众多谋臣、侍从于1258年十一月离开开平。1259年五月到达濮州（今河南濮阳东），随即召集谋臣以及东平名士宋子贞、李昶商议南征策略。

宋子贞等人以及刘秉忠、姚枢、张文谦都提出，要顺利攻下南宋，必须以罚罪、救民、不嗜杀为宗旨，才能尽量减少抵抗。忽必烈当即表态："保为卿等守此言！"算是确定了南征总方针。

七月，忽必烈到达汝南，正式接手了东路军，因吸取了塔察儿顿兵樊城之下的教训，他将主攻方向设为江汉。命木华黎之孙霸突鲁先率一部直趋汉水，然后任命老臣杨惟中和自己的幕府心腹郝经为江淮荆湖南北等路正、副宣抚使，率归德一带军队至长江北岸设立行台，招纳降附，宣布恩信。

八月，忽必烈率军渡过淮河抵达黄陂。与此同时，汉军世侯张柔率军攻破南宋五关之首的虎头关。

正在此时，蒙哥汗的死讯传到了军中。

蒙哥汗是一个杰出的草原帝国政治家，他可以将偌大的帝国治理得井井有条，但他绝不是一个优秀的军事统帅。虽然他身上流着军事家成吉思汗和拖雷的血，可并没有遗传他们神鬼莫测的军事谋略和机变百出的战场指挥能力。

蒙哥汗把自己的主攻方向放在川蜀，就犯了兵家大忌。四川是宋"吴家将"吴玠、吴璘、吴挺兄弟子侄两代苦心经营的战略防御重地，名将余玠又依靠山地构建了固若金汤的山城防御体系，可以说是南宋整条防线中最硬的一块骨头。蒙哥汗出兵时，忽必烈的谋臣商挺便说过："蜀地险远，瘴疫时作，难必有功，万乘岂宜轻动？"可说是预言了蒙哥汗日后的失败。

1259年年初，蒙哥汗主力抵达重庆合州钓鱼城下。

这座城堡坐落在今重庆合川县城东五公里的钓鱼山上，其山突兀耸立，相对高度约三百米。山下嘉陵江、渠江、涪江三江汇流，南、北、西三面环水，地势极为险要。城分内、外两城，外城筑在悬崖峭壁之上，城墙都由条石垒成，坚固无比。外城之外还修建有一字墙，守军可以用之阻碍城外敌军运动，而自己却可通过外城墙运动至一字城墙拒敌，与外城墙形成夹角交叉攻击点。城内有大片田地和四季不绝的丰富水源，周围山麓也有许多可耕田地。可谓外有天险可抵御敌军强攻，内有粮秣可供己方长期坚持。

南宋守将王坚斩杀了蒙哥汗的劝降使者，督率所部殊死抵抗。

二月七日，战斗开始。随着炮声轰鸣，飞箭如蝗，蒙古军如潮涌般攻向钓鱼城。他们首先遇到了一字城墙的阻截，死伤惨重，被迫退兵。九日，蒙古军又猛攻镇西门，依然不克。同日，蒙古东道军史天泽率部也到达钓鱼城参战。城下蒙古军已增加至七万之众。

人数上的增加并没有使攻城变得顺利，越来越多的人战死城下，钓鱼城仍未攻破。

三月，蒙军攻东新门、奇胜门及镇西门小堡，均失利。

四月，大雷雨持续二十余天。雨停后，蒙古军重新组织进攻护国门。二十四日夜登上外城，与守城宋军展开激战。双方死伤枕藉，蒙古军因后援不继，被推出城外。

五月，攻城战继续进行，蒙古军伤亡数量日甚一日，而钓鱼城仍然屹立不倒。

时间一天天过去，蒙哥汗的恼怒和焦躁也一天天累积，他不断地指挥部队进攻，可除了留下更多的尸体，战局没有任何进展。

大将汪德臣、董文蔚相继死于军中，硬攻已经明显行不通了。到了六月，天气逐渐炎热，军中疟疾、霍乱横行，士气低落。蒙哥汗无奈，召集众将商讨对策。

面对不利局势，大将术速忽里提议留少量军队困扰，主力则沿长江水陆东下，出三峡，捣荆楚。可蒙哥汗却并没有采纳这个合理建议，继续强攻。结果，是年七月，蒙哥汗便死于金剑山温汤峡（今重庆北温泉），有记载说他身患痢疾，有记载说他被炮石所伤。

蒙哥汗既不能临机应变，也不愿采纳臣属的正确意见，只是一味蛮干，竟然以大汗之尊战死阵中，真是不值。

听闻大哥的死讯，忽必烈命全军驻扎举哀。很多下属提议立即北还，可是忽必烈却拒绝了。他的考虑是，战斗刚刚打响，没有什么大的进展便回军，会让自己如塔察儿一样被人笑话，自己要继承汗位，就必须有更大的战功。

于是，在举办完蒙哥汗的追悼会后，忽必烈继续督军南下。而此时的南宋朝廷则聚集了十万大军、两千艘战船于长江南岸。

忽必烈派遣董文炳、董文用兄弟为先锋，以二百艘战船强渡长江，宋军前来接战，两军在江中战斗十七次，宋军大败，损失兵士无算，战船被俘虏千余艘。蒙古军渡江成功后包围了鄂州（今湖北武昌）。渡江之后，忽必烈履行了当初对宋子贞等人的诺言，严肃军纪，军士擅入民宅者一律军法从事，并将俘虏百姓全部释放，尤其是其中的五百多名儒生，放走前还给了不少安家费。

可是，这样的怀柔手段并不能稍减南宋军民的抵抗意志。南宋理宗皇帝以贾似道为荆湖宣抚策应大使，并擢升为"右丞相兼枢密使，进封茂国公"，全权组织防御。

贾似道，字师宪，号秋壑，浙江天台人，荫其父贾涉入仕，宋嘉熙二年（1238）登进士第，早年受南宋名将孟珙的赏识和推荐，担任两淮制置使，南宋江淮防线的完成，可说是他一手经办。在日后，贾似道成为南宋最后一个权相，因为南宋灭亡而蒙受污名，被指为千古奸臣的代表。但在此时，他是南宋朝野一致认可的能臣，有着"为国世臣，包罗宇宙之襟怀，叱咤风雷之手段"的名声。

忽必烈这位日后的可汗、皇帝与贾似道这位日后权相，在鄂州展开激战。

九月十日，忽必烈登上鄂州城东北方的压云亭，见到宋军出城，立刻下令迎战，俘获宋军二人。从俘虏口中得知，贾似道已经率兵入城防守。

得知宋朝援军已到，忽必烈下令抓紧时机攻城。蒙古军遂组织敢死队，由勇将张禧、张弘纲父子率领，从城东南角进攻，宋将高达率众将士奋力迎战，张禧因身负重伤而退兵。

忽必烈见状，对张柔说："吾犹猎者，不能擒圈中豕野，猎以供汝食，汝可破圈而取之。"张柔于是命部将何伯祥造鹅车，准备掘洞入城，同时挑选勇士登城，经激烈战斗后破城东南隅。高达率军力战，及时组织人力修葺城墙，使蒙古军不得入。

为防止蒙古军再次穴城而入，贾似道命宋军沿城墙内壁建造木栅，形成夹城。仅一夜时间，环城木栅全部竣工。忽必烈听说后，感叹道："吾安得如似道者用之！"

百余日内，鄂州城下双方鏖战不休，死伤枕藉。南宋损失惨重，鄂州知州张胜战死城楼，军士死伤多达一万三千余众，可蒙古军始终未能攻下鄂州。

鄂州城下的战斗呈现胶着状态，而霸突鲁率军进攻岳州（今湖南岳阳），郑鼎等率军骚扰江西兴国、瑞州、南康、抚州等地都进展顺利。兀良合台所帅的由一万蛮兵和三千蒙古骑兵组成的南路军更是势如破竹，从云南出发一路之上攻克广西衡山寨（今广西田东）、贵州（今广西贵县）、象州（今广西象州）、柳州（今广西柳州）、静江（今广西桂林），进入湖南后，又接连突破全州（今湖南全州）、辰州（今湖南沅陵）、沅州（今湖南芷江）的宋军堵截，攻至潭州（今湖南长沙）城下。

但是，一路披靡的兀良合台在潭州遭到挫折，"壁城下月余"，无法攻取。这么一来，也就无法策应鄂州战事了。

战事胶着，忽必烈若想破局，还有一步棋可走，那便是留少量部队继续围困鄂州，主力东进江西，会合湖南的兀良合台部，直扑临安。但这步棋南宋一方也想到了，监察御史饶应子便上书南宋理宗，指出"湖南、江西地阔兵稀"，需要着重防守。理宗接受了他的建议，命令贾似道从鄂州突围，到黄州驻扎，一面继续指挥鄂州之战，一面严防蒙古军东进。

十一月中旬，贾似道率七百兵从鄂州突围，而几乎在同时，忽必烈也做出了撤军北返的决定。

这倒不是忽必烈认为战事不能继续了，而是他后方起了火。

忽必烈的母亲唆鲁禾帖尼生了四个儿子，长子蒙哥，次子忽必烈，三子旭烈兀，幼子阿里不哥。蒙哥成为大汗后，三个同母弟都受重用，旭烈兀西征，忽必烈南征，而阿里不哥则作为监国留守哈剌和林。

蒙哥汗暴死，旭烈兀远在西亚，近水楼台有望染指汗位的，便只有忽必烈和阿里不哥两人，忽必烈没有马上北返，是认为弟弟没有能力与自己相争。但他失算了。

忽必烈的大妃察必派人来到军中，向忽必烈通报了阿里不哥派遣蒙哥汗旧臣到漠南和中原抽调兵丁的消息，并用隐喻暗示道："大鱼的头被砍断了，在小鱼中除了你和阿里不哥以外，还剩谁呢？你回来好不好？"两天后，阿里不哥的使节也来到军中，声称是来"请安和转达问候的"，忽必烈问起调兵之事，使节支吾应付。忽必烈这才发现，自己实在小看了弟弟，阿里不哥已经积极运作，准备和自己争夺大汗宝座了！

身边的谋臣们也纷纷进谏，请求忽必烈立即班师。郝经分析道："阿里不哥已行敕令，令脱里赤为断事官、行尚书省事，据燕都，按图籍，号令诸道，行皇帝事矣。虽大王素有人望，且握重兵，独不见金世宗、海陵王之事乎！若彼果决，称受遗诏，便正位号，下诏中原，行赦江上，欲归得乎？"当初海陵王（金废帝）完颜亮率军攻打南宋，金世宗完颜雍趁机在后方称帝，导致前方军心大乱，完颜亮被部将所杀。这段历史似乎就快要重演了，如果阿里不哥这时候宣布继位，那忽必烈的所有优势都会丧失，很可能成为第二个金废帝了。

时间紧迫，不容犹豫。忽必烈立即下令以进攻临安的名义撤掉围攻鄂州的军队，并开始整军北上。

忽必烈的撤军，在历史上还留下了一个公案，那便是"鄂州和议"。《宋史》记载，贾似道秘密派遣宋京向忽必烈表达了以"称臣，输岁币"的条件换取蒙古撤兵，忽必烈原本不想答应，但此时得知阿里不哥的行动，便应允和议并撤军。这说法几成定论，再加上日后贾似道成为千夫所指的奸相，这和议更成为他的重要罪状。

但怀疑和议根本不存在的声音也从不缺乏，从清代到当代，很多史家都提出质疑。以当时两军的态势，忽必烈的急于北返，尤其是在所谓和议发生的时间贾似道已经不在鄂州，质疑还是很有道理的。也许双方是曾接触过，但并未达成所谓和议。贾似道日后"恶居下流，天下之恶皆归焉"，很有可能是被冤枉的。

应该说，鄂州之战是贾似道的高光时刻，也是他走上权力巅峰的关键一步。贾似道班师回朝，宋理宗亲自在临安城外等候迎接，"依文彦博故事，郊劳于城外"，赞扬他："奋不顾身，吾民赖之而更生，王室有同于再造。"下诏加其少傅、卫国公。贾似道自此平步青云，最终成为南宋最后一个权相。

而忽必烈要走上权力巅峰，却还有很多挑战。

兄弟之战

阿里不哥是忽必烈同母所生最小的弟弟，虽然他是"灶主"，继承了拖雷和唆鲁禾帖尼大部分的部众，实力雄厚，而且是蒙哥汗南征之时受命留镇都城主持庶政的"监国"。但上面有两个战功赫赫、实力也不弱于自己的哥哥，并且自己从来没有单独领过军，拿不出像样的战功。所以他并非一开始就觊觎汗位。但作为一个有实力参与最高权力争夺的人来说，进退并非自己可以掌握。蒙哥汗的死讯一传到和林，汗廷上下很快便形成了一个拥立阿里不哥为新任大汗的集团。

集团的主要人物，首先是蒙哥汗的儿子们——阿速台、玉龙答失、昔里吉等，他们没有战功，实力、能力、威望都一般，没有竞争汗位的资格，为了日后获得更多的好处，便决定拥立小叔叔阿里不哥。其次便是蒙哥汗生前宠信的大臣们，如阿兰答儿、孛鲁欢、浑都海、脱火斯、脱里赤等，这些人要比蒙哥汗的儿子们有更多的考虑：现在最有实力争夺汗位的是蒙哥汗的三个弟弟忽必烈、旭烈兀和阿里不哥。旭烈兀远在西亚，拥立他不现实，而忽必烈的政见一直是自己反对的，当年"钩考"正是他们秉承蒙哥汗意志对忽必烈进行的强力打压，拥立他等于自杀。对他们来说，阿里不哥是唯一、最佳的人选。

于是，阿兰答儿和孛鲁欢说服阿里不哥："忽必烈和旭烈兀二人出征去了，蒙哥合罕把大兀鲁思托付给了你，你有什么想法，难道你想让我们像羊一样被割断喉咙吗？"跟随蒙哥汗南征的阿速台，更是带着大玉玺，千里迢迢赶回哈剌和林，交给阿里不哥。

权力的诱惑很少能有人拒绝，尤其是自认为与权力仅一步之遥的人。不需要更多的语言，阿里不哥迅速做出了先下手为强，与哥哥争夺汗位的决定。

正在鄂州鏖战的忽必烈之所以迅速做出回军的决定，便是因为阿里不哥的第一招：派脱里赤到漠南诸州抽调兵丁，派阿兰答儿到漠北诸部抽调人马，以便控制漠南漠北主力军队。

可惜，阿里不哥的图谋刚一开始，便走漏了消息。当阿兰答儿在开平附近抽调军队时，忽必烈的大妃察必便发觉了异状，她一面派使者责问，一面迅速通知了忽必烈。

在郝经的谋划下，忽必烈轻装简从，以最快的速度向大本营挺进。途中，又接受廉希宪的建议，派赵良弼入关中监视蒙哥汗留在六盘山由浑都海统帅的四万军队，为日后控制关中做准备。

日夜兼程的忽必烈仅用18天便赶回燕京。紧接着迅速将脱里赤召集的部队遣散，并派出使者对弟弟进行斥责。

阿里不哥等人都没有想到忽必烈回来得如此之快，一时间慌了手脚，为了暂时安抚住哥哥，他只好派使者去解释，并送上很多礼物，表示自己不再调兵。但同时，他也向哥哥提出了一个难题：请忽必烈回哈剌和林，参加"库里勒台"，商议汗位继承人选。

阿里不哥的支持者都在漠北，又掌握着哈剌和林实权，现在兄弟二人已经摊了牌，去开会可说凶多吉少。但要是不去，便是理亏，在法统上又说不过去。忽必烈左右为难。

谋臣的职责，就是在主君犹疑之时及时地提出建议。廉希宪、商挺立即进言，认为忽必烈不但不应该回哈剌和林，而且应无视传统，立即宣布继承汗位，"今若早承大统，颁告德音，彼虽迁延宿留，便明叛逆。安危逆顺，间不容发，宜早定大计"，"先发制人，后发人制。天命不敢辞，人情不敢违，事机一失，万巧莫追！"

与此同时，成吉思汗弟弟的后裔们，也就是蒙古帝国的东道蒙古宗王也在塔察儿的带领下来到燕京。塔察儿是成吉思汗幼弟斡赤斤·帖木格的嫡孙，所领蒙古千户最多，是东道诸王之长。东道宗王早在忽必烈开幕金莲川时便是他的盟友，此时自然要发挥作用，东道宗王四大家族全都支持忽必烈，这也带动了合丹（窝阔台汗幼子）、阿只吉（察合台孙）、只必帖木儿（窝阔台次子阔端之子）等西道宗王。

谋臣的谋划，叔伯兄弟们的支持，使忽必烈选择了一个折中的方法——在开平召开"库里勒台"，借宗王之口确定自己继位。

1260年三月初，在金莲川滦河畔开平城召开了由忽必烈主持的"库里勒台"，合丹、阿只吉、只必帖木儿、末哥（忽必烈异母弟）、塔察儿、移相哥（成吉思汗弟哈撒儿之孙）、忽剌忽儿（成吉思汗弟哈赤温之孙）、爪都（成吉思汗弟别里古台之孙）、纳邻合丹（哈赤温孙）等宗王和以木华黎之曾孙忽林池为首的功臣贵戚共推忽必烈继承大汗之位。

与历任大汗不同，忽必烈定下年号"中统"，还颁布即位诏书，这已经完全是皇帝的做派了。这一年，他46岁。

四月，晚了一步的阿里不哥于哈剌和林举行"库里勒台"，在阿速台、玉龙答失、昔里吉、阿鲁忽（察合台后王）、木哈儿（旭烈兀之子）以及阿兰答儿、脱里赤等蒙哥汗重臣的簇拥下，宣布继大汗位。两位大汗相差不到一个月相继出现，忽必烈向阿里不哥派出使臣宣布自己继位，希望他能够承认，可根本得不到回应。而阿里不哥向各地颁布诏旨表明自己的正统地位，忠于忽必烈的将领和官员也对其置若罔闻。

兄弟二人只能兵戎相见，用战争来决定谁才是真正的蒙古大汗了。

忽必烈与阿里不哥先后举行的"库里勒台"在蒙古历史上的重要性仅次于1206年在斡难河畔召开的那次"库里勒台"。那一次大会，标志着蒙古帝国的建立，而这前后两次的大会，则标志着蒙古帝国的崩溃。原先由成吉思汗册封的术赤汗国、察合台汗国纷纷自立，远在西亚的旭烈兀见无法回到本土争夺大汗之位，干脆驻兵伊朗，以"伊儿汗"（臣属的汗）为名号令西亚，伊儿汗国实际建立。窝阔台汗的孙子海都则联络窝阔台各后裔起兵，准备夺回自己家族失去的大汗宝座，其政权被后世称为窝阔台汗国。各汗国你争我夺、战乱不休，与忽必烈和阿里不哥争位之战遥相呼应，由此，蒙古帝国四分五裂。

阿里不哥的部队主要是蒙古本土的六十多个千户军以及蒙哥汗南征时所带的部队，尤其以六盘山驻扎的四万铁骑最为精锐。忽必烈麾下主要是南征时的东路军，以及所有汉地世侯的部队。

从军队数量上来说，忽必烈处于下风，但他曾经南征大理和南宋，有着丰富的大军团指挥经验，又有兀良合台、霸突鲁、史天泽、张柔等大将及刘秉忠、姚枢、廉希宪等谋臣，相对于阿里不哥从未指挥过作战以及身边如阿兰答儿等上不得台面的属下，实在强过太多。以经济实力而言，蒙古高原的补给大部分来自中原，忽必烈占据中原，只要掐断供应，阿里不哥就会立即陷入粮荒。在人才和经济上，忽必烈有着压倒性优势。

战争的序幕，在秦陇地区拉开。

按照忽必烈的部署，是漠北为主，秦陇为辅，两路夹击。但控制秦陇的原蒙哥汗南征军却是相当重要，直接关系到自己能否有个稳固的后防。1260年四月初，忽必烈派廉希宪、商挺为宣抚使，赵良弼为参议，进入关中组织兵马。而与此同时，

阿里不哥所派的行尚书省官刘太平、霍鲁怀也来到关中宣抚
各地。

兄弟二人都对关中很重视，动作也都很快，可阿里不哥
却输在自己没有哥哥在汉地世侯中的崇高威望。廉希宪等人派
出使者招抚驻军六盘山的浑都海所部失败后，立即果断地联络
西京万户刘黑马、巩昌总帅汪惟正两路世侯分头行动，将刘太
平、霍鲁怀绞杀于西安，并先后擒杀蒙哥汗派驻成都的将军密
里霍者、派驻青城的将军乞台不花，收领了川蜀兵马，完全孤
立了六盘山浑都海所部。

这时浑都海最好的策略是趁着西安空虚立即前往攻打，一
旦西安掌握在手中，秦陇局势便会改观。但廉希宪在没有请示
忽必烈的情况下，命大将八春领四千人驻防，命汪惟正的四弟
汪良臣总制巩昌、秦州、平凉等二十四城兵马，用重兵防御的
假象迷惑浑都海。浑都海不知是计，放弃了出兵西安，而是率
军渡过黄河，进兵甘州，与奉阿里不哥之命南下的阿兰答儿所
部汇合，进攻宗王只必帖木儿的西凉州领地。

八春、汪良臣率军西进御敌，初战失利。九月，合丹率
精锐骑兵与八春、汪良臣汇合，在甘州附近的耀碑谷与阿兰答
儿、浑都海展开决战。其时忽刮大风，天昏地暗，汪良臣命军
士下马以短兵器突袭敌军左翼，使之混乱溃退后又趁势击溃右
翼，八春率兵突袭敌军中军，合丹以主力骑兵绕敌背后截断退
路。阿兰答儿、浑都海一败涂地，双双被斩于阵中，数万精锐
几乎全军覆没，只有极少数残兵逃回漠北。

经此一战，秦陇大定，阿里不哥被砍掉了一只臂膀。

与此同时，忽必烈也在鏖战漠北。

为了能尽快夺回蒙古草原和都城哈剌和林，确定自己合法大汗的身份，在廉希宪等人在关中奋战的同时，忽必烈则征调驻扎在淮河的霸突鲁、兀良合台所部以及汉军世侯军、诸宗王军共十五万之众，御驾亲征，以那邻合丹、移相哥为先锋，迅速向哈剌和林推进。

1260年秋冬之交，忽必烈率部到达巴昔乞地区，遇到主木忽儿（旭烈兀之子）和合剌察儿（术赤长子斡儿答之子）所率军队的迎击。主木忽儿与合剌察儿都有着能征善战的父亲，可自己却没有遗传多少名将素质，一经交战便败下阵来，所部兵将损失无算，哥俩仓皇逃走。

哈剌和林城在忽必烈封锁物资供给之后，已经发生粮荒，物价暴涨，人心离散。阿里不哥困守危城已经是苦不堪言，闻听前方战败，连忙率部逃出哈剌和林，回到自己的封地吉尔吉斯。

以忽必烈用兵的惯例，一定会乘胜进兵，一举全歼阿里不哥残部。但此时的阿里不哥倒是学了乖，立即遣使向哥哥求饶，完全是一副小弟弟做错事的口吻，称作为弟弟因无知而犯罪，兄长可以审判，让自己去哪里就去哪里，待养壮了牲畜即去见忽必烈请罪。忽必烈在对待兄弟之情上很像蒙哥汗，不忍心过于相逼，认为："浪子们现在回头了，清醒过来，聪明起来，回心转意了，他们承认自己的过错了。"于是派移相哥领十万军队驻守哈剌和林一带监视阿里不哥，自己解散了征调的诸王军队，回到燕京。

　　政治是不讲情面的。忽必烈忘了自己这个小弟弟已经不再是当年在母亲身边的同胞骨肉，阿里不哥可没有忘记这个哥哥是自己必欲除之而后快的竞争对手。忽必烈的一念之仁使他付出了惨痛代价。1261年秋，阿里不哥恢复了元气后，发兵前往哈剌和林，诈称是来投降的，对戍守的移相哥军发动突袭。移相哥猝不及防，全军溃败，无奈之下只得南撤。蒙古正统的象征哈剌和林再次落到阿里不哥手中，为了尽快扩大战果，阿里不哥稍事休整后继续南下进逼忽必烈的大本营——开平。

　　弟弟的出尔反尔让忽必烈大为光火，再次御驾亲征，率以张柔为主的七个世侯所部以及塔察儿、纳邻合丹等宗王之军迎战。十一月，与阿里不哥遇于昔木土脑儿之地。

　　阿里不哥能够夺得哈剌和林，全靠诈降和突袭，一旦与哥哥正面交锋，立即露出不善统兵的缺点。一战下来，麾下大将合丹火儿赤战死，兵士损失无算，全面溃败，奔逃五十余里。其部将阿脱等见大势已去，遂向忽必烈投降。

　　这一次，阿里不哥的本钱已经赔得十去七八，再也拿不出像样的部队了。而忽必烈却再次放了弟弟一马，没有继续追击，说道："不要去追他们，他们都是些不懂事的孩子，应当使他们明白过来，后悔自己的行为。"但是，对于弟弟的经济封锁却毫不放松，各种物资，尤其是马匹和粮食，都严禁买卖。

　　此时的阿里不哥虽然已经没有可能再和忽必烈争夺大汗宝座，但若是举措得当，如旭烈兀那样"自帝一方"还是有可能的。可他却用一系列的昏招彻底把自己搞至山穷水尽。

为了应对哥哥的经济封锁，他派支持自己的察合台系宗王阿鲁忽接管了察合台汗国，囚禁了原监国兀鲁忽乃王妃，希望察合台汗国能够成为自己的大后方。可是阿鲁忽此人野心不小，稳定了察合台汗国内部之后，羽翼渐丰，就不再听阿里不哥的摆布了。

阿里不哥多次要求阿鲁忽支援武器和粮食，但阿鲁忽置之不理，积极扩张自己的势力，派人前往撒马尔罕、不花剌（今乌兹别克布哈拉）和河中地区，杀掉了金帐汗国别儿哥在该地区的官员，接管了原本应由大汗直辖的上述地区。当阿里不哥使者在察合台汗国境内征集了大批物资准备带走时，阿鲁忽杀死使者，夺取物资，正式与阿里不哥决裂，转而投靠忽必烈。

愤怒之下，阿里不哥领兵攻打阿鲁忽。虽然先头部队在速惕阔勒（今新疆赛里木湖）被阿鲁忽打败，但阿里不哥的军队趁阿鲁忽不备，攻取伊犁河地区及察合台汗国的京城阿力麻里（今新疆霍城西）。阿鲁忽带领残部逃往忽炭（今新疆和田）和可失哈耳（今新疆喀什），不久又迁往撒马尔罕。

阿里不哥总算是有了相当富庶的根据地，若是仔细经营，也可为一方之雄。但他处置政事不公，任意杀害军民。属下诸王、重臣对他大失所望，相继离他而去，尤其是最拥护他的蒙哥汗之子玉龙答失的离开，更让他陷入众叛亲离的境地。不久，阿力麻里发生饥荒，阿鲁忽趁机前来进攻。阿里不哥抵挡不住，便放回兀鲁忽乃王妃以为缓兵之计，结果，阿鲁忽顺势便娶兀鲁忽乃王妃为妻，更加确定了自己察合台汗国大汗的合法性，实力大为增强。

　　后有忽必烈，前有阿鲁忽，阿里不哥已经是左右为难。现在以他的实力，和谁都无法较量，只能向其中之一低头。阿鲁忽曾经是自己的臣子，而且其人心狠手辣。相对而言，忽必烈是自己的亲哥哥，多次放过了自己，毕竟血浓于水。阿里不哥无奈地做出了自己人生中最后一次重大的选择。

　　1264年，阿里不哥向忽必烈投降。这场导致帝国崩溃的兄弟相残之战，终于尘埃落定。

　　投降者与受降者都对对方爱恨交织，阿里不哥与忽必烈相见时，双方都流下了眼泪。相对哭泣了很久，忽必烈才打破沉默，问道："我亲爱的兄弟，在这场纷争中谁对了呢，是我们还是你们？"阿里不哥的回答意味深长："当时是我们，现在是你们。"他并不承认自己称汗是错误的，明确地对哥哥表示：你是赢在实力上而并非道理上。

　　忽必烈最后也没有难为这个弟弟，让宗王们会同审问后，认为阿里不哥也是成吉思汗的子孙，予以宽恕。但阿里不哥仍是在第二年便患病死去。

第五章

建元表岁，以莅天下

虽然忽必烈即位时，并没有确定"大元"这个国号，但1260年他登上宝座的同时，元朝的历史就已经开始了。

元朝的时间段，史学界大致有以下四种算法：其一是从成吉思汗建国之日起，即从1206年开始，到1368年元惠宗逃出大都为止，共162年；其二是从蒙古灭金统一中国北部的1231年算起，共有134年；其三是以忽必烈在1271年改国号为"大元"标志元朝的开始，那么就有97年；其四是从1276年宋恭帝出降、元军攻占临安算起，元朝则只有92年历史。

细究历史，这四种算法都有问题。

第一种算法是源于《元史》。《元史》把成吉思汗、窝阔台汗、贵由汗、蒙哥汗都纳入"大元皇帝"序列，分别为"太祖""太宗""定宗""宪宗"。不过，这首先是因为忽必烈建立元朝时接受了儒教的礼法和祖先祭祀制度，设立太庙，供奉先代可汗，并赠予庙号。其次是因为忽必烈也在借此宣示自己不但继承了中国历代王朝的正统，也继承了蒙古帝国的正统，正如勒内·格鲁塞在《草原帝国》中所说："当忽必烈在亚洲的其他地区成为成吉思汗的继承人时，在中国，他企图成为19个王朝的忠实延续者。其他的任何一位天子都没有像他那样严肃地扮演着自己的角色。"从忽必烈开始，蒙古大汗与中国皇帝才合而为一，在他之前的大汗并没有成为皇帝的自觉。

第二种算法是明显偷换概念。蒙古灭金，是一个新兴的游牧民族政权因为世仇而对统治中原的王朝进行的战争，并非改朝换代。金朝灭亡后，蒙古在中原实行的仍是蒙古的分封殖民制度，将土地城池分封给兄弟子侄、有功之臣和汉地世侯，并非取代金朝建立一个新的中原王朝。

第三种算法则是过于强调国号问题，虽然"大元"的国号是在1271年设置，但一个王朝是否建立，重点是在制度而并非国号。1260年，忽必烈称汗，建元"中统"，设置各种制度，已经是在实行传统中原王朝的管理模式，一个新的王朝已经建立，并不是非有"大元"的国号才算建国。就如三国时代一般，从东汉末年算起，因为东汉只剩下了"汉室"，各种制度都已经有了很大变化，因此算作一个新时代的开始是完全正常的。

第四种算法则是传统的正统观念，因为南宋被认为是华夏正宗，那么只有南宋灭亡，宋皇向元帝投降，正统才转移到元朝。要这么说，虽然宋恭帝投降，可文天祥、陆秀夫、张世杰还先后拥立了两位宋皇，一直坚持着抵抗，直到1279年崖山海战之后才算结束，那么正统就应该在南宋流亡政府中坚持到1279年。把元朝开始定在1276年，可算是自相矛盾了。

元朝的开始，算在1260年是比较合理的。那一年，忽必烈建元"中统"，"建元表岁，示人君万世之传；纪时书王，见天下一家之义"，也就是表示了时间从自己开始的心态。

帝汗并建

忽必烈的"时间从我开始"，就如李世民在皇帝之外接受"天可汗"的称号一样，是在大汗之外再接受皇帝称号。李世民知道，皇帝的称号难以让草原西域理解和接受，因此要以天可汗来彰显自己对"中国"也就是汉地之外天下的统治权。而忽必烈从做宗王时代起，就发现大汗身份很难被汉地接受，他们认可的统治者，应该是皇帝。

横跨欧亚、土地空前广大的蒙古帝国已经实际分裂，各汗国各自为政、互相攻伐。但忽必烈从未放弃对他们的招抚，作为蒙古大汗和黄金家族的大家长，他保留着西方各汗国所有堂兄弟的中原封地，同时也布置重兵于西北，对不愿臣服自己的人兵威相加。

他一面接过祖父所传的大汗尊号，他是继成吉思汗以来第五任大汗；一面也拿过了皇帝尊号，将祖父开始的前四任大汗乃至曾祖也速该都追认为皇帝。

他效法儒家宗法制，尊祖父成吉思汗为太祖，尊曾祖父也速该为烈祖，并给太祖成吉思汗上谥号为圣武帝，给烈祖也速该上谥号为神元帝。这样的谥号是学习鲜卑族建立的北魏。北魏始祖拓跋力微的谥号是神元帝，力微之父诘汾的谥号是圣武帝，这些都是北魏开国君主太武帝拓跋珪追赠的谥号。忽必烈定立祖先谥号，便是学习北魏：成吉思汗大致相当于北魏历史上的拓跋力微，窝阔台至蒙哥等大汗大致上相当于北魏道武帝以下平城诸帝，而他自己，则是开创新时代的开国皇帝。

在此之前，蒙古帝国都是以十二生肖纪年，并没有年号。年号是中国（中原汉地）皇帝用以纪年的名号，是中国皇帝的专利。在《中统建元诏》中，忽必烈明确表示："建元表岁，示人君万世之传；纪时书王，见天下一家之义。法《春秋》之正始，体大《易》之乾元。炳焕皇猷，权舆治道。可自庚申年五月十九日，建元为中统元年。"这是对中国历代王朝的致敬与追随，"中统"即为"中华正统"之意。

对忽必烈而言，他要建立的是一个既要有草原帝国军威，又要有中原王朝集权政治的复合型帝国，他要成为扩大版的李世民，一个有着皇帝和可汗双重身份，让不同民族和文明都真心臣服的统治者。在即位诏书中，忽必烈表明：

朕惟祖宗肇造区宇，奄有四方，武功迭兴，文治多缺，五十余年于此矣。盖时有先后，事有缓急，天下大业，非一圣一朝所能兼备也。先皇帝即位之初，风飞雷厉，将大有为。忧国爱民之心虽切于己，尊贤使能之道未得其人。方董夔门之师，遽遗鼎湖之泣。岂期遗恨，竟勿克终。

肆予冲人，渡江之后，盖将深入焉，乃闻国中重以签军之扰，黎民惊骇，若不能一朝居者。予为此惧，驿骑驰归。

目前之急虽纾，境外之兵未戢。乃会群议，以集良规。不意宗盟，辄先推戴。左右万里，名王巨臣，不召而来者有之，不谋而同者皆是，咸谓国家之大统不可久旷，神人之重寄不可暂虚。求之今日，太祖嫡孙之中，先皇母弟之列，以贤以长，止予一人。虽在征伐之间，每存仁爱之念，博施济众，实可为天下主。天道助顺，人谟与能。祖训传国大典，于是乎在，孰敢不从。朕峻辞固让，至于再三，祈恳益坚，誓以死请。于是俯徇舆情，勉登大宝。自惟寡昧，属时多艰，若涉渊冰，罔知攸济。爰当临御之始，宜新弘远之规。祖述变通，正在今日。务施实德，不尚虚文。虽承平未易遽臻，而饥渴所当先务。呜呼！历数攸归，钦应上天之命；勋亲斯托，敢忘烈祖之规？建极体元，与民更始。朕所不逮，更赖我远近宗族、中外文武，同心协力，献可替否之助也。诞告多方，体予至意！

说先祖们"武功迭兴，文治多缺"，"尊贤使能之道未得其人"，那么自己要"祖述变通"自然是"正在今日"了，他要在制度上进行变更。

制度上的变更，首先就在于统治机器的改变。

成吉思汗建立蒙古帝国后所确立的制度，可说集权与分封并行。首先颁布了《大札撒》，以之作为国家一切生活的准则、制度和法令。《大札撒》中包括选举、外交、诉讼、刑事犯罪、商业、赋税、义务、财产继承等方面的条文。

在地方设置方面，成吉思汗设立了"千户制"。建国初期设有九十五千户，千户之上是万户，智将木华黎为左翼万户，统辖地直到大兴安岭以东；封幼年时便跟随自己的好友博尔术为右翼万户，统辖地至畏兀儿阿尔泰山西麓。各千户长要由功臣来担任此职，千户之下又分为百户、十户。万户、千户、百户、十户的大小规模不尽相同。比如千户：有的可达四五千户，有的则不足一千户。千户的组成也各不相同：一些是由同族结合而成的；一些是重新收集分散在各部的同族组成的；还有一些是由不同部族组成的；此外，成吉思汗还将他的母亲、兄弟、亲属们分配为不等的万户、千户。

而在扩张之后，蒙古帝国实行分封殖民。成吉思汗的子孙们在所占领的土地上建立隶属于大汗汗廷的汗国，各个汗国的汗王享有相当的自治权。但各汗国的封地仍由大汗委以长官统管，诸子在其封地上只享有一定数量的赋入。其行政权、军事权很大程度还属于中央直辖。这种直辖则依靠"达鲁花赤"也就是"断事官"的设置。

蒙古帝国建国初期的大断事官是成吉思汗母亲的养子失吉忽秃忽，其职责主要是两项：一是掌管民户的分配，二是掌握司法之权，它是蒙古国的最高行政官，相当于汉族官制的丞相。而诸王、贵戚、功臣封地内，也各置断事官管治其百姓，这些断事官是直接向中央汗廷负责的。

至于汗位的传承，如前文所说，蒙古帝国并没有立储制度，而是用"库里勒台"由贵族们选举产生新汗。

而忽必烈登基后，对于这些制度进行了完全的改革，基本上如郝经在《立政议》中所说："以国朝之成法，援唐宋之故典，参辽金之遗制，设官分职，立政安民，成一代王法。"

在中央，设置行政、军事、监察机构，即中书省、枢密院、御史台，中书省掌管行政，枢密院掌管军事，御史台掌管监察。

中书省是全国最高行政机关，总理全国行政事务。建元"中统"的第一年（1260），"夏四月戊戌朔，立中书省，以王文统为平章政事，张文谦为左丞"。所谓省，原是皇帝宫禁的代名词。汉魏之际，尚书、中书、门下等中枢组织皆在宫禁内，省又被转用于设在禁中的宰相官署。元朝设中书省，便是仿照前朝旧制设立的宰辅机构。中书省的长官中书令由皇太子真金担任，未立皇太子时暂缺。实际长官是右丞相、左丞相，有时也叫平章政事，代丞相之职。中书省管理六部（吏部、户部、礼部、兵部、刑部、工部），各部均设置尚书。

忽必烈对中国历史制度沿革最大的影响，便是行省制度。也就是在中央设中书省的同时，在地方上，设行中书省，简称"行省"。所谓行，起初是唐宋官制中职务兼代的俗语，即高官理低职之意。行省就是中书省宰执受派遣到地方或临时在外设置的分支机构。

行省制度算是多重制度嫁接融合的产物。在金朝，曾有行尚书省的制度，在地方设立行尚书省。其官署相当于朝廷尚书省的左右丞相、左右丞及六部等建置，是朝廷尚书省统一领导下管理中原汉地的特殊分设机构。但这行尚书省并不常设，更多的时候是为激励地方军将守土效忠的工具。

而蒙古帝国在窝阔台汗时期也进行过类似行省的制度。在灭亡金朝后，为加强对中原汉地的统治，窝阔台汗于1234年任命原汗廷断事官失吉忽秃忽充中州断事官，"主治汉民"。不久，又在别失八里、阿母河设置了类似的断事官。因为蒙古帝国中央最高行政官是"也客达鲁花赤"，也就是大断事官。这些地方断事官都是中央派驻的分设官，都由汗廷直接委派，直接对大汗负责，代表大汗治理汗廷直属区域。这些地方断事官，仍有断事官衔，由若干人组成，采用共同署事的方式处理政务，与汗廷总治政刑的断言事官互为表里、分辖内外，并且综揽民政、财政、司法等，有"行六部"之类的分曹属官。

而忽必烈设立的行省制度，是常设的地方行政机构，掌管地方。最初的行省仅掌行政财赋。辖区内军队，则另设行枢密院专门节制。一直到忽必烈晚年及其继承人执政初期，因为感到"内而省、院各置为宜，外而军、民分隶不便"。最终使得行省兼领军民，取代行省、行院分掌行政、军事的体制。

行省初时，忽必烈只能在自己所能控制的地区设置，如陕西四川行省、西夏中兴行省、北京行省、云南行省等，到南宋灭亡，行省的划分又几经变化，最后确定全国除"腹里"（"腹里"包括山东、山西、河北及部分内蒙古之地）直属中书省和西藏地区由宣政院直接管辖外，共建十个行省：岭北行省、辽阳行省、河南江北行省、陕西行省、甘肃行省、四川行省、云南行省、浙江行省、江西行省、湖广行省。

行省建置从此成为中国地方行政的惯例，明清两代也沿袭此制，明代虽改行省为布政使司，但习惯上仍称之为行省。今日之省，是由元代行省演变而来。

行省制度对于中央集权有极大的推动。虽然行省看似地方军政、财权归于一体，权力极大，但毕竟是中央派出机构，行省的丞相不常设，经常虚位，具体的政务一般由副职平章政事负责。平章政事一般是二人，虽是实际上的最高长官，名义上又只是副手，再加上是二人主事，其专权乃至以地方对抗中央的可能性就较小。另外，行省实行群官圆署和种族变参制，如行省官员所掌行政、财赋、军事、刑名等庶政，均采用圆署会议和专官提调相结合的方式处理；行省的军事权，专门由佩金虎符的丞相、平章等官提调，钱谷财赋也由朝廷指定的一二名官员掌管，其他官员不得干预。所以，虽然行省中每名官员都有较大的权力，却不可独立行使，从而达到了分权和相互牵制。至于行省之下的宣慰司、路府州县、汉军万户府等官员仍接受朝廷的考核，任免权属于中央，行省没有人事权，从而大大限制了行省的实际权力。这种权大而不专，防止元行省代表中央分驭各地使命的减弱和向地方割据势力的转化。汉唐以来，中央政府派出控驭各地或监察郡县的刺史、都督、节度使等，均因朝廷政策失误逐渐转化为地方分权割据势力，元行省却没有重蹈两汉刺史、魏晋都督、唐节度使的覆辙。

尤其是行省的区域划分，更是让地方割据难以实现。在宋代以前，中国的地方行政都是以山川河流走向划分，比如唐代所设的道，便是以"山河形便"惯例来划分，大多是横长竖短，从关内道到河南道、江南道、岭南道、山南道、淮南道、陇右道、河东道、河北道、剑南道，都是以秦岭、淮河、南岭、太行山为限设立。各道均有山川之险，一旦出现变故，地方便可割地自雄。安史之乱后，藩镇问题困扰唐朝乃至最后灭亡了唐朝便是如此。

宋朝对唐朝的藩镇之乱印象很深，但其所做的补救，并非改变地方行政区划，而是实行严格的中央集权，地方财权、刑权等权力收归中央，也就是所谓"尽夺藩镇之权，兵也收了，财也收了，赏罚刑政一切收了"，对地方的严格控制导致了宋代积病积弱。倒是在南宋末年，文天祥曾对地方行政区划有过重新划分的谋划："宋惩五季之乱，削藩镇，建郡邑，一时虽足矫其尾大之弊，然国已寖弱。故至一州则破一州，至一县则破一县。中原陆沉，痛悔何及！今宜分天下为四镇，建都统御于其中，以广西益湖南而建阃于长沙，以广东益江西而建阃于隆兴（南昌）；以福建益江东而建阃于番阳；以淮西益淮东而建阃于扬州。责长沙取鄂，隆兴取蕲黄，番阳取江东，扬州取两淮，使其地大力众，足以抗敌。"

文天祥的意思是，为了北向抗敌，必须多头并举，这就需要地方合力，而要地方合力就要使其地大、力众。所以他主张必须合两路为一路，合并湖南与广西为一路，合并江西与广东为一路，合并江东与福建为一路，各路都是纵向合并，可以集中力量。

文天祥的建议虽然在南宋并没能得到实施，却在元代得以实现。

元代的分省与唐代分道相反，既要便于军事上实行由北向南的控制，又要破除山川之险，省的形状也自然与道完全相反。元朝行省人为地造成犬牙交错和以北制南的局面，如河南行省统辖黄河以南和长江以北的广大地区，但在黄河下游则以沂蒙山南麓为界与中书省直辖区腹里相邻，无险可守。又如五岭地区被纵向切开，以江西、广东合为江西行省，湘、鄂、桂并入湖广行省，分设治所于南昌、武昌。这就使得五岭不复为凭险割据的条件。秦岭以南的汉中地区被划归陕西行省，使四川盆地的北向门户洞开。任何一个行省都不能成为完整的形胜之地，失去了扼险而守、割据称雄的地理条件，朝廷就比较容易控制。

正如清人储大文所说："元代分省建置，惟务侈阔，尽废《禹贡》分州，唐、宋分道之旧。合河南、河北为一，而黄河之险失；合江南、江北为一，而长江之险失；合湖南、湖北为一，而洞庭之险失；合浙东、浙西为一，而钱塘之险失；淮东、淮西、汉南、汉北州县错隶，而淮、汉之险失；汉中隶秦，归州隶楚，又合内江、外江为一，而蜀之险失。"

储大文对这种做法是持批评态度的，认为这样会使得地方无险可守，于长治久安颇为有碍，一旦出现动乱，地方往往无法依靠山川之险进行遏制，所谓"故元、明二季流贼之起也，来无所堵，去无所侦，破一县，一府震；破一府，一省震；破一省，各直省皆震"。

不过，这种批评其实缺乏实际支撑。元末的动乱之所以能够最终倾覆元朝，还在于元朝中央内部因党争而解体，无力控御地方，明朝则是中央财政崩溃和制度劣化。行省制度的命门也就在于此，因为中央集权，地方受限，那么如果中央出了问题，地方也就会迅速糜烂。而只要中央尚能保持稳固，有大的动乱也能救平，比如清末的太平天国起义，虽然已经波及半壁江山，但最终还是被清廷镇压下去。

而元代的行省制度虽然强调中央集权，加强对地方的控制，但另一方面也给地方保留了部分权力。首先是对地方的监察，主要从制度执行方面进行监控，给了行省一部分权力。在财政上，各地财赋集中于行省之后，行省把绝大部分财赋解运京师上供朝廷，也可留少部分与各省自支，其中央与地方财赋分割比一般为七比三。而在军事方面，行省除必须严格遵照朝廷的号令行事外，在紧急情况下可以便宜收兵。

李治安先生曾总结叶适、顾炎武、王夫之对中央地方权力的思考：叶适主张地方应有权，不能全收于中央，"以一郡行其一郡，以一县行其一县，赏罚自用，予夺自专"；顾炎武认为"封建之失，其专在下，郡县之失，其专在上"；王夫之说"封建之天下分而简，简可治之以密，郡县之天下合而繁，繁必御之以简"。他们都认为应该有一种中央集权与地方分权主辅结合的新模式。而元行省制就在相当程度上体现了这类新模式，"在传统的郡县制基础上另加行省之类的高层督政组织于中央与路府州县之间，把行省当作分寄与集权的枢纽，既有所分寄又立足于集权。从法理上说，中央政府以命令授权形式将部分权力交与行省行使，一切治权皆属中央政府，行省只是中央的代理而已，无论行政、财政、军事、司法诸事权，朝廷总是在直接掌握某些基本权力（如主要军队、官吏任用等）

的同时，把相当一部分权力分寄于行省，然后借行省集权于中央"，因此"元行省制所体现的中央集权与地方分权的主辅结合，明显优于单纯的中央集权或单纯的地方分权"。

除了中央到地方的行政改革，忽必烈还对继承人制度进行了改革。对于"库里勒台"，忽必烈直接予以废止，转用中国历代王朝的立储制度，所谓"鉴于前事，知汉法可信者，实宗社至计，乃定策立真金为皇太子。……授皇太子玉册金宝，太子有册礼始此"。

还有首都的设立，忽必烈也颇费心思。

蒙古帝国时期，帝国的中心是蒙古高原，都城在哈剌和林。这是一座典型的草原都市，由窝阔台汗于1235年在鄂尔浑河岸边建成。到蒙哥汗时代，大蒙古国的疆域西到东欧，西南抵达伊朗高原，北部囊括大部分西伯利亚，东部直到库页岛，南部则与南宋以淮河为界。和林城正好处于较为中央的位置，利用四通八达的驿道可以有效掌控各地。

到了忽必烈时代，窝阔台汗国、察合台汗国已经成为敌国，哈剌和林城几乎成为边塞，在忽必烈与阿里不哥、海都等征战时，哈剌和林城经常成为战场和双方争夺的军事要地，首都再设于此，明显不合适了。因此，1260年，忽必烈在开平称汗，后将之改称上都。上都是北接哈剌和林、南通中原地区的要塞，符合当时忽必烈统治区域的管理。随着灭亡南宋提上议事日程，也就不得不考虑日后如何治理江南地区。

1272年，忽必烈把都城从上都迁到大都（今北京），其城在金朝时称为中都，其地"龙盘虎踞，形势雄伟，南控江淮，北连朔漠，且天子必居中以受四方朝觐"。对于以中国为主要统治区域的元朝来说，再合适不过。这座城市日后亦是明、清两代的帝都，也充分证明这里适合作为中国政治中心。

帝汗并建，是忽必烈在尊号、法统上的铺排，而他所求的还不仅是如此，他还希望能够完成帝国的"周秦之变"。

制度与权谋

所谓"周秦之变"，就是贵族封建变为集权皇权。秦始皇统一六国，废封建，置郡县，改变了延续千年的封建制度。但这种空前变革并非能一蹴而就，秦朝短命而亡，汉朝继之，又不得不有所倒退，集权与封建并行，直到汉武帝时代，才最终完成。在此之后，虽然集权皇权已是主流，但历朝历代，开国之时都要面对不同程度的"周秦之变"。因为王朝经过金戈铁马才得奠基，众多功臣出力甚多，皇帝予以封赏，与之共治，便会形成功臣贵族集团。而历朝皇帝总要费些周折，才能最终由"周"变"秦"。

这种"周秦之变"，对于草原民族入主中原建立的王朝来说更为艰难。因为他们在故乡草原上，有着古老的贵族封建制，入主中原，建立帝制，由"周"变"秦"的包袱更为沉重。无论北魏、辽还是金，建立之初皇族内部内讧频仍，血腥政变和叛乱层出不穷，便是这贵族对集权皇权的反抗，是"周秦之变"要付出的代价。

成吉思汗统一草原之前，便向兄弟、部下们许诺："取天下了呵，各分土地，共享富贵。"因此，在蒙古帝国建立后，成吉思汗立即进行了以自己黄金家族为核心的分封。

费志尼在《世界征服者史》中指出，蒙古帝国"虽然形式上权力和帝国归于一人，即归于被推举为汗的人，然而实际上所有的儿子、孙子、叔伯，都分享权力和财富"。成吉思汗虽然制定《大札撒》，也就是《成吉思汗法典》，大力强调忠于正主的观念，并将忠诚作为至高道德予以宣扬。但这种忠诚并不仅是对可汗，还强调各贵族家臣对于家主的忠诚。因此，蒙古帝国仍是有着浓厚草原封建气息的帝国。

忽必烈建立元朝，在制度上大力向集权皇权迈进。一整套的制度设计，都靠许衡、王文统、姚枢等汉人儒士的谋划，忽必烈可谓对之言听计从，尤其是王文统，"元之立国，其规模法度，世谓出于文统之功为多"。虽然王文统因有参与李璮之乱的嫌疑而被诛杀，并连累到汉人儒士集团，使得忽必烈"始疑书生不可用"。但其实忽必烈并没有如一般史书而言对汉化或者说儒化感到"后悔"，其中还有更深层次的原因。

这里需要说一下元朝所谓的"人分四等""八娼九儒"。"八娼九儒"的意思是，元朝将所有人按照职业编户，儒生编为儒户，地位很低，比娼妇还低一等。这说法的来源是两位南宋移民：谢枋得和郑思肖。

谢枋得在其所著《叠山集》卷六《送方伯载归三山序》

中写道："滑稽之雄，以儒为戏者曰：'我大元典制，人有十等：一官二吏，先之者贵之也；七匠八娼，九儒十丐，后之者贱之也。'吾人品岂在娼之下、丐之上乎。"郑思肖在《心史》中的《大义略序》中言："鞑法：一官，二吏，三僧，四道，五医，六工，七猎，八民，九儒，十丐，各有所统辖。"

元朝设立户计制度，称为"诸色户计"，是将全国的人户以职业、民族、宗教信仰的不同而划分为数十种户计的制度，是为了更好地进行全国人户的管理，也是为了役使全国民力的方便，这算是用军事思维治理国家的表现。不过，各个户计并无专门规定高低上下，只是各有权利义务罢了。

例如民户，主要是农民，其义务便是缴纳粮税；匠户是为官府服务，制作各种器物；军户便是世代当兵，朝廷需要的时候要出而作战。士人也被编户，称为"儒户"。儒户的义务是"就学"，也就是在书院里教书学习，并且在国家遴选吏员的时候参与考试。而儒户履行就学备选的义务，便享有免除兵役、劳役以及领取奖学金性质的"廪金"的权利。

谢枋得和郑思肖都是南宋遗民，对于元朝灭宋，有着山河破碎、社稷沦亡的悲痛，自然满腹牢骚。他们的说法并不完全可靠，清代便有学人考证"知其为不然"。及至近代，一些元史大家，如陈垣、姚从吾、邵循正等先生也都曾指出这一说法并不符合事实，陈垣先生更是在自己的名著《元西域人华化考》中直言："九儒十丐之说，出于南宋人之诋词，不足为据。"

儒士在元朝的地位并不低，且不说元世祖忽必烈时代的金莲川幕府中的众多文士，如许衡、姚枢、窦默、刘秉忠、郭守敬等，几乎都出任高官，乃至宰辅、"三公"。世祖之后各朝也有众多汉人儒士出任高官，比如张养浩、李孟、虞集、许有壬、苏天爵等。有他们的存在，把儒户定成"连娼妇也不如"是不可能的。

至于"人分四等"，其实是后世的总结，在元代所有的典章制度和诏令条格上都看不到人分四等的规定。后世有这样的看法，是因为看到元朝在任官上，蒙古人、色目人、汉人、南人等级森严、亲疏有别。这在帝制时代其实是惯例，任何一个王朝诞生，都会依据效命的先后亲疏有别。例如唐朝，关陇世族是第一位，山东（崤山以东）为第二位，江南则为第三位，有唐一代，直到末期天下分崩，这种情形才有所改观。元朝也是如此，看似按照效命先后，有蒙古、色目、汉人、南人的区别对待。但仔细分析，受到的信任程度也会因皇权的需要而有所升降。各色人等都会因时势不同或获得高位或置之闲散。

而这种等级若是放在整个社会观察，并没有明显的区别。汉人、南人富甲一方，权势赫然的也大有人在；蒙古、色目平民因为穷苦，卖身为奴者也比比皆是，元朝廷还需要经常拨钱赎买蒙古人为奴者。

作为一个帝王，尤其是将封建制帝国引向皇权集权制帝国转折期的帝王，忽必烈首先要考虑的是集权的最终完成，以及在完成过程中不能有太大的反弹和破坏。蒙古人也好，色目人也好，汉人也罢，即使心中亲疏有别，只要可用便要用。对于帝王来说，民族属性至少不会是放在第一位要考虑的。

蒙古帝国留下的最大遗产，也就是所谓"漠北旧制"，便是贵族封建制度，宗王贵族对于可汗或者说皇帝的权力有着很大的制约。

这种制约主要体现在以下两个方面。

其一，皇帝合法性需由贵族承认，因此皇帝对贵族的权力不但要予以保护和承认，不能随意剥夺，甚至还要以制度性、贿赂式的赏赐换得支持。一旦未能满足贵族的要求，皇位便难以稳固。

皇帝的合法性需要贵族承认，主要体现在皇位继承上。以集权皇权而言，"预立储君"是君王"圣心独断"的机务，臣下参与是大忌。而于草原封建制而言，汉王的继承者关系到全体贵族的利益，宗室勋臣均有发言权。

忽必烈建立立储制度，"立真金为皇太子"。但是，据《瓦萨甫史》记载，在预立真金为储君一事上，忽必烈也无法完全撇开贵族的意见。宗王重臣举出蒙古惯例质疑道："在'世界诸王的征服者'成吉思汗的《札撒》中从未有这样的规定。"只是靠着忽必烈自身的崇高威望，才使得贵族们订下"盟书"表示接受。而真金太子未能继位而薨，忽必烈又没有再册立太子，使得库里勒台在元朝皇位继承上继续发挥了作用。

其二，帝国的官僚系统，尤其是中枢宰辅被贵族垄断，皇帝虽有任命权，但选择范围只能是"大根脚"贵族，而贵族出任官员，君臣之间的羁绊靠的是家庭式的情感和传统的身份，并非中原中央集权皇权下官员与皇帝是雇佣关系，"官僚权力只是皇权的延伸，而不是一种独立的权力"，对于皇权的依附性不强，使得相权颇重，君相关系一直比较明显地体现着"委任责成"的特点。

元代官员，首重"根脚"，也就是出身。中书宰辅更是要"大根脚"方能出任，尤其是成吉思汗时期所定的"四大怯薛长"（木华黎、博尔术、赤老温、博尔忽）家族，几乎垄断了中书丞相的职位。即使不是四大怯薛长家族，出任宰相者也是皇帝的怯薛。

怯薛的前身，是蒙古旧制的"那可儿"。那可儿意为"伴当"，并非毫无权力予取予求的奴仆，与君主之间有着类似家人的羁绊关系，是"以战士的资格为氏族和部落首领服役的自由人，类似于亲兵或卫士"，"古代蒙古首领的那可儿与首领共同生活、同患难、共安乐，是他们的家人"。这种关系是建立在臣对君忠诚、君对臣信任尊重的基础之上。

以怯薛出任宰相，一方面出现内外朝之争消弭于无形的情况，内外朝一体，避免了皇权与相权之争导致的政治动荡；另一方面，贵族出身的宰相乃至官员，对于皇权本身依附性不强，并非皇权衍生而出的办事机构，自有其相对的自主性。

忽必烈首先要考虑的，便是利用儒士所掌握的千年来中原皇朝的制度经验来重新铺排帝国统治秩序。儒士集团虽然赞同大一统，其制度设计也大有利于皇权集权，但也主张儒士作为道统、天命的代表来制约皇帝的为所欲为。这又是忽必烈所不能接受的。

所以，在王文统被杀后，忽必烈大力起用出身低微的所谓"理财派"来掌握中枢权力，既是为了提高理财的效率，也有借此夺中书、勋旧之权的用心。同时，世祖也不断地在理财之臣、儒臣和蒙古勋贵之间进行取舍升降，三大理财权臣，阿合马、桑哥、卢世荣，虽都一时权倾朝野，但最终也不过是忽必烈的棋子，并都在蒙古宗王勋贵以及儒士集团的夹击下身死族灭。

忽必烈虽然自己可以乾纲独断，但对权力的掌控主要依靠自身能力包括权谋。在制度建设上，忽必烈并没能最终完成集权皇权，在他去世后，元朝仍然是封建色彩浓厚的帝国。正如姚大力先生所言："元朝制度体系中'大汗—皇帝'的双重角色结构，使元政权与金、清等北族王朝相比，带有更多的贵族制色彩。"

比如科举制度的不兴盛。

科举虽被今人认为是儒化的制度，但其实科举原本并不符合儒家的理想，而是纯正的皇权思维。在两汉魏晋时代，虽然皇权逐渐扩张，但儒家士人仍牢牢掌握着人才的举荐权，即所谓察举制度。虽然皇帝拥有官员的任命权，但所任命的官员则要来自世家士人的举荐。这虽然最后导致了"上品无寒门，下品无士族"，但儒家士族也因此对皇权有着相当的制约，就如阎步克在《士大夫政治演生史稿》所言："（士大夫）横亘于君主与庶民之间，维系着相对独立的'道统'，并构成了以独特机制约束政统的分力。"

隋唐兴起科举制，便是皇帝将选官任官之权全部抓在手中的开始，所谓"天下英雄入我彀中"，从此儒家失去了最后一个在现实上制约皇权的手段。

元朝之所以长时间未能复开科举，复举之后规模也很小，一是因为科举实行600多年来，弊端丛生，无论是仕元的以许衡为代表的士人，还是甘为宋遗民的以赵文、谢枋得为代表的士人，都对科举深恶痛绝，科举主力都不积极，科举也就被搁置了；二是因为贵族制度仍在，对科举有着很大的抵触，即使有科举之士，也难以进入权力核心。

朝廷上层如此，那么对下层的控制力就无法达到秦制水平，没有科举，那么朝廷也就无法利用科举网罗地方精英，形成自上而下的细密的官僚体系，从而完成对农业税的收取，直接控制广大农村。元朝的主要收入是盐税和商税，农业税只占很小比例便是证明。在皇帝与百姓之间，有贵族、有士绅、有豪商，秦制的建立自然困难重重。

未能稳固的皇权虽然伴随着纷争与动乱，却也给民间带来宽松与生机，政府对民间干预较少，文化开放，商业繁荣，社会活力旺盛成为当时的特色，从而在历史上留下了尚武、宽大、重商等兼收并蓄的时代标志。

忽必烈此时还不能预料到周秦之变没能竟全功，在击败阿里不哥后，他把眼光看向了南宋。

因为对他来说，阿里不哥是自己做大汗的竞争对手，而南宋是自己做皇帝的竞争对手。

白雁来，江南破

对于西方的各汗国，忽必烈只能对全力反对自己的窝阔台汗国用兵，而对于左右摇摆的术赤汗国、察合台汗国却并不能一味使用武力，因此西北方向，他是以防守为主。而对于南宋，他则倾尽全力，必要一举灭之。

蒙古帝国虽然以对外征服为基本国策，但并没有多少政治上的目标，无非为了获得更多土地和财富。如果要进行灭国战，只有两种原因，其一是有着仇恨，如对金朝、花剌子模；二是不肯最终臣服，如对西夏。并无政治原因而必须灭亡一个国家，如高昌回鹘、大理段氏、朝鲜半岛的高丽王朝、吐蕃乃至西方的俄国等，都是在臣服之后仍可保存国祚。

但对于南宋，这个惯例不适用了，既然我做了皇帝，那么就决不能再有另一个皇帝存在，蒙古大汗只能有一个，皇帝也只能有一个，"自古帝王，非四海一家，不为正统。圣朝有天下十七八，何置一隅不问，而自弃正统"。

相对而言，南宋虽处于弱势，但也对自己的正统地位不会让步。忽必烈刚即位，便派出自己的心腹谋臣——北方大儒郝经出使南宋，一是告知自己即位，二是和议。当然，这所谓和议，其实是要南宋做出臣服的表示，缴纳岁币。结果，南宋拘押郝经十六年，根本不予回应。

于是，阿里不哥归降后，大漠南北尽数归附，忽必烈第一时间便把伐宋列为下一步的战略目标。

在吸取蒙哥汗南征的教训以及自己征江汉的经验后，忽必烈将主攻方向由川蜀转到荆襄，而主要打击目标则是襄阳和樊城这两座重镇。

两城地处南阳盆地南端，襄阳和樊城南北夹汉水互为依存，"跨连荆豫，控扼南北"，地势十分险要，自古以来为兵家必争之地，所谓"中原有之，可以并东南；东南得之，亦可以图西北者也"。

1267年，南宋降将刘整便向忽必烈献策，指出伐宋应该"先攻襄阳，撤其捍蔽"，因为"无襄则无淮，无淮则江南唾手可下也"。这刘整本是南宋骁将，外号"赛存孝"（意思是赛过唐名将李存孝），任南宋泸州知州和潼川十五军安抚使，抵抗蒙古军屡立战功。可因为是北方人，受南方将领俞兴、吕文德等人嫉恨，后又被诬告，贾似道欲将他杀害。为了自保，遂于中统二年（1261）率泸州十五郡三十万户投降元朝，从此备受忽必烈信赖。他的策略，忽必烈全盘采纳。

从此时开始，长达六年的襄樊战役便拉开帷幕。

元军要拿下这军事要地，所用的策略便是堡垒推进和水师配合，最后再用大炮强攻。

1268年，兀良合台之子，猛将阿术在襄樊东南鹿门堡和东北白河城修筑堡垒，切断援襄宋军之路。1270年，元军大将张弘范献计："宜城万山以断其西，栅灌子滩以绝其东，则庶几速毙之道也。"于是，史天泽在襄樊西部的万山包百丈山筑长围，又在南面的岘山、虎头山筑城，连接诸堡，完全切断了襄阳与西北、东南的联系，使襄樊成为孤城。

同年，刘整经过日夜操练，建立起一支拥有五千五百多艘战船近十万人组成的水军，弥补了元军战术上的劣势。

为了打破包围，南宋方面也积极进行了反击。襄阳守将吕文焕多次出城作战，但均被击溃。张世杰、范文虎、夏贵等将军屡屡率军解围，也分别被阿术、史天泽等人打败。到1272年，襄樊之战已成定局，宋军困守孤城，再难有作为。

是年春，元军对樊城发动总攻。三月，阿术、刘整、阿里海牙率蒙汉军队进攻樊城，攻破城廓，增筑重围，进一步缩小了包围圈，宋军只好退至内城坚守。

1273年年初，元军分别从东北、西南方向进攻樊城，新式"回回炮"击垮了樊城城墙。南宋守将牛富率军巷战，终因寡不敌众，牛富与偏将王福俱投火殉国，樊城陷落。

樊城失陷以后，襄阳形势更加危急。吕文焕多次派人到南宋朝廷告急，但终无援兵。襄阳城中军民已经陷入掘鼠罗雀、拆屋作柴、力尽援绝的境地。1273年二月，阿里海牙由樊城攻打襄阳，炮轰襄阳城楼，城中军民人心动摇，吕文焕见大势已去，遂举城投降元朝，襄樊战役宣告结束。

襄樊陷落，南宋的江淮防御体系已经名存实亡。一举南下灭亡宋廷的时机到来了。

此时在江南，一个莫名其妙的预言在流传着——"江南若破，白雁来过"。"白雁"是取谐音，所指的是忽必烈新进重用的宰相伯颜。

伯颜是蒙古巴邻部人，原本是旭烈兀的部下，1265年以伊儿汗国使臣的身份来到元廷，被忽必烈看中留在身边任官。伯颜有着极为出色的政道才华，"诸曹白事，有难决者，徐以一二语决之"，这需要对律例条文的熟练掌握，也需要决断力和举重若轻的素质。因此不过数年，就升为中书右丞相，同知枢密院事，已经位极人臣。

到决定南征大帅人选时，众多重臣都向忽必烈举荐伯颜。姚枢首先谏言："如求大将，非右丞安童，同知枢密院事伯颜不可。"史天泽也认为："此国大事，可命重臣一人如安童、伯颜，都督诸军，则四海混同，可计日而待矣。"甚至连帝师八思巴也竭力举荐伯颜，认为他才能出众，堪当大任。

忽必烈听从重臣谏言，以伯颜、史天泽同为平宋荆湖行省左丞相，共同任伐宋大军的最高统帅。但史天泽此时已经病入膏肓，无力统军，不久便病逝于真定。伯颜成了唯一的平宋大帅。

1274年九月，伯颜率大军南下攻宋。临行前，忽必烈嘱咐道："昔曹彬以不嗜杀平江南，汝其体朕心，为吾曹彬可也。"而伯颜也作诗"精兵百万下江南，干戈不染生灵血"作为回答。

对于这次战役，元朝方面投入的兵力素有"百万之众"之说。这自然是夸张的，实际上伯颜直接指挥的军队当在二十万左右，加上川蜀、淮西的元军，应有三十万。

二十万大军分为三路，从襄阳出发，直指郢州（今湖北钟祥）。郢州依山傍水，易守难攻，宋将张世杰以沿江精锐数万人固守，排战舰千余艘与江面，准备决一死战。伯颜的前锋部队试探性攻击未取得进展，为了不至于顿兵坚城之下而失去战机，伯颜认为："攻城乃兵家下计，大兵之用，岂唯在此一城哉！"只留下少数部队包围郢州，大军则绕道南下。

十一月二十三日，元军抵达蔡店（今湖北汉阳），宋淮西制置使夏贵已经率宋军十数万，战舰万余艘布阵迎战。伯颜避实击虚，制造出进攻汉阳从汉口渡江的假象，吸引夏贵在汉口不动。而以主力十万步骑和十万水军水陆并举，猛攻沙芜口，迅速将之攻陷。

获得沙芜口这个重要据点后，伯颜以阿里海牙佯攻宋军重兵把守的阳罗堡，而命阿术趁夜色逆流而上四十里，在青石矶登岸，直抵鄂州东门。宋军见元军渡江，军心大乱。

见强渡成功，伯颜迅速调集兵力猛攻阳罗堡，并以水师进攻夏贵所部。阳罗堡宋军早已军心瓦解，不战先乱，阳罗堡旋即被攻克。而夏贵抵抗了一阵，见大势已去，便弃军而逃，所部全军覆没，宋军将士的尸体布满江面。夏贵这一逃，原本来支援他的京湖四川宣抚使朱禩孙也率军西遁，如此，当年忽必烈费尽力气也没能拿下的鄂州已经无兵防守。鄂州、汉阳等城的守将先后投降。

伯颜让阿里海牙留守鄂州，自己和阿术继续南下。

襄樊战役后，忽必烈对投降的襄阳守将吕文焕极为优待，甚至为了他而有意疏远了猛将刘整。倒不是因为吕文焕此人有什么经天纬地之才，而是因为他和他的哥哥吕文德长期镇守京湖地区，门下故吏多，南宋北部边防的很多重要将领不是他们的部下便是他们的亲戚，忽必烈是要吕文焕对他们进行招降，减少南征的损失。吕文焕果然不负所望，在伯颜进军时，他四处写信，让"吕家军"的将领们投降。鄂州守将张晏然、程鹏飞，蕲州守将管景模，池州守将张林，江州守将吕师夔（吕文焕侄子），安庆守将范文虎（吕文德女婿），五郡镇抚使吕文福（吕文焕从弟）等相继投降，伯颜的进军出奇顺利。

在降幡一片当中，伯颜并没有被顺利冲昏头脑。江州守将吕师夔投降后，设宴款待伯颜，酒酣耳热之际，他叫上两个盛装打扮的美女，作为礼物献给伯颜。伯颜大怒道："吾奉圣天子明命，兴仁义之师，问罪于宋，岂以女色移吾志乎！"

长江南岸的众多要塞尽数丢失，宋廷再一次乱成一团。此时，南宋度宗赵禥已经在当年病死，其次子赵㬎即位，年仅4岁，是为恭帝，理宗的皇后谢道清以太皇太后之名垂帘听政。面对着元军的大兵压境，身为执政宰相的贾似道开都督府于临安，总揽天下兵马，准备和元军决战。

自从十五年前鄂州之战后，贾似道以再造之功成为南宋权相，在理宗朝就权倾内外。1264年理宗死后，继立的度宗更是称他为"师臣"，朝臣称之以"周公"，有着"入朝不拜，朝退帝必起，避席目送之，出殿廷始坐"的极高尊荣，完全成为南宋的实际执政者。

虽然后世将南宋的灭亡归咎于贾似道，"众恶归焉"将之视为如秦桧一般的奸臣。但实际上，贾似道为相虽然专权，也有"酷嗜宝玩"的奢侈，但对南宋还是有功的。他推行的"公田法"，向民间强制征购土地，置公田庄管理，给南宋积累了大量财富，从而得以有足够的粮饷抵抗元朝十余年。他推行的"打算法"，规范军费支出、惩治将帅贪污，虽然也逼反了刘整这样的骁将，但对整肃军纪确实起到了作用。他所重用的吕文德、李庭芝等人，也是南宋赖以抵挡元军的大将。

只是，南宋一味防守，从未有心也从未有实力进行反攻，就如盾牌被反复敲击，再坚固也有被凿穿的一天。最终，无论兵力、财力都耗尽于襄樊战场。

面对着元朝大军的最后一击，贾似道作为执政宰相，并没有临阵退缩。1275年初，贾似道上《出师表》，自请"以王导故事，都督中外诸军"，表达了虽然自己"苦心处置，忘寝废食，未能少强人意"，但在强敌入境的情况下，"与其坐待其来，于事无补，孰若使臣决于一行，以求必胜事理"的决心。应该说，贾似道对于南宋的忠诚是不该予以怀疑的。

上表之后，贾似道率南宋最后的主力精锐十三万离开临安，以亲信韩震为殿帅、总禁军，出独松关，屯驻安吉。贾似道率大军取道新安、池口，绕道而行。到达芜湖后，他派宋京前往伯颜军中议和，希望以"请还已降州郡，约贡岁币"为条件劝伯颜退兵。

伯颜自然不可能接受，直接拒绝："未渡江，议和入贡则可，今沿江诸郡皆内附，欲和，则当来面议也。"

由于天气暑热，北方人水土不服，元军中非战斗减员严重，忽必烈下诏要伯颜停战驻守，等明年秋天再出兵。伯颜与阿术商量，认为："若释似道而不击，恐已降州郡今夏难守。"于是上书忽必烈："百年逋寇，已扼其吭，风驰电击，取之恐后，少尔迟归，奔播江海，遗患留悔矣。"忽必烈经过考虑，下诏："将在军，不从中制，兵法也。宜从丞相言。"伯颜获得允准，继续挥兵南下。

此时，求和不成的贾似道以孙虎臣为先锋率军七万余屯于丁家洲，夏贵以两千五百艘战船横亘长江。贾似道则以六万宋军驻守鲁港以为后备。

是年二月十八日，元宋两军大决战开始。元军到达瓜州时，宋将姜才以两万人出扬子桥与元军对垒。

伯颜先虚张声势，令军中做大筏数十个，采薪置于筏上，扬言要焚毁宋军战船。宋军惶恐，日夜严备，使得精神高度紧张，未战先怠。之后，伯颜命左右翼万户率骑兵夹江而进，同时开炮轰击宋军，炮声震百里。见到宋军阵势散乱，伯颜又派出水军冲击宋军船队，阿术亲自掌舵，命擂鼓助威，强行突击。

宋军先锋孙虎臣抵挡不住攻势，败退下来。而夏贵更是刚一接战便率先逃跑，不但如此，逃跑时还故意以扁舟掠过贾似道的坐船，大呼："彼众我寡，势不支矣！"

贾似道闻言，立即鸣金收军，宋军阵势顿时溃散，争先恐后逃跑。伯颜和阿术命步骑左右夹击，追杀一百五十余里，宋军溺死、被杀者无算，继阳罗堡之战后，南宋将士的死尸再次铺满了江面。

丁家洲一战，南宋的主力部队损失殆尽，贾似道也失去了可以继续专制朝政的资本，被弹劾罢官，后在流放途中被差官所杀。

此时，元朝的北方却出了事。窝阔台汗国发兵进攻漠北，骚扰了历代大汗的陵寝所在——起辇谷。为了应付北方边患，忽必烈急召伯颜回京，一方面听取南方战事回报，另一方面想让伯颜负责北方战事。

经过一个多月的商讨，忽必烈最后决定让另一位丞相安童出镇漠北，仍让伯颜回南方带兵。

七月，伯颜回到南线军中。当他不在的时候，宋将张世杰、赵潴以及孙虎臣聚集了宋军最后万余战船在镇江焦山布阵，希望能在伯颜不在时拼死一战，击退元军。

可伯颜虽然不在，元军军中的阿术、董文炳、阿塔海、张弘范等均是能征惯战之将，他们见宋军用铁链将战船连起，便发动火攻，几乎将宋船烧得精光，张世杰仅以身免。这场战斗类似"赤壁之战"，南宋将领们无不饱读史书，却没有从古人身上吸取教训。

待到伯颜十月回到江南，焦山之战已经结束，南宋再也没有大规模的野战军可以用于抵抗了。伯颜接下来的任务，便是拿下临安。

十一月九日，伯颜再次兵分三路向临安进发。参政阿剌罕等为右军，以步骑自建康出四安，趋独松岭；参政董文炳等为左军，以舟师自江阴循海趋澉浦、华亭；伯颜及右丞阿塔海由中道，节制诸军，水陆并进。

元军长驱直入，攻破常州，周边诸城望风奔溃，临安再无险可守。十二月五日，伯颜占领无锡。

宋廷没有了可用之兵，也没了可战之将，只好派人求和。将作监柳岳等来见伯颜，哭诉道："太皇太后年高，嗣君幼冲，且在衰绖中。自古礼不伐丧，望哀恕班师，敢不每年进奉修好。今日事至此者，皆奸臣贾似道失信误国耳。"

这样的场面确实让人同情，但两国交战，容不得恻隐之心。伯颜冷冷道："主上即位之初，奉国书修好，汝国执我行人一十六年，所以兴师问罪。去岁又无故杀害廉奉使等，谁之过欤？如欲我师不进，将效钱王纳土乎？李主出降乎？尔宋昔得天下于小儿之手，今亦失于小儿之手，盖天道也，不必多言。"

"昔得天下于小儿之手，今亦失于小儿之手"，伯颜最后这句揶揄可说专往宋廷的气管子上戳。当年宋太祖赵匡胤欺负后周世宗柴荣的老婆孩子，抢了后周天下，现在也是在孤儿寡母掌国时被逼到如此境地，算是报应不爽。

面对这番话，宋使也只能"顿首泣不已"罢了。

1276年正月中旬，伯颜进至皋亭山（今浙江杭州东北）。正月二十二，从江西率兵前来勤王的文天祥被宋任命为右丞相兼枢密使，并奉命与吴坚、贾余庆等人一起与伯颜交涉。

文天祥，字宋瑞，又字履善，江西庐陵人（今江西吉安）。20岁时被宋理宗钦点为状元，他日后自称"大宋状元宰相"，便是来历于此。37岁时，因为得罪了权相贾似道，文天祥被迫"致仕"，年纪轻轻就退了休在家闲住。直到恭帝登基，元军南下，朝廷号召各地勤王，他才成为寥寥几位率军勤王的将领，率领自行招募的义军赶赴临安。但是，南宋的主力部队已经丧失殆尽，从太皇太后到满朝文武，全都想投降议和。文天祥虽被封为右丞相兼枢密使，但也只能负责去元营议和。

本来很瞧不起宋臣的伯颜被文天祥不卑不亢的气质震撼，知道此人必定不会让宋廷乖乖投降，于是便借口有事相商，强行将文天祥扣押在军中。

文天祥被拘押，丞相陈宜中逃走，张世杰、陆秀夫等抵抗派大臣也已经保护着度宗另外两个儿子赵昰、赵昺南逃。临安城中留下的都是如吴坚、贾余庆这样唯唯诺诺和恬不知耻之辈，主事的太皇太后谢道清又老迈昏聩，除了投降，也确实无路可走。

正月二十六，伯颜派部将嗦都率军进入临安，保护皇宫并控制各要隘。二月初五，南宋恭帝正式颁布降表和谕降诏书，南宋灭亡。

从1234年由窝阔台汗开始的征宋战争，历时42年之久，到这里总算有了结果。有人说，南宋能够抵抗拥有当时世界上最强战力的军队这么长时间，足以证明其军事上并不孱弱。其实，窝阔台汗时代，蒙宋双方只能算是略加接触，蒙古帝国的主要目标是向西而并非向南。贵由汗时代只顾着内讧，没有攻宋。蒙哥汗时代虽然大规模南征，可蒙哥汗却意外崩于半路。到忽必烈掌舵，又要用大量时间和自己的兄弟们打仗，安顿后方。待到可以全力南下时，只用了八年便灭亡了人口、地利都占优势的南宋，说南宋不弱，并不客观。

而要说南宋必然灭亡，却也是事后诸葛亮。其实，忽必烈本身并没有能必然灭亡南宋的信心。作为一个雄才大略，但又很迷信天命的帝王，忽必烈直到最后关头还认为南宋天命未绝。当伯颜领兵南下时，忽必烈在与姚枢的密谈中还说道："自太祖勘定天下，列圣继之，岂固存制令久帝制南国耶？盖天命未绝。朕昔济江而家难作，天不终此，大惠而归。今伯颜虽济江，天能终此与否，犹未可知。是家三百年天下，天命未在吾家先于彼，勿易视之。" 在交战过程中，忽必烈先是下诏停战，后又召回伯颜，原因就在于这"天命未在吾家先于彼"的担心。如果南宋方面能够上下一心，同仇敌忾，挡住哪怕迟滞伯颜的进攻，都有可能换来忽必烈首先提出议和。然而，有着当时世界上最强大水师的南宋竟然屡屡大败于北方水师，武将只知逃遁，文臣只图自保，虽有少数英雄奋力拼搏，也是大火蔓延、杯水不济了。

太皇太后谢道清在质问文臣武将时所说："我国家三百年，待士大夫不薄。吾与嗣君遭家多难，尔小大臣不能出一策以救时艰，内则畔官离次，外则委印弃城，避难偷生，尚何人为？"老太后没有吕雉、武则天的本事，保不住宗庙社稷，但这番话却是一针见血。

两宋从太祖赵匡胤建国到此时，享祚316年。而从907年唐朝灭亡，至此时已经过369年的漫长时光，又一次的大一统完成了。

宋沉厓山

临安易主，恭帝纳降，南宋算是亡了，但三百年国祚也并不会因此便绝灭。

那位被伯颜扣押的文天祥，在去议和之前，便已经深知不可能以岁币称臣之类的条件换得社稷的保全，为了能为日后赵宋社稷保留根苗，上疏请谢太皇太后允许宋恭帝的一兄一弟出临安，吉王赵昰赴福建，信王赵昺赴广东。谢太后同意，吉王进为益王，判福州；信王进为广王，判泉州。以驸马都尉杨镇和二王两个舅舅"提举二王府事"，迅速出城南下。

两位小王爷大的9岁，小的只有6岁，在颠沛流离中历经苦难，甚至险些饿死，但在众多忠心臣子的保护下，总算安全逃到温州。陈宜中、张世杰、陆秀夫等人也随之赶到，保护着他们来到福州。

1276年六月，陈宜中、张世杰在福州拥立益王赵昰为帝，是为端宗，改元景炎。进封皇弟赵昺为卫王。升福州为福安府，以端宗生母杨淑妃为太后，以陈宜中为丞相兼枢密使，都督诸路军马；张世杰为枢密副使；陆秀夫为直学士。

原本已经灭亡的南宋朝廷便这样复生，无论对于元军还是南宋军民，情势都起了很大的变化。

当伯颜统兵南下灭宋之时，世祖忽必烈曾晓谕伯颜，不可嗜杀，伯颜也自誓下江南不妄杀一人。客观地说，伯颜统兵期间，由于他军纪严明，再加上宋方守将大多不战而降，直至拿下临安，虽然战场上尸横遍野，但屠城之事并不常发生。但是，随着南宋流亡朝廷的建立，使得原本对南宋朝廷腐化、聚敛、御敌无方失望透顶的江南士民重新看到了希望，颓废苟安之气迅速被抗战精神取代，州郡望风而降的趋势停顿下来。元军尚未涉足的福建、两广以及川蜀、两淮部分地区纷纷厉兵秣马，"自夏徂秋，一城不降"，而"自夏徂秋"正是赵昰被立为新帝之后。战争的进程也随之步入更为残酷的阶段。

文天祥被元军押解大都途中，到镇江时趁看守不备连夜逃出至真州（今江苏仪征），安抚使苗再成开门迎入。两人商议召集各路宋军反攻，并写信给死守扬州的李庭芝。但因战乱讯息不通，李庭之只知道文天祥曾与元军议和，并不知道他逃出之事，以为他已降元，反来诳自己出城，于是便写信给苗再成，让其杀死文天祥。苗再成虽不相信文天祥是奸细，但也不敢做主，便把文天祥送出城外。文天祥一行到达扬州，却发现到处都是悬赏捉拿"文丞相"的告示，无奈只得继续逃遁，历经千辛万苦，终于赶到温州，后听说流亡政府在福州，便赶往投效。

文天祥的忠贞才识早为众人所知，立即被拜为右丞相兼枢密使，都督诸路军马。但是，由于主政的陈宜中一向嫉贤妒能，文天祥担心引起内部纷争，对右丞相一职"固辞不拜"，只接受了"枢密使同都督"的官职。

文天祥到福州后，提出要回温州组织舟师，由海道而进收复两浙。但一心想要放弃温州的陈宜中不同意，将文天祥外派南剑州（今福建南平）开府，招募士兵。文天祥到剑州后，很快就聚集起相当可观的部队。

而从1276年七月开始，元军对于各地抵抗宋人的镇压也一日紧似一日。

七月，在李庭芝、姜才率部离开之后，守将朱焕献扬州城投降，李庭芝、姜才未能摆脱追兵，被困于泰州；元军大将阿术攻破泰州，李庭芝、姜才被俘。同时，元将阿里海牙攻破严关（今广西兴安西），李恒击败宋军吴浚所部于南丰。八月，吴浚再败于元军，退往宁都，同月，李庭芝、姜才在扬州不屈遇害。

在这一片战败的紧急时刻，作为流亡政府的中枢，不但没有什么居中调度挽回颓势的举措，反而只想着互相碾轧。陈宜中见文天祥聚兵成功，担心离朝廷所在地太近会"干预朝政"，便下令让文天祥去交通不便的汀州（今福建长汀）。

文天祥顾全大局，于十月率部南下。到汀州后，立即开始救亡活动，派赵时赏率一部军士去取宁都，派吴俊章取雩都（今江西于都），同时，在江西坚持抗元的刘洙等人听闻文天祥开府，纷纷率兵来投，文天祥麾下迅速集结起数万人马。

到了十一月，对南宋流亡政府来说，局面更为崩坏。阿里海牙攻破坚守三个月的广西重镇静江，守将马塈血战而死，阿里海牙纵兵屠城。不久，邕州（今广西南宁）守将献城，但马塈麾下钤辖（军职）娄某率二百五十名兵士死守月城不降，后骗得元军送上米、肉，饱餐之后引炮自炸，二百余人以身殉国。阿里海牙大怒，又将邕州屠城。此后，广南西路十五州，皆为元军攻取。

同月，元将阿剌罕所部攻克处州（今浙江丽水）、温州，在瑞安大败宋军，执杀赵与罩与其弟赵与虑等人，兵入建宁府（今福建建瓯）。

这样一来，南宋流亡政府所在地福州已经很危险，此时，流亡政府手中还有军士十七万、民兵三十万，可供一战者有近五十万之多。可陈宜中、张世杰却不敢与元军作战，带着幼帝赵昰登船入海逃走。十一月二十三日，福州为元军占领。

相对于近五十万大军的望风而遁，文天祥则是迎难而上。1277年五月，文天祥集结部伍，自梅州出江西，吉州、赣州坚持抗元的宋军皆来赴，合军收复会昌县。八月间，文天祥部下赵时赏等人分道攻取吉、赣周围的城镇，对赣州形成包围之势，衡山、抚州等地残余宋军纷纷前来会合。

为了遏制江西宋军发展，元廷在江西置行中书省，以塔出为右丞，麦术丁为左丞，李恒为参知政事，以诸道之兵四出江西。

元将李恒自领一军精骑，出其不意地向身在兴国的文天祥发起进攻。文天祥不曾想李恒进军速度如此之快，猝不及防，军队溃散。与此同时，在永丰的邹沨部宋军也被元军杀败，两军会合一处撤退。

逃至空坑（今江西吉安境内）时，文天祥麾下军士多散，身边只有杜浒、邹沨等几个人相随。宋将赵时赏为使文天祥等人有时间逃走，冒充文天祥为李恒追兵所抓，并沿途掩护很多文天祥部曲逃走，后被识破，从容赴死。文天祥逃脱后，辗转至南岭（今广东紫金），重新集结队伍。

南宋流亡朝廷行至泉州泊岸，招抚使蒲寿庚前来谒见，并请端宗驻跸泉州，张世杰没有答应。身边的人又劝张世杰留下蒲寿庚，这样可以让其麾下的数百艘巨船以及无数家资作为军用，可张世杰也没有听取。不久，由于宋朝的撤退人员太多，舟船严重不足，张世杰也不知会蒲寿庚，命部下掠取其船只，并没收船上的金银财物。

蒲寿庚祖上本是来自占城（今越南中部，当时为独立国家）的阿拉伯人，在泉州生活已历三代，是足以左右泉州这一世界级大商港的豪商。元朝也早闻其名，派人招降。蒲寿庚虽然是个商人，以保全商港和家族为最高宗旨，但其福建广东招抚使、总海舶的官职就是南宋流亡朝廷委任的，其兄蒲寿晟又是著名文人，对南宋很有忠义之心，他因此很是犹豫。而张世杰的一番作为——公然展示不信任于前，又无端抢船抢钱于后，使蒲寿庚大怒，宣布叛宋降元，在泉州城内大杀赵宋在当地的宗室以及士大夫和淮军士兵，遇害者达数千人。

张世杰连忙下令起锚，全军逃往潮州（今广东潮安）。在海上四处漂荡的南宋朝廷屡屡遭到元军袭击，一直把持朝政的陈宜中彻底灰心丧气，便以去占城给皇帝打前站为借口，径自一人前往，从此一去不返。

1278年一月十六日，流亡政府的船队到达井澳（今广东大小横琴岛之间的海湾），忽遇飓风，舟船倾覆无数，连端宗所乘的巨舟也被大浪击翻，小皇帝几乎被淹死，惊悸成疾。

飓风过后，张世杰点算兵数，竟然死者过半。未能与元军展开一场战斗，就损失如此惨重，士气降至冰点。而更大的打击又接踵而来，1278年5月，一直未能从惊吓中恢复过来的宋端宗赵昰病死于石冈州（今广东吴川西南面一个小岛）。

宰相逃，皇帝死，流亡政府的"群臣多欲散去"，而陆秀夫挺身而出道："度宗皇帝一子尚在，将置其何地！古人有以一旅以成中兴者，今百官有司皆备，士卒数万，天若未欲绝宋，此岂不可立国？"于是，众人拥立年方8岁的卫王赵昺为帝，是为宋末帝，改元祥兴。

虽然又立了皇帝，但南宋流亡政府的前景已经极为黯淡。相对地，元朝的忽必烈却一直在关注着这个不断播迁的敌手，打算给予最后一击。

这个任务，忽必烈交给了张弘范。

张弘范，字仲畴，是汉军世侯张柔第九子。作战勇猛又颇有谋略，在众多战争中，尤其是南下灭宋之战中屡立战功，年纪轻轻就身居万户高位，任镇国上将军、江东道宣慰使之职，与其父亲一样，他也获得了汉军世侯少有的"霸都"（即英雄）称号。

在南宋的流亡朝廷苦苦维持之时，张弘范上奏忽必烈："宋主既降，而其将张世杰奉其庶兄益王昰与弟广王昺南奔。既立昰于闽而卒，又立昺于海上，宜致讨焉。"这正好与忽必烈不谋而合，于是忽必烈命张弘范为蒙古、汉军都元帅，负责对广东用兵。

从蒙古帝国时期开始，将领虽是各个民族的都有，但都是各领本族军队，蒙古将领可以统领其他民族的部队，而其他民族的将领却决不能率领蒙古军，这惯例在忽必烈时代也没有被打破过。张弘范深知这次委任大有违传统，在陛辞之日力辞："汉人无统蒙古军者，乞以蒙古信臣为首帅。"忽必烈以往事勉励道："汝知而父与察罕之事乎？其破安丰也，汝父欲留兵守之，察罕不从。师既南，安丰复为宋有，进退几失据，汝父深悔恨，良由委任不专故也，岂可使汝复有汝父之悔乎？今付汝大事，能以汝父之心为心，则予汝嘉。"赐锦衣、玉带以表示对他的绝大信任。张弘范不要锦衣、玉带，提出要宝剑、铠甲，忽必烈闻言壮之，赐张弘范尚方宝剑，表示："剑，汝之副也。有不用命者，以此处之！"给张弘范以专征之权。

于是，张弘范荐李恒为自己的副手，至扬州后，发精兵二万，张弘范自领水军，李恒则领陆军，分道南下。

以精锐之师攻疲顿之兵，自然摧枯拉朽。元军水军接连攻取攻袭漳州、潮州、惠州等地，数败宋军。在广东坚持抗战的文天祥所部败走海丰，在逃至五坡岭（今海丰以北）之时被张弘范之弟张弘正追上，残军溃灭，文天祥、杜浒等被俘，邹沨自尽而死。

文天祥的抵抗之路终于走到尽头，在见到张弘范时拒不下跪，只求一死。其气概为张弘范所钦佩，赞叹道："真忠义人也！"命左右为文天祥释缚，并礼敬有加。

与此同时，元军步军在李恒统帅下越过大庾岭，攻占广州。

文天祥所部的溃灭，使南宋流亡朝廷在陆地上已无可策应之兵。随着一座座城池的陷落，张世杰不得不率部保着小朝廷退守厓山。

厓山位于今天广东新会南端，北扼海港，南连大海，西面与汤瓶山对峙如门，所以又称为"厓门"，"每大风南起，水从海外排闼而入，怒涛奔突，浪涌如山"。厓门之外有"三虎洲"，其东大小螺珠、二厓山石、白浪堆诸岛；台山的上川岛东南有乌猪洲，以东为乌猪洋。因此，据此可控制厓山海而至乌猪洋一带，地理形势十分重要。

在厓山驻扎舟船，似乎是很好的选择，但此地是潮汐出入之处，作为南宋流亡政府数千舟船屯结之地，可说相当危险。张世杰却无此常识，"以为天险可守，乃遣人入山伐木，造行宫三十间，军屋三千间。正殿曰慈元，杨太妃居之。升广州为翔龙府。时官、民兵尚二十余万，多居于舟，资粮取办于广右诸郡、海外四州，复遣人匠，造舟楫，制器械，至十月始罢"，他将此地作为流亡政府最后的据点。

相对于二十万众兵民和数千艘战船的南宋厓山大寨，作为追击者的张弘范身边的部队显得极为小弱：计有统领大小战船五百艘，兵力约二万人。正月十三，到达厓山时，又因为有二百艘战船迷失方向，真正到达的只有三百艘。

对南宋军而言，既然敌寡己众，应该主动出击，张世杰手下有谋士提出建议："北兵以舟师塞海口，则我不能进退，盍先据海口。幸而胜，国之福也；不胜，犹可西走。"

但张世杰担心主动进攻失败后，会导致军卒溃散，坚决不同意："频年航海，何时可已！今须与决胜负。"命人焚毁岸上所建数千间简易房屋，把千余艘大船牢结成一字阵，沉锚于海，"中舻外舳，贯以大索，四周起楼栅如城堞，奉宋帝居其间"。

在焦山之战中，张世杰便是将战船连在一起，结果被元军一把火烧的大败亏输。事隔几年，便又故技重施，所吸取的教训不过是在战舰外皆涂满湿泥，又"缚长木以拒火"，来防备火攻。这种连接战船的举动，让宋军难以机动，既不能主动出击，也无法迅速对友军进行援助和配合，可说是摆出了死阵。

1279年正月十三，厓山大战正式开始。

张弘范不顾自己有近一半部队未到，副将李恒的一百多艘战船也难以及时加入战场，指挥兵将猛攻宋军阵营。由于宋舰高大，元军水军冲撞不成，张弘范派人在木柴上浇上膏油，乘风纵火。但宋舰事先涂泥，火攻并未得手。

猛攻不成功，张弘范派在自己军中任职的张世杰外甥三入宋营，劝降这位族兄。张世杰回答道："吾知降，生且富贵，但为主死不移耳。"见张世杰外甥说降不成，张弘范又逼迫被俘的文天祥写信招降。文天祥道："吾不能捍父母，乃教人叛父母，可乎？"张弘范再三催迫，文天祥便当其面书写《过零丁洋》示之。张弘范读到"人生自古谁无死，留取丹心照汗青"之句，遂大笑作罢。

猛攻不成，劝降也没有效果。张弘范命元军水军封锁海口。由于汲水道绝，宋军只得以海水解渴，几乎所有人都上吐下泻，战斗力剧减。张世杰虽率宋军"旦夕大战"，却没能动摇元军阵势，也未能打破封锁。

二月初四，张弘范的副将李恒率军自广州来会，与张弘范一起合攻厓山之北。有将领建议居高临下，发炮轰击宋军水城，再发动攻势。张弘范担心："炮攻，敌必浮海散去。吾分追非所利，不如以计聚留而与战也。"李恒观察形势后，建议元军合力与宋军水师"相直对攻"。

二月初六清晨，张弘范分元军诸将为四军，相距里许，往攻宋营。张弘范下令道："敌东附山，潮退必南遁，南军急攻勿失之。西北军闻吾乐作，乃战。"并身先士卒，"敌有西南舰，闻其将左大守之，必骁勇也，吾其自当之"，自领一军出战。四路元军顺流乘舟直杀宋军水寨。

宋军方面，张世杰也亲自披挂上阵，殊死抵拒。

双方反复绞杀，战至日中，仍未能分出胜负。张弘范依所定之计，命人以布障把其指挥大舰的四面遮蔽严实，将士伏盾埋伏于后，然后大奏音乐。张世杰误认为元军休军要聚宴，精神上懈怠下来。

趁着宋军迟滞之机，张弘范的指挥舰忽然冲击宋军左侧水寨山栏。宋军齐发弩箭，全部射在了大船的布障上。等到宋军箭矢已尽，张弘范下令撤去布障，其后的伏兵矢石俱发，宋军倒毙无数，无力阻止战船相接。元军纷纷跳上宋军阵左最大的堡垒大舰，攻陷水寨一角。

元军其他诸将乘势鼓舞兵士呼喝着冲入水寨，杀人斩帆，所向披靡。宋军各营纷纷崩溃，张世杰见状，忙抽调精兵入中军防守。主帅如此作为，宋军崩溃得更为迅速，翟国秀、凌震等数位宋将解甲向元军投降。

战斗持续到日暮，宋军已无力回天。时值"风雨昏雾四塞，咫尺不相辩"，张世杰派军士划小船至末帝赵昺所在的大船，想接皇帝逃走。可陆秀夫"恐为人所卖，或被俘辱，执不肯赴"。接应之人无奈，只得返回张世杰处复命。张世杰见接不走皇帝，只得率十余艘战船保护杨太后突围而去。

张世杰逃出生天，但小皇帝和陆秀夫则还面临着元军的围攻。陆秀夫见皇帝所居舟船甚大，诸舟环结，根本无法脱开逃走。万念俱灰之下，他先驱赶自己的妻儿跳海，然后向赵昺泣拜道："国事至此，陛下当为国死。德祐皇帝（宋恭帝）辱已甚，陛下不可再辱！"说完，他将赵昺背在身上，纵身蹈海，君臣二人同死于万顷波涛之中。

赵昺死时年仅9岁，小孩子是否知道民族大义、国家荣辱？他被背负跳海，是否会不愿、挣扎？人们似乎没有闲心来揣度一个小孩子的内心，他只能是以成年人的坚毅表情去殉国。在他身后，"后宫诸臣从死者甚众"，战斗结束的第七天，崖山一带海上浮尸十余万人。

跟随张世杰逃出的杨太后得知赵昺死讯，拊膺大恸："我忍死间关至此，只为赵氏一块肉耳。如今绝望矣！"言毕，纵身赴海自杀。

张世杰率残余宋军，本想奔占城，但军中多广东军卒，不愿前往。无奈之下不得不漫无目的地游荡。不久，忽遇飓风，将士劝张世杰靠岸。他叹道："无以为也！"登上柁楼，燃香祈天："我为赵氏，仁至义尽。一君亡，复立一君，今又亡。我当时不死，只望敌兵退后，别立赵氏后人以存社稷。今又遇此，岂非天意！"言毕，飓风更加猛烈，舟船全部倾覆，张世杰及残余宋军均溺水而死。

无论是天意还是意外，南宋最后的抵抗军，至此全部覆没。

第六章

输赢之间

南宋的灭亡，对于忽必烈来说只是完成了一半的任务，正如勒内·格鲁塞在《草原帝国》中所说："当忽必烈在亚洲的其他地区成为成吉思汗的继承人时，在中国，他企图成为19个王朝的忠实延续者。"作为皇帝，灭南宋定于一尊是"19个王朝的忠实延续者"的任务，而作为"成吉思汗的继承人"，他还有任务没完成——对各自为政的各大汗国实现统一。

对于各大汗国，忽必烈并没有打算如对南宋一般将他们吞灭，一是以蒙古传统来说，附属的汗国本就是自治的，与大汗的关系是长房与其他房头的区别，只要承认自己的大汗地位即可。

于是包括战争在内的对各大汗国的各种折冲樽俎，贯穿了忽必烈的后半生。

"世界大战"

当战胜阿里不哥后，面对西方的各大汗国时，忽必烈发现自己的筹码并不少。自己在东方鏖战之时，西方的兄弟们也在互相攻杀，并没有形成能动摇自己的稳固联盟。

自己的亲弟弟旭烈兀，在西征到西奈半岛准备进入非洲的前夜，接到了蒙哥汗去世的消息。作为也有继承权的大汗之弟，旭烈兀立即下令班师回国，只留下两万军队交给大将怯的不花，镇守叙利亚。

可是，当旭烈兀进入伊朗后，便接到忽必烈和阿里不哥已经同时称汗互相攻伐的消息。而在他身后，埃及马木留克王朝苏丹忽都思率领十二万大军攻入叙利亚。留守叙利亚的怯的不花率军迎战，结果在艾因贾鲁一战中，两万蒙古骑兵全军覆没，怯的不花战死。埃及军乘胜进击，占领了叙利亚全境。各地区的蒙古官员被杀，留居叙利亚的蒙古平民退到小亚细亚。

旭烈兀审时度势，决定留在伊朗静观其变。以"伊儿汗"为名控制伊朗、阿塞拜疆、小亚细亚的总督和将军们，"其势足以自帝一方"。伊儿汗的意思是"附属的汗""臣属的汗"，意思是作为蒙古大汗的代理者统治地方。他对忽必烈和阿里不哥并无特别的偏向，反正都是自己亲兄弟，打出个结果，自己承认就是。因此有着静观的打算。

旭烈兀想"静"观，有人可不答应，那便是金帐汗国的可汗别儿哥。

成吉思汗和窝阔台汗两次西征，在领土方面得益最大的便是术赤家族，尤其是长子西征后，术赤的儿子拔都在伏尔加河下游，今天俄罗斯的谢里特连诺耶修建"萨莱"城作为自己的都城，因为日后还有一个名叫"萨莱"的城市出现在伏尔加河流域，这座城市被称为"拔都萨莱"。以"拔都萨莱"为中心，拔都整合父亲的遗产和自己这次新征服的土地，建立了"金帐汗国"。其实，拔都的封国还应该叫作"术赤汗国"，但因为其日后的历史大部分为俄罗斯人记载，而俄罗斯诸城邦的大公们按时向可汗缴纳贡税和述职的时候，都是在草原上的金顶大帐中拜谒可汗。久而久之，金顶大帐给他们的印象刻骨铭心，"金帐汗"便成了拔都以后所有可汗的通称，"术赤汗国"也在俄罗斯编年史中成了"金帐汗国"并一直流传到现在。

拔都在1255年去世，他的两个信奉基督教的儿子撒里答、兀剌黑赤先后被蒙哥汗指认为继承者，但都在一年当中相继去世。这么凑巧的事情，恐怕只能用"奇迹"或者"阴谋"才能解释得通。随着两个王子的死，拔都的弟弟，信仰伊斯兰教的别儿哥继承了哥哥的汗位。拔都的两个儿子因为死得早，所以看不出能力如何，别儿哥上位的原因虽然可疑，但他却是个相当称职的可汗，若不是后来蒙哥汗暴死，他也许可以继承哥哥的遗志，再次攻进欧洲腹地。

在旭烈兀西征之时，别儿哥奉大汗之命出兵相助，帮了旭烈兀不少的忙。按照蒙古传统，打下来的土地要交给大汗按功劳分配，别儿哥满心等待着能够分到商业繁盛、人口众多，还有着木甘草原的阿塞拜疆。同时，在出兵时，别儿哥汗还拜托旭烈兀，在打下巴格达后，千万不要杀死哈里发，因为哈里发是伊斯兰教徒的"教皇"。这是已经皈依伊斯兰教的别儿哥非常在意的。

可没想到，旭烈兀打下巴格达后，压根没把这位堂兄的话当回事，因为愤恨于哈里发的顽抗，处死了哈里发一族。别儿哥勃然大怒，可大汗蒙哥那边没发话，他也只能忍气吞声。

待到蒙哥汗去世，旭烈兀"自帝一方"，对阿塞拜疆这块肥肉更不愿意松口，别儿哥没有了大汗的制约，决定对这位堂弟大打出手了。

传统的力量还是强大的，别儿哥虽然已经准备好教训旭烈兀，可毕竟中央动态不明，作为帝国屏藩，他还不能贸然动手。

不过，有人可要比别儿哥决绝得多，属于那种早就心怀异志，终于找到机会的人。

这个人便是窝阔台家族的海都。

窝阔台是蒙古帝国第二任大汗，成吉思汗在世的时候便确定了他的继承人身份，可说是相当显赫。可就是因为这种显赫地位，使得他获得的封地远远小于其他几位兄弟。日后整个帝国都是你的，私有财产少点算得了什么？可当拖雷家族夺取大汗宝座的世候，窝阔台家族长支实力不够，其他成员又不团结，无力相抗，只得眼睁睁看着汗位改宗。

蒙哥汗即位后，立即对窝阔台家族进行严厉打击，流放诸王脑忽、失烈门；夺取窝阔台后裔掌握的原属大汗的军队和自己组建的武装。同时，将窝阔台诸王分迁各地：合丹迁于吉木萨尔，灭里迁于额尔齐斯河畔，脱脱迁于额敏，蒙哥都迁于河西永昌，海都被迁到海押立。

在大势已定的情况下，窝阔台系其他宗王只求自保，不敢反抗。而作为窝阔台嫡幼子合失之子的海都，却是个桀骜不驯的枭雄。对他来说，在祖父窝阔台汗、伯父贵由汗登基之时，所有宗王都曾宣誓，蒙古汗位要世代传承于窝阔台家族，拖雷系宗王也在其中。伯父尸骨未寒，拖雷家族便违背誓言夺取汗位，这是严重的背叛行为。因此，在被迁到海押立之后，海都积极整备人马，暗中联络同系宗王和金帐汗国，随时准备掀起反旗。

蒙哥汗刚明雄毅，在位时牢牢掌握整个帝国，海都的反叛只能停留在计划上而没有机会实施。待到蒙哥汗死去，忽必烈和阿里不哥兵戎相见，海都立即开始了行动。

忽必烈和阿里不哥争位之初，海都实力并不强大，但他迅速表明立场，站在阿里不哥一方，并积极劝诱窝阔台系其他宗王与自己统一战线。海都打的旗号是维护蒙古传统，但实际上是促使拖雷系内讧，趁机恢复窝阔台系的势力。在他的运作之下，窝阔台系最有实力的宗王——封地在叶密立的贵由汗幼子禾忽，改变了投奔忽必烈的初衷，归于阿里不哥麾下。

当阿里不哥与忽必烈打得不可开交之时，海都则通过种种手段，整合窝阔台家族各支的封地，等到阿里不哥战败的时候，除了中原汉地窝阔台系宗王的封地之外，窝阔台汗国原有领土全部被海都控制。

如果阿里不哥和忽必烈相持的时间再长一点，海都的势力也许会更为膨胀。但阿里不哥一败再败，于是海都积极谋取察合台汗国的控制权，反而使得察合台汗国出了一位不亚于海都的枭雄阿鲁忽，结果不但没能获得助力，反而使得察合台汗国也趁机扩大势力，争雄中亚。术赤、窝阔台和察合台三大家族又起纷争，黄金家族的家务事越发复杂混乱了。

察合台汗国在察合台去世后，原本汗位应该是传给察合台最喜爱的儿子木秃坚。岂料天有不测风云，在成吉思汗西征花剌子模的时候，年轻的木秃坚立功心切，战死在范延城下。因此，在1241年察合台病故后，将汗位传给了木秃坚之子合剌旭烈。但合剌旭烈只当了五年可汗，帝国第三任大汗贵由借口不应舍子传孙，将他废黜，改立与自己友善的察合台第五子也速蒙哥为察合台汗国之汗。

贵由汗去世后，也速蒙哥与窝阔台系诸王一起反对选立蒙哥为大汗。这是典型的政治押宝，押中自然会钵满盆溢，可一旦押错就会血本无归。

结果，也速蒙哥满盘皆输，蒙哥还是成了新任大汗。刚一即位，便命拥护自己的合剌旭烈回国复位。合剌旭烈在途中病逝，其妻兀鲁忽乃回到阿力麻里，出示大汗诏书，杀也速蒙哥，自任监国。

到忽必烈与阿里不哥争位之时，兀鲁忽乃监国原本是冷眼旁观，结果阿里不哥派阿鲁忽（察合台孙）回到察合台汗国，将她囚禁，夺取了汗位。

当阿鲁忽看到阿里不哥斗不过忽必烈时，便又倒向忽必烈，积极对付阿里不哥，弄得阿里不哥顾此失彼，狼狈不堪。不过，阿鲁忽不会忠于阿里不哥，也不会死心塌地地忠于忽必烈。他以察合台正统后裔自居，积极地想要扩充察合台汗国的疆土。对忽必烈还不能翻脸，但自己西方的金帐汗国却似乎要好对付一些，阿鲁忽把眼光投向了金帐汗国控制的阿姆河以北之地。

当1264年阿里不哥战败投降，忽必烈取得了"大汗"名位时，事情似乎有机会再回到过去：自己胜利了，亲弟弟旭烈兀不会反对自己，察合台汗国的阿鲁忽也倾向自己，术赤家族虽然一度支持阿里不哥，但现在尘埃落定，只要自己保证他们的权利，也不难收复。唯一的麻烦是海都，但若其他家族都倒向自己，海都也无法逆势而行。

忽必烈向各汗国派去急使，召他们东赴蒙古草原，在祖先发祥地斡难—怯绿涟之域重新召开库里勒台，让大家坐下来重新商议统一之事，确定自己合法大汗的身份。为了给自己多些筹码，忽必烈也第一时间对亲弟弟旭烈兀进行了册封。忽必烈正式册封旭烈兀为"伊儿汗"，指出"从质浑河岸（即中亚阿姆河）到密昔儿（即埃及）的大门，蒙古军队和大食人地区，应由你，旭烈兀掌管"——伊儿汗国正式建立，旭烈兀也成为名正言顺的一方诸侯，具有发言权了。

同时，忽必烈也送给海都很多珍贵的礼物并邀请他来参加大会，这等于承认他可以代表窝阔台家族，祖父四个儿子衍生出来的四大系的代表都要来参加。情势原本相当不错。

金帐汗别儿哥接到旨意后表示："合罕（忽必烈）、旭烈兀和全体宗亲们所作出的决定是正确的。"并同意参加大会。阿鲁忽在倒向忽必烈后，一直没有得到正式的察合台汗国之汗的册封，见忽必烈来召，连忙表示："我是未经合罕和兄长旭烈兀同意继承察合台之位的，现在全体宗亲聚集在一起，正可判定我当否继位，如果同意我继位，我才可以发表意见。"也表示愿意出席，当然出席的条件是先得到册封。旭烈兀本就一心向着哥哥，接到旨意后立即表示："一旦别儿哥参加库里台，我们马上就来。"只有海都拒绝与会，但明显是三比一的胜局。

事情如此顺利，忽必烈非常高兴，将开会时间定在了1267年。可是，忽必烈忽略了一个重要问题——蒙古帝国作为一个统一国家的基础，在他和阿里不哥争位之时，已经不复存在。

从成吉思汗开始，历任大汗之所以能够在广袤的帝国上实行有效统治，并不仅仅是因为分封兄弟子侄为屏藩的分封制度，而是分封和集权并行。

成吉思汗各子都有自己的汗国，但各汗国的封地仍由大汗委以长官统管，诸子在其封地上只享有一定数量的赋入。其行政权、军事权很大程度还属于中央直辖。而没有分封给儿子们的土地和城市，则由汗廷委任的达鲁花赤（监治官）管理，直接向汗廷负责。到窝阔台汗时代，更是确定了行省制度，各行省的官员全部由汗廷委派，且不许世袭。

例如，蒙哥汗时代，别失八里等行省的行尚书省行政长官是马思忽惕；阿姆河等处行省的行尚书省是阿儿浑；伊朗等地，最高军事长官是绰儿马罕，他死后拜住接任，最高行政官是成帖木儿。这些官员都是直接受大汗汗廷委任，当汗廷有物资、军事等方面的命令时，他们要无条件服从。同时，这些穿插于各封国之间的行省，也是对封国的有效监视和制约。

　　然而，随着蒙哥汗之死，忽必烈和阿里不哥只顾着互相攻伐，当初的一切行政关系全都乱了套。术赤、察合台、窝阔台家族的汗王们迅速吞并大汗汗廷直辖的行省土地，当地官员要么被驱逐，要么服从于新主人，各汗国汗王一跃而成为自己封地的真正"国家首脑"。等到忽必烈降服弟弟，以为大势已定的时候，各汗国已经完全具备了独立国家的所有要素。

　　同时，因为这是一次瓜分遗产的"兼并重组"，各汗国的土地纠纷是从一开始就存在的，谁都想多得而谁都觉得自己吃了亏，那又岂能不兵连祸结？

　　当忽必烈满心希望地等待兄弟们来开合家欢大会的时候，帝国西部已经烽烟遍地了。

　　首先动手的是别儿哥，刚说完要赴会，转过脸来便对旭烈兀下手了。

　　1264年，别儿哥首先派遣侄孙那海率军三万攻入伊儿汗国国境，旭烈兀也不客气，率军迎击，两军在打耳班交战。

　　那海也算是个枭雄，后来在金帐汗国权倾一时，被欧洲人误认为是"蒙古国王"，并在色雷斯大败拜占庭帝国皇帝迈克尔·佩利奥洛格斯。可这时候的他在堂叔祖旭烈兀面前还是嫩了点，两军一交战，那海便被旭烈兀打得大败。可旭烈兀的运气实在差，在企图从冰上重渡捷列克河时，因为没有事先检查河面的冰层是否够结实，大军走到一半，冰层便爆裂开来，很多骑兵被淹死。而那海也不失时机地收拢部队折回突袭旭烈兀驻军，原本就已经乱成一团的旭烈兀军顿时全面崩溃，士兵被杀和落水溺毙的不计其数，旭烈兀好不容易率残部逃出生天，差点把本钱全部赔光。

这次战争非常惨烈，双方士兵的尸体遍布荒原，河流为之变赤，连别儿哥看到惨况后都暗自祈祷："让安拉谴责这个用蒙古人的剑残杀蒙古人的旭烈兀吧。"

不过旭烈兀毕竟也是卓越的战术家，经过惨败并未乱了方寸，而是迅速派遣部队巩固防线，守要地，扼要冲，防备金帐汗国军乘胜攻占自己的地盘。别儿哥想控制阿塞拜疆，但却无法攻破旭烈兀设立的一个个要塞，最终也是无功而返，两个堂兄弟谁也不能仅凭自己吃掉对方。于是，埃及的马木留克王朝与金帐汗国结盟，共同对付伊儿汗国；而伊儿汗国也与拜占庭帝国结盟对付金帐汗国。

大家都僵持着，谁也不好先动手，既然有人动手了，别人自然不再客气。紧接着出手的，便是阿鲁忽。

他将自己的目标锁定在了金帐汗国在河中的土地。就在别儿哥和旭烈兀在西方的达耳班打得血流成河之时，阿鲁忽率军挺进河中，兵锋直指金帐汗国在中亚的重镇——讹达剌。

这个讹达剌城曾经是花剌子模帝国的东部重镇，当年成吉思汗发动西征，就是因为此地的守将贪图财物杀害四百五十名蒙古商人。花剌子模灭亡后，讹达剌逐渐从战争的破坏中恢复过来，重新成为商贸城市，蒙哥汗时期，这里是术赤系宗王宏吉阑的封地。

别儿哥正在和旭烈兀较劲，冷不丁背后被插了一刀，但却无法抽身，只能让驻守河中的部将率偏师抵挡。阿鲁忽的部队都是察合台汗国的精锐，身后又有理财高手麻素忽经营撒马尔罕、布哈拉所积累的巨额财富作为支撑，因此兵威极盛，在呼阑河中、下游一带把金帐汗国军打得几乎全军覆没。几个月内，阿鲁忽横扫阿姆河以北以及呼阑河以东草原，将这里的金帐汗国势力一扫而光，刚繁荣起来的讹达剌城又被洗劫一空。

别儿哥本想抢夺伊儿汗国的阿塞拜疆，结果除了把旭烈兀的部队杀伤不少外，一寸土地也没得到，倒被阿鲁忽抢走偌大一块地盘，做了笔净赔不赚的买卖。可要说率军东进和阿鲁忽算账，又怕旭烈兀趁机报仇，西线再出事，真是进退两难。

不过，别儿哥在阿鲁忽身后也有自己的盟友，而且是很久的盟友，既然自己不能动手，便可以让这个盟友助拳。

这个盟友，便是海都。

海都从开始在封地谋划起兵时，最大的幕后支持者便是金帐汗国的术赤系宗王，别儿哥即位后更是非常关注海都的所作所为。在阿里不哥和忽必烈的争位战争尚在相持阶段时，别儿哥与海都便常派使臣往来，如今河中领土沦丧，自己又无法亲征，而海都也急于扩充自己的势力，正好可以利用。于是，别儿哥派人给海都送去大量给养辎重，请他出兵攻打阿鲁忽。

希望在这大混乱时代建立自己的霸业的海都迅速采取了行动，向着阿鲁忽的背后狠狠地刺了一刀，发兵猛攻察合台汗国。

阿鲁忽还没从捡便宜的喜悦中缓过神来，便被以彼之道还施彼身，恼怒之下率军迎击，与海都大战两场，先败后胜，算是打成平手。海都未能如别儿哥所愿打垮阿鲁忽，而阿鲁忽也无法解除海都对自己的威胁。东部的兄弟之战与西部一样，各有胜败，陷入对峙。

自己发出的圣旨墨迹未干，兄弟们同意与会的承诺言犹在耳，同室操戈的大战便此起彼伏，在1264这一年，忽必烈想必是被愤怒、无奈的情绪所包围吧。可兄弟们虽然互相打得难舍难分，毕竟没有公开反对自己，想要率军前去做个和事佬也没有借口，他只能盼着大家打累了再出面。

可是，忽必烈却没有机会再把兄弟们召集起来开会了。不知道是上天的安排还是命运的捉弄，别儿哥、旭烈兀、阿鲁忽三个冤家竟然在1264至1266年之间相继病逝，时间差不超过一年。他们的位置分别被别儿哥的侄子忙哥帖木儿、旭烈兀之子阿八哈和阿鲁忽继子木八剌沙继承。

兄弟们不在了，各个汗国的现任君主都是自己晚辈，忽必烈原本认为，以后的事情好办得多了。可惜，年轻人精力充沛，对于权力、地盘和财富的欲望更为旺盛，不是他这个遥远的长辈所能摆弄的。

金帐汗国的忙哥帖木儿对叔叔在位时丢失的中亚大片疆土耿耿于怀，刚一继位便派出使者与海都续签盟约，随时准备对察合台汗国下手。而察合台汗国新的汗王木八剌沙仅是阿鲁忽的继子，他的父亲是曾被贵由汗废黜的哈剌旭烈，母亲兀鲁忽乃嫁给了阿鲁忽从而帮助其坐稳了察合台汗国的汗位。他所代表的是察合台系各宗王的利益，也厉兵秣马准备攻打海都。这两位的即位，连派使者向忽必烈通告一声的程序都没有，可说完全无视了忽必烈的权威。

倒是伊儿汗国的阿八哈和他父亲旭烈兀一样，是一个坚定维护忽必烈所代表的蒙古汗廷权威的人。当旭烈兀去世，众臣拥戴他登基继位时，阿八哈说："忽必烈合罕（大汗）是长房，怎能不经他的诏赐就登临'汗位'呢？"在长达五年的时间中，阿八哈在未取得忽必烈大汗册封认可前，只以"摄政"之名君临伊儿汗国。直到五年后，忽必烈的特使抵达伊儿汗廷，"带来了赐给阿八哈汗的诏旨、王冠、礼物，让他继承自己的光荣的父亲成为伊朗地区的汗，沿着父祖的道路前进"。

伊朗与中国相距万里，阿八哈的这份忠心让忽必烈大为感动，但伊儿汗国离得太远了，弥补不了察合台、金帐不服管束的遗憾。

金帐汗国较为遥远，而且还有伊儿汗国看着，暂时可以搁置。而察合台汗国近在咫尺，其向背直接关系到朝廷对西域的控制。于是，忽必烈决定派自己身边的堂侄，木秃坚之孙八剌回察合台汗国夺取木八剌沙的权力。按忽必烈的考虑，木秃坚是察合台生前选定的继承人，其子孙对于察合台汗国汗位有着当然的继承权，再加上自己这个大汗的册封，事情万无一失。

可事实证明，忽必烈的这个选择实在是个昏招。

木八剌沙母子之所以敢自立，就是因为察合台汗国的贵族将军们早就对忽必烈的大汗地位不以为然了。八剌拿着一张圣旨回到察合台汗国，不要说夺取权力，只要稍稍露出自己是奉命回来都可能危及性命。于是，八剌将圣旨秘而不宣，竭力讨好木八剌沙，并广为结交察合台汗国内部的实力派，暗中积蓄力量。

木八剌沙在母亲的羽翼下成长，没什么政治才能，即位后毫无建树，不但不能继续阿鲁忽时代的扩张势头，反而被海都接连蚕食领土，不但丢掉了首都阿里麻里，连塔剌思、肯切克、讹达剌等锡尔河东岸地区都在一年之内相继丢失。众多将军对这位无能的可汗大失所望，逐渐聚集在八剌身边，见到时机成熟，八剌便在贵族们的支持下废黜木八剌沙，将其贬为驯虎师的总管，接管了察合台汗国。

八剌的成功似乎可看作是忽必烈的胜利，可忽必烈忘了，八剌夺得权力靠的可不是他的圣旨，而是自己的阴谋和能力。而一旦登上察合台之汗的宝座，八剌就必须和察合台系宗王站在一个战壕里，为他们谋取更多的利益。忽必烈想要维护朝廷在西域的统治，就必然触及察合台系宗王在这里的权利。八剌最终走向他的敌对面，可说是必然的。

果然，八剌在整合好内部之后，并没有如忽必烈所愿去和海都、忙哥帖木儿较量，反而将目标锁定在元朝西北重镇斡端（今新疆和田）。1266年年底，八剌率兵三万攻打斡端，斡端守将忙古带、火你赤只有数千兵马，无法抵挡，只好后撤。斡端地区遂被八剌吞并。

虽然吃了亏，忽必烈却并没有动声色，其一是攻宋战争已经启动，他无暇西顾；其二是他也明白，八剌要想扩充实力必须和海都、忙哥帖木儿一争短长。只要自己沉得住气，八剌早晚要和他们交手。等到自己灭了南宋集中精力考虑西北问题的时候，八剌和海都应该已经两败俱伤了。

忽必烈这一点算得很准，八剌抢夺斡端，很重要的原因在于要获得物资给养，弥补木八剌沙时期丢失领土的损失，谋求对海都作战的优势。忽必烈的隐忍，使得八剌放心大胆背靠元朝对海都进行报复之战了。

在夺取斡端后不久，八剌与海都战于呼阑河畔，海都在木八剌沙执政时期占足了察合台汗国的便宜，没把八剌放在眼里，岂料八剌用计设伏，一举把海都所部打得大败亏输。

海都失败的消息传到金帐汗国，金帐汗忙哥帖木儿立即派自己的叔叔别儿哥只儿率大军五万前来助拳。八剌万没有想到金帐军来得如此之快，当他再与金帐、窝阔台联军交战时，已经没有什么计策可以使用，只能硬拼，结果一败涂地。败了也就败了，可八剌归拢残兵稳定阵脚的能力也不如海都，这一败便不可收拾，以至于沿着呼阑河沿线以西一泻千里，一直退到阿姆河以西才把部队重新集结起来。

大败之下，兵马地盘损失无算，如果这时候金帐、窝阔台联军继续推进，自己恐怕连最后的地盘都保不住。元朝虽然愿意做自己的后盾，可有夺取斡端的前嫌，再加上人家正在全力南征，根本指望不上。八剌进退两难之下，竟然决定破罐子破摔，命令对撒马尔罕、不花剌等大城市进行彻底的破坏——避免这些富庶之地落入海都、忙哥帖木儿之手。

这是典型的无赖做法，但无赖的优势就在于，一旦耍起这一套，便会使敌人有所顾忌，从而达成意想不到的效果。八剌的决定一经传出，不但撒马尔罕等城市的贵族、长老们连忙拿着大量的黄金前来请愿，而且让忙哥帖木儿和海都都不得不停下进兵的脚步。

忙哥帖木儿和海都的目的，说白了就是"抢钱、抢粮、抢地盘"，如果八刺真的来个"三光"，自己费了半天劲拿回来的不过是一片焦土，有什么意思呢？大家都是为了钱财地盘，没必要非得弄得玉石俱焚，还是谈一谈吧。

于是，海都在与金帐军统帅别儿哥只儿商量后，派自己的弟弟钦察（窝阔台子合丹之子）向八刺表达"和平团结"之意，约他和谈。八刺正处在困境，靠着要无赖才勉强躲避攻击，见到这么好的机会，立时把自己答应忽必烈对付海都的诺言丢到九霄云外，对着钦察大诉起兄弟之情："我对我的状况感到羞愧，因为我互相都是堂兄弟。我们光荣的祖先以刀剑征服了世界，并遗留给我们。为什么我们现在不在友好中享受和平的幸福？为什么我们之间要如此争斗内讧？"

随着钦察在之间穿针引线，1269年春，八刺、海都还有代表金帐汗的别儿哥只儿在窝阔台汗国的塔刺思河流域的塔刺思、肯切克草原举行会盟，召开了没有拖雷系宗王尤其是没有"大汗"忽必烈参加的库里勒台大会。金帐、窝阔台、察合台三汗国签订盟约，瓜分阿姆河以北地区，并立誓维护蒙古传统，反对背弃了传统的忽必烈以及伊儿汗阿八哈。这便是世界史上著名的"塔刺思联盟"。

除了宣示和平团结，三方还划分了势力范围，阿姆河以北的河中地区，八刺得三分之二，忙哥帖木儿和海都一起分得三分之一。看起来八刺比较得便宜，而实际上此时的察合台汗国的领土已经比阿鲁忽时代缩水了近一半，而金帐汗国则拿回了部分当初被阿鲁忽夺走的土地，最有好处的便是海都，由他重建的窝阔台汗国占据的原察合台汗国土地在会议上得到承认，还分得了富庶的河中地区的一部分，实力大为增强，而且经过这次会议，海都被尊为"阿合"（就是大哥），窝阔台汗国成为联盟的盟主。

很多史家认为，塔剌思联盟的成立，标志着蒙古帝国决定性的分裂。其实，这不过是帝国分裂后各个国家进行的一次重新分派组合，"决定性"是说不上的。即使没有这一联盟，帝国分裂的状况也没有可能挽回。

但塔剌思联盟的成立，确实断掉了任何和平解决蒙古家务事的可能，阵营既然明确，就只能打到一方承认失败为止。

金帐汗国、窝阔台汗国、察合台汗国为一方，元朝、伊儿汗国为另一方，其他如拜占庭帝国、小亚细亚塞尔柱王朝、亚美尼亚王国、安条克王国、马木留克王朝等国家按照各自的利益归附于两大阵营。

这几乎可以说是13世纪的世界大战。

阵营确定后，打出第一枪的是察合台汗国之汗八剌。按照会议的决定，他的扩张方向可是向东冲元朝发难，或者向西南对伊儿汗国动兵。可忽必烈并非只注意南征之事，对于西北虽然力有未逮，却也着意布置过。早在1265年，忽必烈便"敕徙镇海、百八里、谦谦州诸色匠户于中都"，在听闻"塔剌思联盟"之事后，更是派太子真金驻兵称海（今蒙古科布多东南），派万户伯八、断事官刘好礼镇守吉儿吉思、谦州等处以为防备。真金回京后，忽必烈又派幼子，北平王那木罕和中书丞相安童镇守西北。

八剌知道，这个时候和元朝动武是自找苦吃。而伊儿汗国三面受敌，北有金帐汗国，南有埃及马木留克王朝，再加上东北方向的自己，一定会顾此失彼。于是，他积极准备向伊儿汗国动兵。

1270年，八剌率军五万西征伊儿汗国，镇守伊儿汗国东部的旭烈兀第六子土不申抵挡不住八剌的进攻，节节败退，向伊儿汗阿八哈求援。阿八哈在得到弟弟的告急文书之后，亲自率数万军队迎击，双方对峙于八忒吉斯草原。

正如八剌所料定，伊儿汗国北有金帐汗国，南有马木留克王朝，现在又要面对东北的压力，实在有些捉襟见肘。为了避免决战，阿八哈派出使者，希望能和八剌和谈，并主动提出，割让哥疾宁、起尔曼直到申河的土地。

这些土地早年已经被察合台汗国吞并，阿八哈此举只是做一个示弱的表示，希望堂侄能够知难而退。可八剌利令智昏，根本不相信阿八哈亲自迎战，认为这是一口吞下呼罗珊甚至更多伊儿汗国领土的机会，对于和谈一口回绝。

阿八哈无奈，只得打起精神，准备决战。他看出八剌的轻敌和不明真相，在也里（今阿富汗赫拉特）布置包围圈，不时派出间谍麻痹察合台军。为了让堂侄上当，他还使出类似"蒋干盗书"的计策，抓获八剌哨探，故意让其得知伊儿汗国军士气低落、阿八哈本人不在军中的情报，然后将其放回。

八剌不知是计，率大军长驱直入，在也里一头扎进阿八哈的包围圈。察合台军远来疲敝，又毫无决战的准备，陷入包围后顿时混乱起来，很快便被击溃。八剌汗麾下大将麻耳忽里阵亡，自己也丢失战马险些被擒，靠着卫士拼死保护才逃出重围。

也里一战，八剌主力遭到重创，自己也因为气愤而中风。海都趁机包围了八剌，将其逼死，控制了察合台汗国。1274年，海都在杀死两任不愿服从他的察合台汗之后，立八剌之子笃哇为察合台汗。笃哇吸取两位前任的教训，对海都俯首帖耳。

八剌的轻敌冒进让海都得到了完全控制察合台汗国的机会，窝、察两国都成为他的势力范围。伊儿汗国交给金帐汗国对付，而他则专门进攻元朝。

总体来说，窝、察两国的财力、人力、物力加起来也远远比不上元朝，海都在与元朝的战争中仍是败多胜少，元朝虽不能将他攻灭，他也对忽必烈经营的伊犁河防线无可奈何，从塔剌思联盟成立的1269年到1276年，海都总是在不停进攻又不停被击退的状态下郁闷度日。

然而，如天降洪福一般，正当海都几乎对战争的前景绝望的时候，随同那木罕镇守边疆的蒙哥汗之子昔里吉，蒙哥汗之孙撒里蛮，忽必烈庶弟岁哥都之子脱黑铁木儿，阿里不哥之子明里帖木儿、玉木忽儿，察合台之子撒儿班等宗王突然发动叛乱，劫持那木罕和安童，推举昔里吉为帝，并派出使者与海都和笃哇联系。

海都和笃哇大喜过望，立即出兵趁火打劫，元朝的西北防线全面崩溃，十余万精锐全部丧失，万户伯八战死于谦州，窝阔台汗国占领了伊犁河谷。

忽必烈虽然依靠名将伯颜历时六年平定了昔里吉之乱，但到1282年，元军的前哨后退到斡端一带，塔里木西部已被窝阔台汗国控制。

元军这边丧城失地，而在西方，忠实的小弟伊儿汗国日子也不好过。埃及的马木留克王朝早就与金帐汗国定有盟约，1277年，一直以光复伊斯兰世界为己任的苏丹拜伯尔斯进攻鲁木，在阿布鲁斯坦战役中重创伊儿汗国军。阿八哈汗连忙亲自赶到南线，处死临阵脱逃的将领，率领军队反击，才勉强稳定了局势。

可拜伯尔斯是马木留克王朝历任苏丹中最为骁勇善战的一个，虽然不能一举击败阿八哈汗，但却连年累月地进攻伊儿汗国的属国亚美尼亚王国，并与另一个属国小亚细亚塞尔柱王朝暗通款曲。

为了解除南线威胁，1281年，阿八哈派弟弟忙哥·帖木儿率军四万并联合亚美尼亚国王尼奥三世所率的三万军队以及十字军医院骑士团的两百名骑士反攻马木留克，结果在霍姆斯（今叙利亚霍姆斯省省会）惨败于马木留克军之手。非但如此，战败后不到一年，也就是元朝丢失塔里木盆地的同一年，年仅49岁的阿八哈困急病暴毙。国内发生他两个弟弟和他的儿子阿鲁浑的争位之战，乱成一锅粥。

伊儿汗国三面临敌，如果内乱持续较长时间，很有可能导致被金帐汗国、察合台汗国和马木留克王朝瓜分。而一旦真的如此，西线没有了牵制，又让塔剌思联盟得到了世界上仅次于中国的富庶地区伊朗，对于元朝的威胁可就不会仅仅停留于"边患"的程度了。

对于侄子的暴死和弟弟国家的内乱，忽必烈一定会在无可奈何中辗转反侧吧。

所幸，继阿八哈成为伊儿汗的帖古迭儿想要和马木留克王朝和好，导致将领们的离心，被他所囚禁的侄子阿鲁浑趁机逃脱牢笼起兵反叛，于1284年一举推翻叔叔成为新的伊儿汗，稳定了国内局势。

更让忽必烈庆幸的是，已经到了第三代，弟弟旭烈兀家族的忠诚恭顺之心仍没有变，阿鲁浑和祖父、父亲一样，在得到蒙古大汗诏封之前，坚决不肯继位，仅用"摄政"之名执政。直到两年后，元世祖忽必烈的使者"带来诏敕如下：册封阿鲁浑继承其父为汗"，阿鲁浑才正式以"伊儿汗"之名行使统治权。

从1285年开始，两大阵营频频交兵，"塔剌思联盟"阵营采取攻势，元朝和伊儿汗国则基本采取守势，双方取得的战果都不大。而到1289年，海都发兵十余万，大举进犯漠北，直逼蒙古帝国故都哈剌和林。忽必烈的嫡长孙甘麻剌率军迎击，结果战败被围，所幸有大将土土哈舍命救援，才突围而走，哈剌和林失守。

此时的忽必烈已经74岁，面对如此局面，仍不得不亲征讨伐，双方在哈剌和林展开大战。《马可·波罗游纪》记载："双方士兵都极为勇猛，他们彼此砍杀，毫不退让，以致战场上尸陈如山，血流成河。……这是鞑靼人之间发生的最惨烈的战役之一。"双方难分高下，但海都后援不济，而元军则源源不断开来。在无奈之下，海都撤走，但元军也已筋疲力尽，无力追击，只能收复哈剌和林休整兵马。

经此一战，忽必烈意识到仅仅派宗王镇守漠北是不够的，需要有朝廷直属大员负责防务。他将自己麾下第一帅才灭南宋、平昔里吉之乱的伯颜派到漠北出镇哈剌和林，史称"和林置知院，自伯颜始"。

伯颜在哈剌和林期间，连续两次击退海都的进犯，还策反了海都身边重要的宗王，阿里不哥之子明里帖木儿。海都遭到重创，不得不暂时息兵，蛰伏整整六年之久。

西北战事趋于缓和，忽必烈总算松了口气，但他的生命也走到了尽头。1294年，年已80岁的忽必烈病逝于大都，临终仍念念不忘侄子海都对自己的威胁，因黄金家族家务事所引起的世界大战也还远没到结束的时候。获得众汗国的承认，恢复各国之间的和平，忽必烈只能寄希望于后来人了。

忽必烈终生也没能让各大汗国臣服，哪怕在名义上。最大的原因是他始终没有将全部精力投放在西部战场。除了要消灭南宋，他还在多条战线上挥洒自己的武力，结果导致战线太长，顾此失彼。这固然有他本人"嗜利黩武之心则根于天性"的原因，也是他身兼皇帝与可汗两个名号的宿命——作为可汗，他必须让蒙古各部臣服；作为皇帝，他必须做到"万国来朝"。而当周边小国未能承认其天下之主的地位时，他就必须付诸武力。

铁骑与战象

第一个因不臣服而遭受元朝武力打击的，是缅国蒲甘王朝。

缅国也就是今天的缅甸，在汉朝被称为"掸国"，唐朝时称为"骠国"，缅国是元朝对其的称呼。而后世所熟悉的缅甸是明朝才开始的称谓。

这些中国对之称呼的变化，正好展示了缅甸古代史的演变流程。在汉朝时，缅甸北部的掸人建立了国家，与汉朝交往，因此被称为掸国。在掸人之后，骠人在缅甸中部建立了国家，随着日益强大，最终灭亡了掸国，统一了缅甸北部和中部，此时正好是中国唐朝时期，因此唐朝称之为骠国。

掸国、骠国之外，在缅甸南部还有孟人建立的港口城邦联盟，但无论是掸、骠还是孟，都没能统一缅甸。9世纪时，南诏南侵，重创了骠国，11世纪初，真腊国又重创了孟人，骠、孟两族相继衰落，而缅人趁势崛起，先是和骠人融合，之后南下征服了孟人各港口城邦，最终统一了缅甸全境，因其首都建在蒲甘，因此被称为蒲甘王朝。

蒲甘王朝是缅甸第一个王朝，也是现代缅甸的奠基者。从其第一任王阿奴律陀开始，经过几代王的努力，以南传上座部佛教为国教，创制缅文，成为东南亚一大强国。

宋朝时，因有大理国的存在，蒲甘王朝无论是与北宋还是南宋，都没有官方交往，只是双方商人往来频繁。而到了元朝，双方正式接壤，问题便出现了。

云南是忽必烈亲手征服的第一片土地，对他有重要意义："大理朕手定，深爱其土风。"因此封第五子忽哥赤为云南王，全权治理云南。

忽哥赤到云南后，整合当地区划，将云南分为五个地区，分别为大理、鄯阐（昆明）、茶罕章（丽江）、赤秃哥儿（滇东北及黔西地区）、金齿（怒江—伊洛瓦底江），加强了云南的行政管辖。其中，金齿地区设有金齿宣慰司，所辖的木邦（今缅甸掸邦的兴威）、蒙光（今缅甸克钦邦和实阶区北部地带）、云远（今缅甸克钦邦南部与实阶连接地带）、太公（今缅甸实阶省的太公）等地已经是缅甸北部地区，虽然这里的克钦族、掸族并没有被蒲甘王朝直接统治，但在名义上还是蒲甘王朝藩属，如此一来，元朝和蒲甘王朝的冲突就无法避免了。

作为皇帝，忽必烈看待蒲甘王朝就是一番邦小国，只要其前来臣服，那便是"王者无外"可以视为一家。因此元朝在1271年派出乞台脱因为使臣前往缅甸，希望蒲甘王能够臣服。但此时蒲甘王朝在位的是第十九任王那罗梯诃波帝，国家仍很强大，尤其是即位后镇压了内部一次声势浩大的叛乱，修建了规模宏大的敏加拉佛塔，内部塑像陈设均用金银，彰显了不菲的财力，不可一世。那罗梯诃波帝"号称悉利底利跋代那底帝诃摩罗阁，为三千六百万胜兵之最高统帅"，并没有把元朝看在眼里，没有亲自接见元朝使臣，只是派大臣价博回访。

忽必烈自然不能满意这次交往，在接见了蒲甘的使臣后，再次派乞台脱因、勘马剌失里前往缅甸，并带上了元朝的国书，希望那罗梯诃波帝能够"遣其子弟若贵近臣僚一来"表示臣服，那么就可以"彰我国家无外之义，用敦永好，时乃之休"，同时也发出了如果不愿臣服，"至若用兵，夫谁所好，王其思之"的威胁。

然而，当元朝使者来到蒲甘，真正见到那罗梯诃波帝后，却被以态度傲慢为理由杀害了。

使臣被杀的消息并没有马上传回元廷，但其他的消息却相继传来，首先是金齿地区干额（又称千额，后来称干崖，在今云南盈江县）总管阿禾指出，蒲甘王根本不会臣服，派使臣不过是"乃候视国家动静也"，而且自己受到蒲甘的威胁，希望得到元朝的援助。云南方面也上书忽必烈："缅王无降心，去使不返，必须征讨。"

但忽必烈并没有马上动兵，只是下旨"姑缓之"。一是因为使节前往尚未回信，不能马上征讨；二是云南此时不稳，不适宜动兵。

原来，就在第一批使臣前往蒲甘的同年，云南发生了变乱。云南王忽哥赤因年轻气盛，不顾云南的行政机构并未统一，云南王府、都元帅府以及各地的万户、千户等职权互有重叠，矛盾尖锐的现实，强行大权独揽，引起其他官员不满，被都元帅宝合丁下毒杀害。

忽必烈最终查清了忽哥赤的死因，处死了宝合丁等人，并决定派重臣前往坐镇。他派出宗王脱忽鲁前往云南领兵，同时又派出中书平章政事赛典赤前往云南管理政务。

赛典赤原名乌马儿，是中亚不花剌（布哈拉）人，伊斯兰先知穆罕默德后裔，因此被称为赛典赤（意为"至尊的圣裔"）。赛典赤于成吉思汗时代归附蒙古，历任要职，政务经验丰富。他来到云南后，为改变职权不明、秩序紊乱的现状，上奏忽必烈在云南设立行省，统一政令。

云南正处在官员交接、政务改革的关口，因此忽必烈并未有对缅甸用兵的打算。

元朝没有动兵，蒲甘一方却先动手了。那罗梯诃波帝视干额是自己的属国，见其竟然归附元朝，十分不满。杀害元使之后，知道战争已经不可避免，决定先下手为强，于1277年派大将释多罗率五万大军攻打干额。

干额兵寡力弱无法抵挡，阿禾向元朝求救。此时云南行省已经建立，干额地区是云南南境，蒲甘的行动严重影响了云南稳定，云南行省自然不能不救。然而令人惊奇的是，还不等元朝中央或云南行省做出反应，蒲甘大军就被击退了。

原来，就在此时，大理路蒙古千户忽都、大理路总管信苴日、把总千户脱罗脱孩正在率军讨伐金齿、腾越、蒲、骠等地区的未降部落。在接到阿禾的求助后，立即赶往支援。

是年三月，双方军队在南甸至干崖之间的阿禾江（今云南梁河县曩宋乡至盈江县旧城镇之间大盈江流域）隔江对峙。

忽都等人所率的部队只有七百人，却要对阵蒲甘五万大军，恐怕阿禾看到如此少的援军，一定会暗自叫苦，觉得我命休矣吧。而蒲甘军看到元军，也会讪笑不过如此。

蒲甘和阿禾都不了解蒙古军曾经的战绩，在东南亚称雄的军队与之相比完全不在一个等级。

蒲甘军的主力是八百头战象，所有的战象都"被甲，背负战楼，两旁挟大竹筒，置短枪数十于其中，乘象者取以击刺"，发动进攻时，前锋是马队，中间是战象，最后则是步兵。

忽都观察了形式后，果断下令："贼众我寡，当先冲河北军。"于是自领二百八十一骑为一队猛攻过河的蒲甘军，信且日率二百三十三骑、脱罗脱孩率一百八十七骑则用钳形攻势两路包抄。蒲甘军的马队首先被击溃，元军逼近到战象近处，用弓箭不断射击战象。战象虽是庞然大物，但最怕尖刺的东西，尤其是眼睛和耳朵受到攻击时极易导致其发狂，而坐在战象背上的蒲甘军士所持的投矛无论是准度还是速度都比不上元军的弓箭，无法压制元军的攻击。战象在箭雨之下纷纷负伤奔逃，反而将蒲甘军的步兵践踏崩溃。

忽都等三将乘胜追击，"转战三十余里"，直到傍晚忽都因不慎受伤才收兵。休整一夜后，继续攻击蒲甘残兵，俘获甚众，乃至军中将士每人都有大量俘虏，一个俘虏用一顶帽子、一双靴子或一件毡衣就可交换。蒲甘军战死被俘不计其数，再加上阿禾军队的捕杀，几乎全军覆没。而元军，虽然受伤者很多，但死者只有一人，还是因为这名战士捕获一头战象，"不得其性"，被战象意外击杀的，战场上战死的一个都没有。

元军一举歼灭七十倍于己的敌军而伤亡如此轻微，算得上军事史上的奇迹。除了蒙古骑兵骁勇善战外，还在于两军属于遭遇战，战场位于依山傍水的狭长地带。蒲甘军人数虽多却无法展开，人数优势和战象反而成了负累。经此一站，蒲甘王朝再无力主动发起进攻，而忽都则因这一大功，官职从千户升为万户。

虽获全胜，但忽必烈仍没有想全面对蒲甘开战，虽然此时云南在赛典赤的治理下"民情丕变，旧政一新，而民不知扰"，已经安定下来。但灭宋战争还在紧要关头，何况还在和日本开战，无法再开一条战线了。

不过，蒲甘上次的出兵，也让云南行省感到对金齿地区需要重点巩固。因此1279年六月，赛典赤的长子，时任云南诸路宣慰使都元帅的纳速剌丁自大理率三千八百人出兵，招抚金齿地区的未降部族。纳速剌丁所率军队不多，用意并非武力征服，但先前忽都等人展现的元军战斗力已经让各部族深知厉害，因此招抚工作十分顺利，"招降其木乃、木要、蒙帖、木巨、木秃、磨欲等三百余砦土官"，民户三万一千二百户。这等于兵不血刃地从蒲甘挖走一大片疆土。非但如此，纳速剌丁还顺带考察了各种路线，直接到达了蒲甘王朝重要的要塞江头城，为日后元军南下做好了行军情报工作。

次年二月，纳速剌丁上书忽必烈请求征讨蒲甘，忽必烈"即命枢密缮甲兵，修武备，议选将出师"，准备让纳速剌丁率军一万出征。但不过一个月，是年三月，罗氏鬼国发生叛乱，忽必烈下诏，令"蒙古军六千，哈剌章军一万，西川药剌海、万家奴军万人，阿里海牙军万人，三道并进"前往征讨，这其中的哈剌章军是云南行省参知政事爱鲁所率的一万云南行省军队，其实也就是原准备让纳速剌丁南征的军队，这么一来，征讨蒲甘的战事又缓了下来。

罗氏鬼国是南宋时由黔西乌蛮人（羌人一支，与彝、纳西、傈僳等族均有血缘关系）在贵州西部建立的国家，鼎盛时势力范围达川南与滇东北的一部分。乌蛮人敬畏鬼，祭祀时的主祭被称为"鬼主"，因此国王便以鬼主为尊号，其国家也被宋人称为罗氏鬼国。这个国家是南宋藩属，忽必烈灭大理后，蒙古军完成了对南宋的战略包围，南宋还"约罗鬼为援"用他们抵抗蒙古军。不过一个边地小国，如何能抵挡蒙古大军，罗氏鬼国很快便降服。但蒙古军并未进入其国土，也没有驻军，结果埋下隐患，1280年，其鬼主阿察"复叛"，忽必烈这才调集大军讨伐。

这次讨伐虽然声势浩大，但并未发生战斗。忽必烈潜邸旧臣，时任安西行省左丞的李德辉前往招抚，因为他常年在西南，深受西南各族信赖，阿察认为他"其言明信可恃"，便主动投降，罗氏鬼国于是成为元朝的顺元路，阿察为顺元路宣抚使，从外藩成为内属。

罗氏鬼国的叛乱很像一次大规模的"政治撒娇"，是阿察为代表的地方上层想要获得更多的政治权益而发动的，因此动静甚大，收尾却极简单。但饶是如此，忽必烈能够大动干戈，也就说明在他心中，罗氏鬼国的重要性远高于蒲甘王朝。

从1277年阿禾江之战后，直到1283年，元朝都没有将蒲甘王朝作为重要目标，如果蒲甘能够主动表示臣服，也许后面的战争就不会爆发，但那罗梯诃波帝并没有这样的智慧。

1283年，见蒲甘始终没有臣服的表示，忽必烈终于决定大举征讨。是年九月，宗王相吾答儿、云南行省右丞太卜、参知政事也罕的斤率军攻打蒲甘。

大军从中庆路（今云南昆明）出发，十月到达南甸（今云南玉溪市元江）后兵分三路，太卜率一路由罗必甸（今云南梁河县西南）进军，也罕的斤率一路取道阿昔江（伊洛瓦底江上游大盈江右支流），到阿禾江（大盈江左支流）造舟二百，直下蒲甘重镇江头城，断掉蒲甘军的水路。吾答儿本人则率军从骠甸（今云南陇川）进军，与太卜所部汇合于江头城下。

江头城又称为贡章，在现今缅甸克钦邦八莫地区。蒲甘王朝曾在这里凭借水道打败南诏的军队，因此意识到此水道的重要性，于是在此建立要塞，屯重兵并派遣重臣固守。

元军此次南征的兵力，史书没有记载，以前两次战事推论，应该不会太多，可能一万余人。江头城蒲甘军的守军有多少也没有明确记载，但此处守将是蒲甘首相亚扎丁坚的两个儿子阿南达毕西、仰达毕西，应该也为数不少。

战斗经过，元朝一方没有详细记载，只说"破其江头城，击杀万余人"。而缅甸的史书《琉璃宫史》则有着极为夸张的记载，元军有"骑兵六百万、步卒二千万"，而蒲甘一方则有军队"四十万、军马战象无数"。面对元军攻击，蒲甘方俘虏元军十万、歼灭二十万，但元军源源不断，最后城池失守。这些数字自然是无稽之谈，但两军在江头城下战况十分激烈应该是没有问题的。

攻破江头城后，也罕的斤派遣黑的儿、杨林为使臣前往劝蒲甘王投降，但遭到拒绝，之后又派僧人为使节"谕以祸福"，但僧人却被杀害。于是，元军继续南下，攻破太公城（今缅甸拉因公），"捣其巢，得珍珠、珊瑚、异采、七宝束带无算"。

太公城失陷，蒲甘王那罗梯诃波帝终于感到了害怕，于是逃出首都蒲甘城，并派出使者向元军求和。元军本没有继续深入的打算，见其求和，便驻扎下来，将蒲甘使者信第达巴茂克送往元大都。

1287年一月，信第达巴茂克到达大都觐见忽必烈，表达了蒲甘愿意臣服的意愿。忽必烈大喜，令其招集逃散的僧众，劝说人们安心耕种，并谕蒲甘王亲自赴阙觐见。

然而，几乎与信第达巴茂克到达大都同时，蒲甘王朝内部却发生变乱，因为接连丧城失地，自己又抛弃首都逃走，蒲甘王那罗梯诃波帝威望降至谷底，其庶子不速速古里发动政变将其囚禁，并杀死其嫡子三人。信第达巴茂克从忽必烈手中拿到诏书时，那罗梯诃波帝已经被逼着喝下毒酒而死，这位曾自诩是"三千六百万胜兵之最高统帅"的王者，临死前留下了"愿来世毋再生子"的哀叹。

蒲甘内部动乱，云南行省派驻那里的官员也被杀害，前方元军认为蒲甘言而无信，于是再次起兵，一举攻陷了蒲甘城。

但在继续深入的过程中中伏，折损七千人之多，这是元朝征讨蒲甘以来损失最大的一次，但对手是谁却并不清楚，因为此时蒲甘已经四分五裂，乱兵四起。

不速速古里杀死父亲，但自己也很快在战乱中战死，那罗梯诃波帝另一个儿子憍苴继承王位，并向元朝官员讲明了动乱原委。于是，1288年，忽必烈命自己的孙子，忽哥赤之子云南王也先铁木儿为帅，组织了新附军五千、探马赤军一千，四川、湖广行省军五千，四川省兵五千，共一万六千人的大军帮助蒲甘新王平乱，忽必烈还专门嘱咐，此次出兵要"毋烧寺舍，毋焚宫室，毋毁坟墓"，也先帖木儿也遵守了祖父的旨意，"不行杀戮，寺舍宫室，悉无所毁"，换得了蒲甘王憍苴的主动臣服。而在1289年，信第达巴茂克回到蒲甘，因出使有功而被憍苴赏赐大量稻田。

元朝征缅的战争自此画上句号，结局似乎也很美好。但实际上，蒲甘王朝经过此劫，已经无力再恢复缅甸的统一了，元军撤走之时，已经是阿瓦，白古、东吁、木邦、孟养、孟密、阿拉干等政权分裂割据的局面，缅甸史书称之为"列国时代"。直到250余年后，缅甸第二个王朝东吁王朝崛起，才再次恢复统一。

当然，缅甸内部如何，忽必烈并不在意，只要有人能够代表缅甸向自己朝贡称臣就行。相对其他国家如日本、安南、爪哇等，征缅之战已经算是成功了。

"神风"只是传说

　　征缅之战，元朝动用的力量并不大，兵力最多时也没有超过两万，虽然在最后一次战争中损失了七千人，但与所得相比，代价可算轻微。而在此同时发生的征日本之战，用兵规模要大几倍，却是损失惨重，毫无所得。

　　之所以要用兵日本，也是为了要其臣服。

　　忽必烈登基建元"中统"的时候，还不知有日本这么个国家，在给高丽王国的诏书中还说："今也，普天之下未臣服者，惟尔国与宋耳。"1265年，高丽人赵彝等对忽必烈进言，说日本国可通，应该择可奉使者前去招降。这时忽必烈才知道东方海外还有一个日本国，于是1266年命兵部侍郎黑的、礼部侍郎殷弘为国信正副使，带着国书出使日本。

　　马可·波罗在他的游记中说，日本"黄金产量极其丰富，不过君王从不让黄金任意输出"。因为黄金多，所以"该国皇帝的宫殿极其富丽堂皇，简直是一个奇景。这些宫殿的屋顶全是用金箔覆盖的，和我们用铁皮盖屋顶，更恰当地说，盖教堂一样。宫殿的天花板也同样是用黄金做成的，许多房间内都摆有很厚的纯金小桌，窗户也用黄金装饰，这个皇宫的豪华程度简直无法形容"。不但盛产黄金，而且"这个岛上还盛产珍珠，是淡红色的，圆形，体积很大。它的价值与白珍珠相等，有的甚至还要高于白珍珠"。正是因为这些财富，所以才"引起忽必烈大汗的贪欲并想使之成为自己的附庸"。

史学界曾有马可·波罗是否来过中国的争论，笔者是站在他来过中国一边的，但笔者相信马可·波罗是绝对没有去过日本的。他对日本的描写完全是道听途说或者是出于自己的想象。而且他认为忽必烈要打日本是因为财富，也太小家子气了，且不说日本根本没那么夸张的财富，即使有，忽必烈现在可不是祖父成吉思汗刚崛起时的状态了，那时候打仗，也就是为了财富。而作为蒙古帝国大汗兼大元朝皇帝，忽必烈掌握的财富已经享用不尽，发动战争，目的早已是精神上的而非物质上的，也就是需要万国来朝的感觉。

黑的与殷弘到高丽后，高丽护送官建议，海上风浪太大，还是由熟悉航海的高丽人前去传达旨意比较好，便派起居舍人潘阜前往。

此时的日本，是镰仓幕府时代，天皇至高无上，但无任何实权，而幕府将军是武家栋梁，却也只是傀儡，真正的掌权者是第一代将军源赖朝的岳丈北条家，称为"执权"，所谓"天皇之权在将军家，将军之权在北条家"，如今已经是第七代执权北条政村执政。

自古以来，日本就基本游离于中国传统朝贡体系之外，不愿也不曾成为"天朝"的藩属国。早在隋朝大业三年（607），给隋炀帝杨广的国书中就有"日出处天子致书，日没处天子无恙"之语。这次忽必烈自称"皇帝"而称日本国主为"国王"，并且有若不臣服便动兵的威胁，北条执权已然不满，再加上此时日本佛教大兴，而从南宋前来传法的高僧很多，大都对元朝很有敌意，这些高僧在日本深受尊奉，其思想也影响了日本朝野，对元朝也甚是敌视。

收到国书，幕府君臣感到"此事国家珍事大事也，万人惊叹之外无他"，屡次讨论是否回信，结果决定"其书以失礼，不及返翰"。潘阜被扣押了6个月，没拿到任何回复便被遣返。

元廷直到潘阜回来才知道日本如此无礼，忽必烈甚为恼怒，在1268年严令黑、殷二人再次出使，并且说明，这一次"期于必达"，不能再"如前稽阻"。黑、殷二人只得亲自率领使团出海，在日本对马岛上岸，将国书呈交当地守护，也就是对马岛最高行政官少贰资急转交给镰仓幕府。这封国书写得相当客气，通篇都讲"讲信修睦"的道理，认为双方应该在日本称臣的基础上"通问结好，以相亲睦"，但在国书结尾，也发出了如果拒绝便会"以至用兵"的威胁。

北条政村上一次既然已经决定不予回复，这一次自然仍是比照办理，下令"恭送"黑的等一行人回国。黑的武将出身，受到如此对待自然不服，于是带着手下护兵对对马岛进行袭击，抓了两个日本人塔二郎、弥二郎回国。

虽然抓了两个人，可日本什么回话也没有，黑的仍然无法交差。1269年，忽必烈派高丽使臣将抓获的两个日本人送回，并带去元中书省的牒状。这封牒状不仅送到镰仓幕府，还送给了京都的天皇朝廷。

天皇朝廷感到屡次来书不予回复有失礼仪，认为"通好之议，准唐汉之例"，而且两国"自昔无宿意"，应该有所回复，"可被遣返牒也"。但是，镰仓幕府拒绝了朝廷的建议，仍是不予回复。

如此情形，忽必烈终于放弃了黑、殷二人，派高丽经略使赵良弼前往日本宣谕。

赵良弼，字辅之，女真人，本姓术要甲，河北赵州（今赞皇）人，金朝进士出身。其人明敏多智略，在忽必烈设金莲川幕府时便被招徕，深得忽必烈赏识，此时已经54岁了。忽必烈念他年迈，不想派他去，赵良弼坚请再三，他才不得不同意，但为了保护其安全，打算派三千士兵护送，赵良弼坚辞，只带书状官二十四人前往。

1271年，赵良弼一行到达日本肥前金津岛（又称绝景岛），被当地守护送往镰仓幕府所在地太宰府以西的守护所。在这里，镰仓幕府做了一番很不光彩的行为，可能是为了给远来的大元使臣一个下马威，幕府派兵包围使团驻地，大声喧哗，兵刃交举，甚至焚毁周边民居。可这些举动并没能恫吓到赵良弼，他一笑置之，坦然自若。

第二天，日军布置士兵占据周边山地，责问赵良弼前来的使命，并随意诘难，要求赵良弼交出国书，诡称："我国自太宰府以东，上古使臣，未有至者，今大朝遣使至此，而不以国书见授，何以示信！"赵良弼坚持只有见到日本国王才能递交国书，言道："隋文帝遣裴清来，王郊迎成礼，唐太宗、高宗时，遣使皆得见王，王何独不见大朝使臣乎？"可日本人故意要赖，再三威逼，赵良弼为了不把事情闹僵，将国书抄录一个副本交出。

忽必烈这封国书仍然客气，继续强调"王者无外"的道理，指出日本既然与高丽是近邻，就应该学习高丽与元朝"修好"。十分不解"日本素号知礼之国，王之君臣宁肯漫为弗思之事乎"，希望日本能够"发使与之偕来，亲仁善邻，国之美事"。当然先礼后兵，在国书最后，仍有武力威胁："其或犹豫以至用兵，夫谁所乐为也，王其审图之。"

此时，镰仓幕府的执权北条政村鉴于自己已经64岁，无力应对元朝的威胁，自动退居幕后，传位给第八代执权北条时宗。北条时宗只有18岁，血气方刚，做出派使臣回访，明确拒绝称臣修好的决定。

日本派出二十六人的使团回访元朝，忽必烈听从姚枢、许衡等人谏言，认为"此辈探听我方虚实，不宜听其入见"，也让日本使臣吃了个闭门羹。

赵良弼被日本扣押了近两年，直到1273年才被放归。在日本期间，他详细记载了日本群臣爵号、州郡名数、风俗土宜等，回国后献给忽必烈。忽必烈对他在日本不卑不亢的表现十分满意，称赞其"卿可谓不辱君命矣"。当忽必烈向他问起对日用兵意见时，赵良弼答道："臣居日本岁余，睹其民俗，狠勇嗜杀，不知有父子之亲，上下之礼。其地多山水，无耕桑之利，得其人不可役，得其地不加富。况舟师渡海，海风无期，祸害莫测。是谓以有用之民力，填无穷之巨壑也，臣谓勿击便。"反对出兵日本。

赵良弼的话中肯有理，但他和马可·波罗一样，忽略了忽必烈此时发动战争已经不是为了土地、人口、财富，而是为了自己作为天下之主的面子。正如忽必烈自己所说："朕惟祖宗立法，凡不廷之国，先遣使诏谕，来则安抚如故，否则必致征讨。"如今日本如此"梗化不廷"，哪怕那里只有荒漠，也必须"出师征之"。

1274年，忽必烈在高丽建立征东行省，正式筹措对日作战。当年十月，以忻都为都元帅，洪茶丘、刘复亨为左右元帅，统帅蒙汉军两万五千人，高丽梢公水手六千七百人，共三万九千七百人，乘坐战船九百艘东征日本。元军舰队，以千料舟、拔都鲁轻疾舟、汲水小舟组成。所谓"千石战船"即主要用于运载东征军将士的排水量较大的主力战舰；"拔都鲁"，在蒙古语中勇士之意。所谓拔都鲁轻疾舟，即舰队航行时负责主力战舰周围的警戒、联络，到达岸边时用于抢滩登陆的小型快艇，功能类似于现代的冲锋舟，而所谓的"汲水小舟"，即主要用于储备淡水、粮草、军械等后勤物资的运输船。

东征军以强大的攻势接连攻下了对马岛、一岐岛，日本对马守护代宗助国、一岐守护代平景隆分别以八十骑和百余骑迎战，全部战死。东征军破岛之后，"肆行杀戮，获妇女以索贯手心，系于船侧"。日本太宰府收到了对马、一岐二岛失陷的消息后，立即上报了镰仓幕府和京都朝廷。

东征军在博多湾沿岸的博多、赤坂等地登陆。镰仓幕府受到了极大的震撼，发出了紧急动员令，急令各地守护武士按照事先指定的防御计划，迅速整备兵马向博多湾、大宰府等北九州沿岸要地集结迎战。日本九州的武士，甚至神社佛寺人员都争先恐后赶赴战场，与登陆的元朝东征军大战于博多湾。

　　因为数百年未与其他文明发生过战争，日本武士的战术还是比较原始的"一骑讨"战法，即由高级武士带着自己的家臣发动冲锋。而元军中以骑兵分散突击为长项的蒙古军很少，主力是汉军，讲究排阵迎敌，"诸将凭高鸣鼓，指挥兵士，进退应鼓声。敌有陷阵者，则围而击之"。同时，元军还使用了其横扫欧亚大陆的重型武器"铁炮"，即弹射火药弹丸的投石机。这种先进武器日本人从未见过，将之形容为"飞铁炮火光闪闪，震声如雷，使人肝胆俱裂，眼昏耳聋，茫然不知所措"。

　　井然有序的阵法，威力强劲的铁炮，让日本武士损失惨重。但在战斗力如此悬殊的情形下，日军却悍不畏死，持续不断地发动进攻。终于使得元军"官军不整，又矢尽"，难以保持阵型，火药和弓箭都用尽，被日军冲入阵中展开白刃战，副元帅刘复亨都中箭落马负了重伤。见战况不利，元军元帅忻都下令退回船上进行休整。

　　岂料，当晚突然刮起了猛烈的台风，元军船只被倾覆二百余艘，落水淹死者不可胜数。

　　第二天，当日军又来交战时，发现海面上已经空无一船，只有随波漂流的尸体和碎木，待抓到了幸存的元军的俘虏后才知道元军遭受台风死伤过半，其余已经撤退回国了。日本大喜若狂，举行盛大的庆功仪式，因为这一年是日本年号的文永十一年，所以被日本人称为"文永之役"。

日本欢欣鼓舞，而元军这边却是凄惶无比，在遭受台风打击后好不容易撤回本土，只剩下一万三千五百人。

"文永之役"元军失败的原因，七百多年以来流传最广的一个说法是东征舰队遭遇台风，直接导致溃败而归。但真相究竟是否如此呢？若翻阅当时元朝、日本、高丽三方的史料可以发现，相关记载分歧很大。

据《元史·日本传》记载："（至元十一年，1274）冬十月，入其国，败之。而官军不整，又矢尽，惟虏掠四境而归。"一点没有提台风的事。在日本方面的《勘仲记》中则记载："或人云，凶贼船数万艘，浮海而至，俄尔逆风吹来，吹归本国。"只提到台风把元朝舰队吹回了国。只有《高丽史·金方庆传》中提到台风："复亨中流矢，先登舟，遂引兵还。会夜大风雨，战舰触崖壁，多败，侁堕水死。"

20世纪50年代，日本气象学家荒川秀俊对"文永之役"中的台风做过研究。认为当时并无台风，因为在文永十一年十月二十日（即1274年11月26日）台风季节已经过去，而且值得信赖的文献中并没有当时曾发生过大风雨的记载。当然，荒川秀俊的观点并没有成为学界定论。

其实，考察战况，即使真有台风，也是在元军登陆之后与日军激战不利后才出现。如果日军如南宋军一般一触即溃，元军早就可长驱直入，台风又能帮到日本什么呢？

元军失利败回，但统兵将领们隐晦了损失，只对元世祖忽必烈汇报了"官军不整，又矢尽"。这使得忽必烈并未认为第一次失败是军事失利，只是认为准备不足，并认为已经给了日本足够的教训，可以"文服"了。1275年，忽必烈派礼部侍郎杜世忠、兵部郎中何文著、计议官撒都鲁丁带着玺书出使日本，同行的还有高丽人郎将徐赞以及捎工三十人。与前几次使臣不同，杜世忠等人这一次终于由日本太宰府护送到了镰仓。

能够到达镰仓，算得上元朝使臣的一次突破，可这突破带来的不是外交的成就，而是一场惨剧。若是交兵之前，幕府虽不会对使臣客气，但也不会有过激举动。如今双方已经开战，元朝是失败方，却以胜利者的姿态前来宣谕，面对的又是年轻气盛且得胜而骄的北条时宗，其结局可想而知。杜世忠使团八月到达镰仓，一个月后，北条时宗便下令将杜世忠、何文著、撒都鲁丁、徐赞及书状官董畏在镰仓龙口斩首示众。

日本风俗看重死的仪式感，使臣们临刑时留下了绝命诗。杜世忠诗云："出门妻子赠寒衣，问我西行几日归。来时傥配黄金印，莫见苏秦不下机。"何文著诗云："四大元无主，五蕴悉皆空。两国生灵苦，今日斩秋风。"徐赞诗云："朝廷宰相五更寒，寒甲将军夜过关。寺内高僧申未起，算来名利不如闲。"撒都鲁丁可能因为是色目人不懂汉语，董畏可能是因为不会作诗，没有留下绝命诗。

日方对杀害五位使臣的消息进行了封锁，元朝未能马上得知，至元十六年（1279）又派周福、栾忠两位使臣前往日本询问消息。结果周、栾二人在九州一登岸，就被斩杀于博多湾。也正是这一次杀使，杜世忠等人被杀的消息才传回元朝。

两国交兵而斩来使，一般来说都是为了"立威"，要让对方知道自己绝不妥协的决心。可镰仓幕府的斩使却对外封锁消息，并无立威的目的，似乎只是为斩而斩，可想而知，这种羞辱会让忽必烈何等恼怒，立即下达了再征日本的决定。

1281年，已经灭亡南宋，水军、物资都更为充足的忽必烈正式下诏东征。此次东征声势比第一次浩大得多，共两路大军十四万人马。东路军由忻都、洪茶丘率领四万作战部队，战船九百艘，从高丽金州合浦出发；南路军由阿剌罕、范文虎、张禧率领十万江南军，战船三千五百艘，携带农具和稻种从扬子江口出发。两军约定于六月中旬在壹岐汇合，北路军主管作战，南路军则负责在被占领区屯田，做长久打算。

当南路军出发前，主帅阿剌罕病倒无法成行，由阿塔海代领其军。而阿塔海却因故迟迟不能到任，南路军只能由副帅，曾经是南宋降将的范文虎统帅。

六月初，东路军绕过对马和壹岐，侵入博多湾，攻克了志贺岛。但因为镰仓幕府已经在博多湾附近建起了牢固的石堤，元军战舰竟找不到一处可以登陆的地点，"大战者数矣，船坏粮尽"，只好停泊在海面。

以后一个月里，元军多次强行登陆失败，日军也多次进行偷袭，双方各有损伤，战况胶着之下，元军退到肥前的鹰岛，等待南路军赶来会合。

七月初，南路军终于到达，两军会合，再次发动进攻，但在日军的顽强阻击下，仍然未能取得进展，反而损失惨重，"招讨使忽都哈斯等战没"。待到八月一日夜间，剧烈的台风再次来临，元军舰船大都捆绑在一起，面对如山巨浪，相互震撼撞击，"战船皆破坏终覆没，左副都元帅阿剌帖木儿以下溺死者无算，流尸随潮汐入浦口，积如邱陵"。只有张禧所部事先筑垒平户岛，隔五十步停泊战舰，这才避免了风涛袭击。

损失如此之巨，再加上对台风的恐惧，元军统帅们都已斗志全消，只想逃走。只有张禧没有气馁，劝道："士卒溺死者半，其脱死者，皆壮士也。曷不趁其无回顾心，因粮于敌，以进战。"但范文虎等人却说："还朝问罪，我辈当之，公不与也。"完全不予采纳。

八月五日，范文虎等人丢下部队，乘船逃走。张禧无奈之下，只得尽量挽救士兵，平湖岛屯兵四千人没有船只，张禧叹道："我安忍弃之！"将船上七十匹战马丢掉，将士兵装回。

饶是如此，近十万士兵仍被扔下，他们没有武器，又无战船，群龙无首。但这些无主孤军并未向日军投降，而是推举一位姓张的百户长为统帅，一面抵抗日军攻袭，一面伐木造船准备回国。但是，孤立无援而又无装备的士兵们在日军包围剿杀下很快崩溃，十万人中大部分战死，余众两三万人被日军所俘。日本人将东征军战俘押送至八角岛（博多），"尽杀蒙古、高丽、汉人，谓新附军为唐人，不杀而奴之"。后世有人因为这条记载，认为日本人不杀南宋新附军是因为文化上的亲近感，其实，十万孤军中，大部分都是南宋新附军，日军杀起来并未手软，即使被俘而未杀者，也都成为奴隶，境遇恐怕是生不如死的。

这场战争爆发于日本的弘安四年，因此被称为"弘安之役"。与"文永之役"台风是否来还有争议不同，这一次台风确实来了，而且给元军造成了极大的损害。可是，台风是在元军多次抢滩登陆不成，徘徊于海上进退维谷之际到来，只能算是对作战不利的元军雪上加霜。试想，两个月之久的作战，元军哪怕有一次能够登陆成功，台风都无法发挥作用。日军的严密防守与顽强作战，才是元军大败亏输的原因。

而丢下士兵逃跑的范文虎等人，回到元朝后却没有受到忽必烈的惩罚。犯下如此严重的罪行却能安然无恙，后世便有学者猜测，动用新附军征日本，本就是忽必烈的阴谋，是为了消耗掉既不信任又不能遣散的新附军。比如元史大家韩儒林先生便认为忽必烈"将南宋新附军派去打日本，充当炮灰"。范文虎丢下部队逃跑，借日本人的刀杀新附军，"不杀降而降人自消"，忽必烈自然不会惩罚这位逃跑的将军。

若说忽必烈有消耗新附军的用心，这是不错的，但要说是借刀杀人，就有些诛心之论了。按照忽必烈的设想，他是想让新附军作为占领军驻扎在日本，这样既可解决新附军问题，也可解决日本问题，但事与愿违。至于不惩罚范文虎等人，主要是因为真正的主帅阿塔海迟迟不能到任，已经有很大责任，再加上弃军而逃的还有蒙古将军忻都等人，并不能全归咎于范文虎，何况南宋刚刚平定，范文虎作为南宋降将中地位很高的标杆性人物，惩罚过重会引起降人疑惧，自然也就从宽发落了。

连续两次大败，损失十余万大军，而日本却连皮毛都没有伤到。忽必烈又气又急，于1283年命阿塔海为日本省丞相，与彻里帖木儿右丞、刘国杰左丞募兵造舟，准备三征日本。御史中丞崔彧、淮西宣慰使昂吉儿上疏言劳民太甚，请求暂缓，再加上江南出现动乱，第三次征日遂作罢。

两次征讨日本虽然归于失败，但忽必烈此举对历史的影响却既深且远。

其一，百年倭乱。因为战争，两国的官方往来断绝，元朝虽然大力鼓励海外贸易，但就是不许和日本做生意。而日本的金属等物资非常依赖大陆，从此走私贸易频繁起来。而既然走私是被元朝严禁的，日本走私商们为了避免被逮捕，便招募大量武装护从。商人一旦有了武装，便不再安心于辛辛苦苦贸易致富，而是经常地搞些抢劫之类的没本钱买卖，一些日本的大名（诸侯）也派遣私家船队参与，"倭寇"从此产生。从元朝中期到明朝中期，倭寇肆虐于中国沿海。直到明朝嘉靖末期，随着军事上的失利以及日本国内局势逐渐稳定，倭寇才逐渐销声匿迹。

其二，日本不再安分守己。从白江口海战之后，日本知道自身实力不行，便十分老实，没有对外扩张的野心。"文永""弘安"之役后，因为两场台风总是恰到好处地来临，从此便认定这是"神风"，日本有天神庇佑，永远不会沦亡，就开始自高自大，乃至于在明治维新之后产生疯狂的对外扩张思想，最终差点把日本送进万劫不复的境地。

其三，镰仓幕府倒台。虽然自卫反击战胜利了，但为了打仗和修筑防御工事，镰仓幕府几乎把府库都掏空了，各地诸侯为了抵抗元军也付出了很大代价，还需要幕府赏赐。于是，镰仓幕府只好放任诸侯们大量侵占公地。这样一来，原本牢固的幕府经济体系之外出现了大量不为幕府管辖的土地和庄园，诸侯们对于幕府的经济依附减弱，幕府想要控制全国已经越来越困难。经济上出了问题，很快政治结构上也出了问题，众多武士因为战争而破产，而很多"百姓名主"，也就是占有很多田产的地主，倒有相当数量因为发战争财而成为武士。这些人不但经济上和幕府没有联系，在人身上也和幕府没有主从关系，成为凭空而来的"第三势力"。他们有钱有武装，又不服幕府管束，日本的大乱便难以遏制。终于，在两次战役结束52年后，镰仓幕府灭亡。

说起元朝与日本的战争，人们总是津津乐道"神风"，也都和日本人一样喜欢将之归结于天意。其实，要不是当时的日本武士为了保家卫国浴血奋战，台风恐怕也发挥不了什么作用。如果日军和宋军一般一触即溃，在"文永之役"时，恐怕就要被元军长驱直入了，那时候"神风"即使再厉害，又能帮得了日本什么呢？

忽必烈时期元朝进行的另一次跨海远征更能说明问题，那便是征爪哇之战。爪哇国也就是今天的印度尼西亚，元朝时便是南海强国，此时是杜马班王朝统治时期。原本与元朝关系很好，在忽必烈第二次征讨日本时，爪哇王还派使者进献金佛塔。可是，忽必烈对于属国一般要求国王亲自朝见并派继承人为人质，这样的要求终为爪哇所不能接受。

1289年，元朝使臣孟琪在出使爪哇时再次提出朝见、人质等要求，因态度倨傲，爪哇王葛达那加剌将他黥面放回。

黥面对个人来说是极为侮辱的刑罚，加刑于使臣，则是对国家的侮辱。忽必烈大怒，于1292年任命史弼为统帅，亦黑迷失、高兴为副帅，率兵二万，战船千艘进攻爪哇。

　　元军到达的很不是时候，此时原本被爪哇降服的葛郎国（谏义里）王室后裔哈只葛当起兵攻陷爪哇首都杜马班，杀葛达那加剌。葛达那加剌的女婿土罕必阇耶正在积聚力量准备反攻。听闻元军到来，土罕必阇耶向元军投降，并要求元军帮助自己攻打葛郎军队。史弼轻信其言，率军进攻哈只葛当，葛郎军遂大败，哈只葛当投降。

　　然而，土罕必阇耶并不甘心做元军傀儡，在谎称回城取正式降表脱身后，立即召集旧部夹攻元军。元军损失惨重，边打边退，以损失三千人为代价才登船撤走。元军虽然带回价值五十余万锭的珠宝香料作为战利品，但仍是得不偿失。

　　爪哇比之日本更为弱小落后，其地"千岛万岛南海南，谓远无虞险可守"，并未如日本一般有过战争准备，更没有"神风"相助，但仍然击败了元军，土罕必阇耶一战而奠定霸业，后来建立了统治伊里安岛、马来半岛达180多年的麻喏巴歇王朝。

　　被后人误会胜利是因为天意而忽视人和的，还有安南。

热带雨林中的噩梦

　　安南也就是今天的越南北部，史称交趾，南部是占城国，是在明朝后期才为其所吞并。安南在秦汉三国时期，一直是中国领土，称为"交州"，三国时是吴国孙家的地盘。唐朝时，在宋平（今河内）设立安南都护府。到唐朝末年的唐懿宗时期，南诏国国王世隆崛起于西南，建立"大礼帝国"，击灭安南都护府，地盘遂为南诏管辖。随着世隆死去，大礼帝国衰微，安南又被五代十国中的南方十国之一南汉纳入统治，为交趾节度使辖地。

938年，交趾节度使杨廷艺叛南汉自立，被部将所杀，其婿吴权继起，击败了前来镇压的南汉水师，从此从南汉独立。不过，吴权的政权仍是五代十国乱世之延续，并未独立于中国之外。968年，交趾本地豪族丁部领平定境内的"十二使君"之乱，正式建号称帝，国号大瞿越，定都华闾（今宁平省宁平市），自称大胜明皇帝，这便是越南历史上第一个朝代丁朝。这时五代十国已经为北宋所结束，宋太祖封丁部领为"交趾郡王"，称为"列藩"。这标志着这块土地从中国彻底分离出去。

交趾独立之时，正是中国从大分裂重新走向统一的时代。大洗牌的过程中难免"礼崩乐坏"，城头变幻大王旗，法统荡然，"天子兵强马壮者居之"。交趾受其影响，于是先天不足。丁朝建立仅十二年便被大将军黎桓篡幼主自立，建立前黎朝。前黎朝也仅历三代二十九年便又被殿前指挥使李公蕴篡位，建都升龙（今河内），建立了李朝。

李公蕴被称为李太祖，与宋太祖一样，虽出身行伍，但非常明白天下"可马上得之而不可马上治之"，他在位期间建书院，立科举，在国内大力推广儒学，终于使安南如宋朝一样由乱世走向承平，留下了116年的稳固江山。传到第六代李英宗时代，仗着国力强盛，出兵攻打北宋，连陷钦、廉、邕三州，北宋出兵讨伐却屡战不胜，最后只得接受李朝的谢罪，封李英宗为"安南国王"，越南的国名便从交趾改为安南。

李朝通过普及儒学避免了武将篡权，却忘了儒学也曾给外戚篡权提供过理论基础——比如王莽篡汉。1224年，外戚陈守度废黜李惠宗，立其女李天馨为帝，是为李昭皇。之后让继子陈日煚娶昭皇为妻，并强迫昭皇让位给陈日煚。1225年，李朝灭亡，陈朝建立。陈守度虽然是陈朝建立者，但并未称帝，而是扶持陈日煚为陈太宗，自称太师。

陈氏父子费尽心机好不容易获得政权，却马上就遇到了外来的强大威胁——蒙古军。

1252年，还是宗王的忽必烈奉蒙哥大汗之命出征大理，在攻破大理都城之后留下猛将兀良合台继续攻略云南其他不愿归附的部落。兀良合台是蒙古名将速不台之子，在当时的蒙古帝国中属于超一流将才。在他的努力之下，云南各地尽数平定。大理国远处西南偏僻之地，地狭民贫，蒙古帝国不惜以十万大军攻之，无非是为了战略包抄南宋。可是，当大理国灭亡，皇族段氏成为大理总管之后，兀良合台却发现，要包抄南宋还有一个障碍，那便是安南。

大理段氏软弱恭顺，对兀良合台平定云南大有帮助，对他来说，安南应该和大理差不多，没必要兵威相加，于是派出两名使者前去劝降。此时，陈太宗和陈太师还沉浸在篡国成功的喜悦中，也不知道蒙古军的可怕，对于劝降断然拒绝，将蒙古使者投入监狱。

兀良合台哪里容得下这种侮辱，1258年年初，与儿子阿术率军征讨安南。陈日煚作为开国之君，自然不是气壮如牛、胆小如鼠之辈，亲率主力布阵于红河南岸，"隔江列象骑、步卒甚盛"，兵力"共约十四五万人"。兀良合台此次南征，并非奉有中央命令，再加上忽必烈离开云南时带走了主力，因此兵力并不雄厚。日后兀良合台配合蒙哥汗出征南宋，麾下是一万蛮兵和三千蒙古骑兵，此时兵力应该和那时差不多。见到安南军已有防备，兀良合台命令所部分三路强行渡河，自己一路猛攻敌军阵营，儿子阿术负责切断安南军路上退路，大将彻彻都负责抢夺安南军战船。

兀良合台所部后来能够在孤军深入的情况下，从云南势如破竹攻到湖南潭州（今湖南长沙），战斗力惊人。安南军在东南亚诸国中虽称劲旅，毕竟是井底之蛙的水平，一战下来，土崩瓦解。太宗陈日煚本来无处可逃，但因为彻彻都只顾着追击岸上的敌军，没有专注于俘虏安南军战船，终于使得陈日煚逃出生天。战后，兀良合台责彻彻都违命之罪，彻彻都服药自杀。

红河防线一丢，安南首都升龙便无险可守，陈日煚带着文武宫眷弃城而走，兀良合台占领升龙，发现派出的使者已经有一个瘐死狱中。这样的场景在忽必烈占领大理城时也发生过，忽必烈想要屠城，幸亏随军听用的姚枢等人力谏才作罢。此时兀良合台身边却没有可以劝谏他的文士，于是，为了泄愤，屠城令下，升龙顿时成为鬼域。

首都虽然拿下了，可国王没有抓到，安南也没有屈服，太宗陈日煚和太子陈日烜收集残部，准备反攻，大将陈国峻也率军从山西路东下勤王。兀良合台兵力有限，有陷入包围的危险，再加上热带雨林气候使得兵士尤其是蒙古兵颇多患病。无奈之下，兀良合台在占领升龙九日后，撤兵回云南。留下两名使者等陈日煚回来招降。待到陈日煚"回銮"，发现京城残破不堪，虽然大怒，但已领略蒙古军善战的他不敢再拘押使者，将两名使者捆绑送回。

陈太宗陈日煚当初拒绝蒙古帝国的招降，在于不知彼不知己，在吃一堑之后得以长一智，传位给太子陈日烜，是为陈圣宗，父子二人开始改变"侍北"策略。1260年，大元王朝建立，陈圣宗主动遣使表示归附。忽必烈派礼部郎中孟甲，礼部员外郎李文俊出使安南，宣谕："尔国官僚士庶：凡衣冠典礼风俗，一依本国旧制。已戒边将不得擅兴兵甲，侵尔疆场，乱尔人民。卿国官僚士庶，各宜安治如故。"安南从此得以短暂太平， 1261年，忽必烈封陈日烜为安南国王。

但是，元朝对于藩属国的要求，有君主亲朝、太子入质、设置达鲁花赤的内容。陈日烜无法接受，以宣谕诏书中有"一依本国旧制"为理由，百般推脱。在阿里不哥尚未讨平、南宋尚未吞并之时，忽必烈也只能睁一眼闭一眼。就这样一直推托到1279年，阿里不哥早已成为古人，南宋最后的抵抗力量也已灰飞烟灭，耐不住性子的忽必烈遣使提出："若果不能自觐，则积金以代其身，两珠以代其目，副以贤士、方技、子女、工匠各二，以代其土民。不然，修尔城池，以待其审处焉。"此时，陈圣宗已死，其子陈日燇继位，是为仁宗。仁宗知道这已经是最后通牒，拖无可拖，干脆积极备战，并将由元朝封为国王的叔叔陈遗爱暗杀。

1281年，原本已经臣服元朝的占城国出了乱子，王子孛中补刺者吾不满元朝，起兵反抗。忽必烈派大将唆都从海路攻打，占城不久便被平定，将其列为行省，与荆湖行省合并，称为"荆湖占城行省"，治所设在鄂州。占城在安南之南，这样一来，便实现了对安南的南北夹攻之势。1284年，忽必烈命第九子镇南王脱欢驻鄂州，全权负责征讨安南。

镇南王所部再加上荆湖占城行省，军势极为浩大，以五万陆军、一万五千水军，兵分六路压向安南。

陈日燇早已准备翻脸，大军压境并不惊慌，安南名将陈国峻督率十万大军于万劫（今越南海阳）阻挡北路元军。仁宗也亲率十万军队于排滩抵挡唆都、乌马儿的南路元军。

有准备是一回事，部队经不经打是另一回事。在元军凌厉的攻势下，陈国峻、仁宗所部先后被击溃，首都升龙再次失守。镇南王脱欢在安南王宫中设宴款待将领，并向忽必烈报捷。

然而，安南军正面抵抗虽然失败，但很快便在陈国峻的筹划下开始了游击战。主力部队分散四方，以小股部队不停地袭扰元军。元军欲寻安南军主力决战而不可得，疲于奔命，损失惨重，再加上当地的热带雨林气候使得元朝兵士大量患病，战斗力日弱一日，眼看要陷入泥潭，脱欢无奈，只得听从众将谏言，撤军北还。

岂料，出击时安南军不见踪影，撤退时却四面八方而来。陈国峻指挥安南军民层层阻击元军，为保护脱欢安全，大将李恒舍命断后，且战且退，被毒箭射中膝盖，回到广西思明州后毒发而亡。李恒为西夏王族后裔，在灭宋战争中屡立战功，更协助张弘范在厓山几乎全歼南宋水军，是元军中难得的悍将，结果却在热带雨林中殒命。

北路军撤退，南路唆都、乌马儿所部却还不知道，被安南人告知后仍不相信，待看到北路军大营已人去营空才仓皇向顺化海岸撤退，结果耽误了时间，在入海口遭到安南军的包围，唆都力战而亡，乌马儿侥幸逃脱，损失将士数万。

如此惨败，忽必烈自然不能干休，原本准备第三次攻打日本的计划被搁置，忽必烈决定"专事交趾"。1287年，忽必烈征调江淮、湖广、江西三行省的蒙古军、汉军、新附军七万人，云南蛮兵六千人，海南岛四州黎兵一万五千人，近十万人马再征安南。此战仍是以九皇子镇南王脱欢为统帅，设立"征交趾行尚书省"，以大将奥鲁赤为平章政事，程鹏飞、阿八赤为右丞，乌马儿、樊楫为参知政事，统归镇南王节制。

是年十一月，元军分东路、西路、海路三面攻入安南。

安南军仍然在正面战场节节败退，元军一路斩关夺隘，雄赳赳气昂昂地跨过红河，再次占领升龙。

可是，安南经过两次战争洗礼，已经总结了丰富的抗战经验，在陈国峻的安排下，坚壁清野，主力分散，以小规模的丛林战骚扰元军，只等着元军疲敝之时再发动反攻。

面对安南的战术，镇南王脱欢也并非毫无应对之法，他吸取上次的经验，采取步步为营的策略，分兵占据安南州县，立寨防御。这一招确实有效地避免了被安南军搞得疲于奔命。但是，安南百姓抗战热情高涨，与元军极不合作，就地筹粮等同于缘木求鱼。而从本土运送粮食又遭到安南军阻截，无法运达——运粮万户张文虎押粮渡海，在绿水洋被安南水军拦截。张文虎无奈之下将粮食全部沉于海底，率轻舟突围。

粮食不济，脱欢不得不放弃步步为营，命令所部寻找安南主力决战，可茫茫雨林，熟悉地貌的安南军总是隐藏得恰到好处，费了九牛二虎之力也无法找到。而潮热的气候又再次让元军成批病倒，脱欢除了仰天长叹"地热水湿，粮匮兵疲"之外，拿不出任何好办法。

一直拖到1288年二月，斗志几乎为零的元军终于在听从众将领劝说的脱欢率领下分路撤退。同上次一样，这时候安南军如同从地底下冒出来一样，处处阻击元军。右丞阿八赤率精锐步骑开路，每天作战数十次，终于在内傍关中毒箭身亡。脱欢改道由单已县和盏州撤退，方才逃回广西，但所率人马已经损失十之六七。

陆军损失惨重，水军更惨。乌马儿、樊辑率水军沿白藤江入海撤退，在入海口遭到陈国峻伏击，安南军在河道钉了木桩，元军水师被困在江面进退不得，四百艘战船全军覆没，乌马儿、樊辑两位主帅双双被俘。

再次惨败于蕞尔小国，忽必烈勃然大怒，虽然脱欢是他的亲儿子也无法姑息，将他先调至淮南江北，再迁汴梁，最后贬谪到扬州，并下令终身不准入觐。脱欢从此郁郁不得志，未能再被委任领兵，也没能再见父亲一面。

连续三次击退世界最强大的帝国，安南君臣百姓确实有足够的理由自傲，但连年战争让小小的安南遍地焦土，如果战争持续下去，即使不被打败，也会被拖垮。陈仁宗做出了明智的选择，遣使上表，献上自己的金制跪像，谢罪乞和，并送还俘虏。

1288年，安南国王陈日燇给元朝上表，希望重申宗藩之礼，表示"伏望陛下德配乾坤，恩过父母，智可以烛幽显，辩可以识情伪，愿垂矜察，曲加宽宥，庶令微臣免于罪戾，得尽誓终事天之意"。为了表示诚意，还特意送还俘虏："大军遗亡者殆千余人，臣已发令归了，或后别有见之，臣亦寻教回去。"尤其指出，"闻见百姓送到昔庚机大王一名，称系大国贵戚，臣于是日平礼相待极加尊重"。

所谓"昔庚机大王"，其实就是蒙哥汗之子昔里吉。他于1276年在漠北向忽必烈掀起反旗，自立为帝。但很快被忽必烈的名将伯颜击败，最后被俘。原本忽必烈要将他流放海岛，但毕竟念及他是自己的亲侄子，还是给了他戴罪立功的机会，让他参与征安南之战，结果却又被安南俘虏。

昔里吉被俘后，亮出自己是忽必烈侄子的身份，从而获得了礼遇。而安南君臣也不知道昔里吉其实是戴罪之身，便特地在表文中指出，希望以此讨好忽必烈。

这可说是马屁拍到了马腿上，1289年，忽必烈宣谕安南，措辞严厉地说道："昔庚机忝为族属，以被遣还。彼乃有过谪戍之人，譬如以此饰情。合将乌马儿拔都军府官等发送回来，方表忠顺。"意思是昔里吉是有罪之人，厚待他算不得讨好，得把被俘的水军统帅乌马儿、樊辑等人送还才能证明诚意。

可是，乌马儿、樊辑等人在安南国境中曾有战争暴行，"尽捕海道边民，大者杀之小者虏去"，民愤极大。被俘之后，安南做了手脚，先是在乌马儿的坐船上做了手脚，使之"舟为水漏"，将其溺死。后又在饭菜中下毒，毒死了樊辑，并谎称其是"忽遭热病，微臣尽其所有药物，购彼部下医人疗之，不可渐，致身亡"。原以为只要厚待昔里吉便能获得忽必烈的欢心，结果却是无用功，而忽必烈真正在意的人却被自己害死，合约还能成吗？

安南送还昔里吉而杀乌、樊二将，在忽必烈眼中简直是故意挑衅，按他自己的话说，"此事犹痒在心，岂诸人爬搔所及"。1293年，已经在病榻上的忽必烈任命湖广行省右丞刘国杰为湖广安南行省平章政事，与宗王亦吉里带、江西行省枢密院副使彻里蛮调集五万六千大军准备再征安南。可老皇帝已经风烛残年，没等到大军出发便驾崩于大都。元成宗铁穆耳继位，下诏罢征安南，战火才没有再次燃起。

征讨安南之役，与征讨日本之役一样，是史学家，特别是战史学家津津乐道的话题。安南人以贫弱小国竟然能够顶住元朝三次大军侵袭，有人将之归结为热带雨林的恶劣气候导致元军疾疫横行，不战自乱；有人则说是因为安南人丛林战、袭扰战运用巧妙，使得元军如饿虎扑蚊，有力使不上；而越南自己的史书《越南历史》则说："我国人民三次抗战获得伟大胜利。陈朝抗战已达到了一场人民战争的水平，天才地运用人民战争的战略战术的是陈国峻。"

以笔者所见，将失败归结为气候，就如归结为"神风"属于荒诞，而说"人民战争"云云，则更是有些可笑。安南之胜利，其一在于坚决的抵抗意志，其二在于气候确实不适合元军，其三则是陈国峻高明的战略。这三点缺一不可，少了哪一个，安南的下场都不会美妙。

无论是缅甸、日本、爪哇还是安南，虽然战争规模大小不同，胜负差异也极大，但都属于忽必烈作为大元皇帝所做的重塑天下秩序的努力。后人大多认为这些战争都是劳民伤财的无意义之战，仅是为了皇帝自己的面子，这其实还有些苛求古人了。作为天下之主，天下秩序的重塑者和维护者，这种为了所谓面子的战争可说不可避免，汉朝如此，唐朝如此，元朝也不会例外。

除了本就自外于天下秩序的日本之外，其他国家最后也都给了忽必烈面子，要说战争毫无意义，恐怕并不客观。

第七章 「蒙古和平」

公元1294年2月18日，即元朝至元三十一年正月十九，这一天，大元王朝的奠基者，一代雄主忽必烈病逝于元大都紫檀殿，享年80岁。群臣上谥号为"圣德神功文武皇帝"，庙号为世祖，蒙古语谥号为"薛禅汗"，意即"睿智可汗"。

在忽必烈去世前，他所选定的继承人真金太子在43岁时英年早逝。在此之后，他一直没有再册立太子，直到去世前一年才将"皇太子宝"之印送给真金太子的第三子，皇孙铁穆耳。但这只算是一个册立的表示，并非正式指定其为继承人。

既然无册立，忽必烈改变蒙古传统所确定的储君制度就无形间形同虚设，宗王、贵族、重臣不得不再次拿出老传统，在上都召开"库里勒台"，选定嗣君。

在一番看似平静，实则暗流汹涌的博弈后，当年四月十四日，铁穆耳在上都大安阁登基为帝，是为元成宗。

新君即位，自然要诏告天下，既要对上一任皇帝做一个大概的评价，也要对自己今后的施政方针做一下说明，在颁布的即位诏中，成宗除了对祖父做一些"临御三十五年，薄海内外，罔不臣属，宏规远略，厚泽深仁，有以衍皇元万世无疆之祚"之类的颂扬，也明白昭示，自己"尚念先朝庶政，悉有成规，惟慎奉行，罔敢失坠。更赖祖亲勋戚，左右忠良，各尽乃诚，以辅台德。布告远迩，咸使闻知"。也就是说，先帝的制度、规矩自己要奉行不悖，先帝重用的臣子自己要继续倚为干臣。

忽必烈称帝之时，指出要"祖述变通"，因为他要开创新的帝国框架，名为继承，实则创业。而成宗虽提出对"先朝庶政"要"罔敢失坠"，但作为皇朝"龙颈"，他也深知要有所"变通"，那便是变乱为治。

忽必烈时代，对外战争频繁，虽有重塑秩序的不得已，但对百姓毕竟是伤害，也会动摇国本。仅就征讨日本、安南和爪哇等国进行的打造船只的差役，就让老百姓苦不堪言，被征发的工匠、民夫"离家远役，辛苦万状，冻死、病死不知其几"，"工匠、牛畜死者相望"。至于战争失败所损失的军队和物资，就更是不可计数了。

因此，成宗一继位，便停止了几乎所有对外战争。叫停第三次征安南的动员，释放安南使节，同时又拒绝了大臣继续讨伐日本的建议，派使节出使日本。并颁布了一系列养民之法，终于实现了大元开国以来迟迟未能实现的"与民休息"。

但对于西北各汗国的战争，成宗却不能叫停，因为这关系到祖父以及自己的身份问题——到底是不是真正的蒙古大汗？

决战帖坚古山

忽必烈是历史上少有的几个年寿超过80岁的皇帝，因为长寿，他的儿子大多没能活过他，与他一同征战的名将能臣也大多没能由他留给新君。在忽必烈去世时，朝中能征惯战的帅才只剩下伯颜和玉昔帖木儿两人，他们也是忽必烈专门留给孙子元成宗的辅政之臣。

然而天不遂人愿，忽必烈死后不过一年，伯颜和玉昔帖木儿便也相继病故。而窝阔台汗国的海都因为在1292年时惨败于伯颜之手，整整蛰伏了六年之久，如今见忽必烈去世，又开始蠢蠢欲动。

元成宗一时无将可用，只能捡起祖父曾经派宗王驻守的惯例，将重任交给了自己的叔叔，忽必烈第六子宁远王阔阔出，让他延边驻守"屯列大军，备其冲突"。

可是，阔阔出才能有限，贪杯好酒，而且疏忽大意。当年元成宗还是宗王时，代替伯颜镇守西北，曾问伯颜应该注意什么，伯颜指着酒杯说："可慎者，惟此与女色耳。军中固当严纪律，而恩德不可偏废。冬夏营驻，循旧为便。"十分好酒的成宗谨遵其言，使得边境晏然。而阔阔出却几乎反其道而行之，经常和麾下将领宴饮。

1298 年，海都、笃哇率军侵入畏兀儿地。大兵压境之时，阔阔出和其他宗王竟然喝酒喝得大醉，连马都上不去。忽必烈的女婿汪古部宗王阔里吉思一面单独率军抵挡，连续三次击退联军，但终因寡不敌众，元军后援迟缓，在第四次交战时被俘，元军大败。

海都和笃哇都想招降阔里吉思，笃哇甚至想把女儿嫁给他，但阔里吉思只说："我帝婿也，非帝后面命，而再娶可乎！"坚决不允，结果惨遭杀害。

阔里吉思虽然败死，但他的抵抗也延缓了窝、察两军的攻势，阔阔出等人酒醒之后，立即布置防御，由伯颜、玉昔帖木儿经营的防御体系便发挥了作用，海都终究无法取得更多的进展。

从1264年开始，30余年间，蒙古各大汗国之间大战数十起，小战无数，干戈不断，生灵涂炭。战争总会结束，总要以一方的失败认输来告终。而此时，各汗国的国内局势也大有变化。

在金帐汗国，继承别儿哥汗位的忙哥帖木儿在1282年去世，他死后，金帐汗国发生了一连串宫廷政变，最后由权臣那海扶持忙哥帖木儿第三子脱脱成了金帐汗。脱脱早期实力不够，只能听凭那海大权独揽，但到1298年，也就是海都和笃哇进攻元朝，俘杀阔里吉思的同年，羽翼已丰的脱脱开始向那海宣战，要夺回实权。这么一来，也就无暇再顾忌塔剌思会盟所提出的对元朝和伊儿汗国的战事了。

同时，海都和笃哇却走了一步臭棋，收留了金帐汗国属国白帐汗国的宗王古亦鲁克，此人与堂兄伯颜争位失败来寻找庇护。

白帐汗国是术赤长子斡尔达的封国，因为次子拔都能力出众，斡尔达主动将父亲传下的汗位让给弟弟。"长子西征"后，拔都将父亲留下的汗国的疆土面积扩大了近一倍，于是大力封赏自己的十三个兄弟，其中斡尔达得到的封地最大，包括咸海东北直至额尔齐斯河的地区，他的封国被称为白帐汗国。

如今白帐汗国内部出现纷争，本应该找宗主金帐汗国调解，但古亦鲁克却投奔了海都，这已经犯了忌讳，而海都予以收留，更是忌上加忌。

白帐汗伯颜害怕海都和笃哇会支持古亦鲁克回国夺位，干脆遣使元朝希望表示臣服，而金帐汗国此时的可汗脱脱还陷在与权臣那海的争斗中不能自拔，早已对与元朝敌对不感兴趣，反而默许了白帐汗国的作为。

元成宗认为白帐汗国是金帐汗国的属国，而金帐汗国是自己的属国，这种臣服是不合规矩的，因此没有答应白帐汗国的请求。但白帐汗国这么做，已经视海都为敌人，海都和笃哇成了腹背受敌，不得不用大量兵力防备白帐汗国，又失去了金帐汗国的助力，局势相当不利。

在伊儿汗国，旭烈兀的孙子阿鲁浑在1291年去世，经过其两位弟弟短暂的统治，其子合赞在1295年继承汗位。合赞一改先前所有可汗以军事为先的政策，皈依伊斯兰教，打击宗王贵族，开始全面地集权化改革，到1298年的时候，改革初见成效。因为金帐汗国内部的纷争，对伊儿汗国压力减小，窝阔台、察合台两国也主要东向而很少西顾，合赞已经决定全力攻打埃及的马木留克王朝，对东方的战局已经不再过多关注。

也就是说，此时必须分个胜负的决战，就在元朝和窝、察两汗国之间，或者说在元成宗和海都之间。

元成宗时代，元朝已经改变了忽必烈时四处用兵的政策，对安南、日本的攻略都停了下来，终于可以全力对付西北的压力了。

1299年，元成宗免了阔阔出的兵权，任命自己二哥答刺麻八刺之子海山出镇漠北，驻地为按台山，筹划反攻事宜。

海山便是日后元朝的第三任皇帝元武宗。此时他年仅18岁，血气方刚，精明强干。上任之后厉兵秣马，很快便展开了对窝阔台、察合台两汗国的反攻。

1300年，海山出兵西征窝阔台汗国，与窝、察联军会战于阔别列之地，虽然击退联军，但却被海都夜袭了辎重，导致军粮不济，未能乘胜扩大战果。成宗觉得侄子太年轻，欠缺稳妥，便派大哥晋王甘麻刺取代海山指挥元军。

见元朝转守为攻，海都和笃哇也不得不以攻代守。1301年，二人率窝阔台、察合台统领大军猛攻元朝戎北大本营按台山。

此时的海都已经68岁了，曾经风华正茂的青年奋战至今，已经垂垂老矣，深感时不我待。因此，这一次东征，他与笃哇率窝阔台、察合台两系诸王四十多人，统领大军二十余万，拼尽全力发动了自己人生中最大的一场会战。

元军也在甘麻刺、海山的统领下精锐尽出，前往迎击。双方在帖坚古山（今蒙古巴彦乌列盖省德龙以西图格雷格）一带展开鏖战，这便是改变当时世界格局的关键之战——"帖坚古山会战"。

因为笃哇驻地遥远，海都率军到达帖坚古山时，笃哇所部还未赶到。元军在大将床兀儿率领下趁其立足未稳，迅速发动进攻，将其击退。然而，两日后，笃哇率军赶到，窝、察两军回军力战，元军失利，危急关头，皇侄海山"挥军力战，突出敌阵"，逼退了联军，而海山军中的大将阿失还在混战中一箭射中笃哇的膝盖，使得笃哇"号哭而遁"，终于保住主力后撤。

三日后，窝、察联军再次西进，与元军战于兀儿秃之地。元军大将床兀儿"独以其精锐驰入敌阵，戈甲戛击，尘血飞溅，转旋三周，所杀不可胜计"。联军溃退。

经此大战，双方兵马损失都相当之大，元军虽小胜，却也无力再战。在甘麻剌、海山率领下撤退。而海都、笃哇虽都在战斗中负伤，但为了能重创元军，都忍痛率军兜后追击，一度逼近哈剌和林。哈剌和林的宣慰司官员惊慌失措，竟然烧毁府库撤退。可窝、察联军也已到了强弩之末，未能再前进，哈剌和林才侥幸没有失守。

"帖坚古山会战"，元军动用兵马十余万，皇帝的兄弟、侄子等亲贵统兵，却打得很不光彩。再加上最后的哈剌和林大撤退，更是丢尽了脸面。成宗大怒，把在哈剌和林不战而逃的官员、军士都发配云南谪征。

成宗虽然大怒，但这次失利却也有他自己的原因。因为侄子海山不够稳重而派大哥晋王甘麻剌为帅，可又因为甘麻剌曾和自己争过皇位而有所猜忌，派出老臣月赤察儿前往监督，这就使得元军号令不一。在原本战斗力强于窝、察联军的情况下反而差点失去哈剌和林，因此被臣下指出："海都之众不及国家百分之一，甲兵之利非吾师之比，返能为害，何哉？"就是因为"号令不专而人心不一，机会失宜而欲克敌难矣"。

说元朝甲兵之利强于对方并不是自夸，在战斗中，海都、笃哇作为一国之汗、军队统帅都能受伤，可想而知元军攻势猛烈。虽然战果并不理想，却有两员大将因战功获得极高封赏。一位是出身钦察伯牙吾家族的床兀儿，他父亲土土哈就是久镇边关的名将，1297年去世后由其袭父职，在帖坚古山之战中，床兀儿几次击退敌军，因此之后被封为句容郡王。另一位亦乞列思家族的阿失，其祖上是成吉思汗的妹夫，家世显赫，但毕竟是外戚，封王不能封为一字王。正是因为在帖坚古山之战中有着射伤笃哇的功劳，之后被封为一字王昌王。元朝此时对军功的奖赏还保持着蒙古帝国时期的严谨，无功不赏，可见此战对窝、察两军造成了不小的伤害。

战况不利，故都险些失守，如果正常来说，拉锯战应该还会继续。但天意实在很垂青元成宗，这场战果差强人意的战争却给他带来了祖父努力一生都未能得到的成果。

"蒙古人的最后一位君主"

正当成宗为帖坚古山之战愤懑难平之时，一个消息却让他转怒为喜——海都和笃哇撤军之后不久，一代枭雄海都在回军途中离世了。

至于海都的死因，《史集》中所言是伤重不治，《瓦撒夫史》和《完者都史》则记载是因病而死，至今尚无定论。以当时海都的年龄来说，即使不受伤，经过鞍马劳顿，也有可能发病而死。俄罗斯著名学者巴托尔德在自己的《七河史》中，认为海都应该是得病而死，日本的加藤和秀，中国的刘迎胜等学者也都持此说。

海都的一生几乎都在战争中度过，他给人们留下的印象，似乎也是一个穷兵黩武的武夫。而实际上，海都是一个文武兼备的统治者。他在个人操守上律己极严，他吸取祖父窝阔台和伯父贵由的教训，从不饮酒，所以即使常年鞍马劳顿仍能够得享高龄，近70岁时"九绺白须，身材中等而健壮"。

而且，他很有治国才能，在塔剌思会盟之时，海都便和与会诸人约定，将军队"迁到山地和草原上，不再在城市周围游荡，不再将牲畜赶到庄稼地里，也不再对耕种土地的剌亦牙惕（农民）提出不合理的征索"，以保证经济发展。在将察合台汗国纳为附庸之后，整个中亚几乎都在他的控制之下，一时也能出现"有着永不枯竭的源泉，潺潺流水的江河，广阔而茂盛的草原，肥沃和富饶的土地"这样欣欣向荣的景象。

但是，他终究不能把精力完全用在保境安民上，他有自己的宏图大志要实现，所以他不得不终生在战争的旋涡中打转。而他所面对的敌人也是非武力所能战胜的，他最终成为一个壮志未酬的悲情人物。法国历史学家勒内·格鲁塞曾给过他一段精彩的评价，或可总结其一生功过："窝阔台家族的这位最后一位伟大的王子，在他身上具有君主的才能。……在整个亚洲，他是唯一能够左右忽必烈命运的人，忽必烈甚至在其权利的鼎盛时期也没有战胜他。……他的厄运在于他生不逢时，当时忽必烈已在中国牢固地建立起国家，成吉思汗的其余各支已经半中国化，半突厥化，或者半伊朗化了。中亚的这位末代汗在很多方面也是蒙古人的最后一位君主。"

海都去世前，将后事托付给了自己半生的盟友和附庸，察合台汗国之汗笃哇："命运之手已向我发出了启程的信号，逝去的时刻就要临近了。在与我志向相同的诸王内，笃哇为最年长者，他诚实且贤明。他在目前比谁都忍受了更多的苦难，能处理危机。我在自己一生的统治中，曾给之以许多帮助。他一定不会拒绝报答我的家族。"

海都认为，笃哇与自己并肩作战近三十年，生死与共，祸福同享，既是同志又是战友，是可以信任的。

然而海都却忘了，自己与笃哇有着杀父之仇、夺国之恨。笃哇的父亲八剌正是在自己的逼迫之下一命而亡，而察合台汗国也完全被自己控制，予取予求形同奴仆。笃哇对他的顺从，不过是"十年生聚十年教训"的忍辱负重，现在自己将国家托付给笃哇，无异于开门揖盗。

海都有九个儿子，长子察八儿，次子阳吉察儿，三子斡鲁斯，四子忽达兀儿，五子速儿合不花，六子李巴黑失，七子忽里勒，八子也苦不花，九子月鲁帖木儿。其中第三子斡鲁斯"聪明、谨慎、有才能、英勇而又忠实"，是海都属意的继承人。可是，海都死了，笃哇正要将窝阔台汗国一举倾覆，怎么会按照海都的遗愿，立一个有才能的汗来阻碍自己的计划呢？

于是，海都尸骨未寒，笃哇便否决了他的遗愿，宣布立海都的长子察八儿为窝阔台汗国之汗。察八儿是一个"十分瘦削，长相难看的人"，才能有限而且常生病，笃哇立他为窝阔台汗，其居心是不言而喻的。

1303年5月，在笃哇的扶持下，察八儿正式即位。可被无端剥夺了继承权的斡鲁斯哪里能善罢甘休，他率领自己的军队，向大哥掀起反旗，窝阔台汗国的内战爆发了。

这样的内战，对于笃哇来说是再好不过，窝阔台家族四分五裂，察八儿必须依靠着他，他更可以随心所欲了。

但是，笃哇还不能马上对窝阔台汗国下手，他还有更要紧的事情办——与元朝约和。

海都的死，不仅为元朝去一大敌，更给各国结束战争状态带来了契机。数十年不断的战争，已经让各国不堪重负，即使国力最强的元朝，也因财政紧张而对西北用兵十分头疼。笃哇没有海都一般的野心，他只想做一个中亚霸主。何况，要消灭窝阔台汗国，笃哇需要外力的援助。于是，在扶立察八儿后不过两个月，笃哇向元廷遣使求和。

"我辈之国皆相沟通"

对于笃哇的求和，元成宗非常高兴，不但许和，还提出笃哇有权向窝阔台汗国索取曾被海都夺占的土地。

当年察合台从成吉思汗手里所获取的封地，仅是从畏兀儿之边延伸到河中的草原之地，并不包括突厥斯坦与河中的城廓农耕地区。忽必烈与阿里不哥争位之时，阿鲁忽夺取了这块辽阔的地域。海都兴起后，整个河中和突厥斯坦为察合台和窝阔台两家所占。元成宗很清楚海都死后察合台、窝阔台两汗国之间的实力对比的变化，他精明地利用笃哇请和之际，重提海都侵夺察合台汗国控制下的土地的历史，并许诺让笃哇占有从窝阔台汗国夺回的土地。这等于允诺了笃哇，元朝将成为他削弱窝阔台汗国的后盾。

笃哇在得到这个允诺后，诱骗察八儿也参加和解，察八儿哪里知道笃哇和元朝的密约，他事事都要依靠笃哇，自然不会反对。于是，察、窝两国一起遣使元朝求和。元成宗大喜，厚赐以金币，并派出使臣和窝、察两国使臣一起前往西方面见伊儿汗和金帐汗，希望各国全部罢兵修好。

1304年9月19日，三国使臣到达伊儿汗国陪都蔑剌哈，向伊儿汗完者都宣读约合诏书，完者都也积极响应。次月，完者都在阿塞拜疆的木甘草原会见金帐汗脱脱的使臣，两国罢兵修好。

这场绵延40年的"世界大战"终于落下了帷幕。元成宗铁穆耳也享受到了爷爷忽必烈从未享受到的荣耀，在名义上成了所有蒙古国家的宗主。此后几十年中，各汗国的可汗继位均要请元朝皇帝册封，各国铸造货币的正面一律要刻有元朝皇帝的名号，背面才能刻本国可汗的名号。

马可·波罗在他的游记中曾经称赞忽必烈说："大汗的御名为忽必烈汗，最后这个字在我们的语言中是指众王之王。

因为就所统治的人民的数目，幅员的辽阔，收入的巨大，他已超过了世界上过去和现在的一切君王；并且也从没有一个君主具有他那样的权威，获得他所统治的人民的绝对的服从。"这"众王之王"的尊号也许放在元成宗身上更为合适，各大汗国都承认其宗主地位，"众王之王"是实至名归的。

和平使得东西方的商路更为畅通，正如伊儿汗完者都写给法国国王金发菲利普的信中所说："我辈兄弟因信恶臣之谗言，以至失和，乃今铁穆耳合罕、脱脱、察八儿、笃哇和吾等其他成吉思汗诸后裔，皆赖上天之灵与福荫，借宿迄今已有四十年之久的纷争，复和好如初。由是东起日出地南家之国，西抵Talu之海，已使驿路交会为一，我辈之国皆相沟通。"

这种沟通是史无前例的。元朝与金帐汗国、察合台汗国的交往，是靠丝绸之路。作为丝绸之路的东半段所有者，元朝实行商税"有住税而无过税"的政策，即货物在市场上交易成功才纳税，沿途运输过程不纳税。丝绸之路在元朝所经之地兴起了一系列商业城市，如哈剌和林、上都、应昌（今内蒙古赤峰市克什克腾旗鲁王城）、德宁（今内蒙古包头敖伦苏木古城遗址）、净州（今内蒙古乌兰察布市四子王旗城卜子）、丰州（今内蒙古呼和浩特市白塔村西南）、亦集乃路（今内蒙古阿拉善盟黑城遗址）、集宁（今内蒙古察哈尔右翼前旗巴音塔拉镇土城子村北）等都成为当时重要的商贸都会，这些商贸都会与中国北方其他商业城市如保定、卫辉、真定、大名、济南、东平、晋宁、冀宁、大同等一起构成了一个巨大的商业圈。

这商业圈向西，则进入察合台汗国的领地。

　　察合台汗国地处中亚，是联通东西方的枢纽。其商路以撒马尔罕为中心，北上渡过锡尔河，到达塔什干、奇姆肯特，再向东经塔剌思河、楚河，抵达伊塞克湖附近，再向东抵达阿力麻里，北上沿巴尔喀什湖到达叶密立和霍博，再通向元朝。南下经铁门，抵达忒耳迷，从忒耳迷向南渡过阿姆河，折向西可抵达伊儿汗国、西亚、北非乃至东欧。因此，历任可汗都很重视对商路的维护和商业城市的发展，在以撒马尔罕为中心的河中地整饬商路，使得这里发展出一万多家客店，为行人提供食物和马料，"大量商人涌到他的汗国，满载着对他的赞誉而归，以至于他的领地成了这些商人行商的通道和经常性的交易场所"。

　　从察合台汗国再往西北则是金帐汗国。

　　金帐汗国让"那些国家的货物和珍奇物品在中断了一个时期后，如今又能畅销各处"。不惜人力、物力维修道路，设置驿站，并派重兵保护，保证来往的使节和商队"止则有馆舍，顿则有供帐，饥渴则有饮食"，在金帐汗国的保护之下，"从克里米亚到中国的道路完全畅通，没有危险"。

　　汗国的首都别尔哥萨莱城因为是东西方贸易的枢纽而成为"最美丽的城市之一"，在摩洛哥大旅行家伊本·白图泰的记录中，城市"极其广阔，位于平原上，居民熙熙攘攘，市场建筑美观，街道宽广……全城房屋栉比，没有一块空地，也没有一座花园。全城有十三座举行礼拜的清真寺……城中居住着不同的民族：蒙古人（他们是国家真正的居民和统治者，其中一些是伊斯兰教徒）；信奉伊斯兰教的阿速人；钦察人、撒尔克斯人、俄罗斯人与拜占庭人（他们是基督徒）。每个民族占有一定的地区，有自己的市场。从两个伊拉克、埃及、叙利亚等地来的商人与外方人住在'特别的'地区……"。

除了别儿哥萨莱，汗国最大的贸易城市还有花剌子模地区的玉龙杰赤城（今天乌兹别克斯坦的乌尔根奇），这座城市在成吉思汗西征时曾遭到毁灭性破坏，但如今已经重新成为大都市，是金帐汗国"最广阔、最雄伟、最美丽、最庞大的城市。市场建筑雅致，街道宽敞，房舍鳞次，真是美不胜收。该城人口之多宛如潮涌"，以至于外来的旅客想在白天进入城市都非常困难。

这两座城市只是金帐汗国大都市的代表。在随着伊本·白图泰的旅行，更多的繁荣城市出现在人们面前：哈只·台尔汗（又名阿斯特拉罕，今伏尔加河下游阿斯特拉罕附近），原为一小村庄，因为月即别汗的免税政策，已发展为一个大城市，"市场宽大，建筑美观"；爱杂格（又译为阿咱黑，今黑海沿岸），"位于海滨，房舍美丽，热那亚等地的商人多来此贸易"；克里木城（今克里米亚半岛克里木旧城），是"境内的一大美丽城市"；马扎儿城（今高加索地区苦马河畔），是汗国"最美丽的城市之一，位于大河之滨，有花园，多水果"。

这些城市皆是当时草原丝绸之路欧洲地区的重要据点和接力站。畅通无阻的商路如同河床，中国出产的丝绸、陶瓷，印度出产的香料、珠宝，西亚出产的铠甲、弯刀，中亚地区的水果还有金帐汗国最得意的出口品毛皮、彩陶像河水一样朝不同的方向流动，而在流经金帐汗国时，便要溢出难以计数的财富。

而伊儿汗国与元朝的交往既可以从察合台汗国经过陆路，也可以充分利用海路。元朝的泉州是当时世界上当之无愧的第一商贸港，"假如有一艘胡椒船开到埃及的亚历山大港或其他基督教国家，那就会有一百多艘船开到刺桐港（泉州）"。而伊儿汗国的忽里模子港被称为"商业之城"："其他许多商品的商人云集之所。他们将这些商品卖给其他商人，由这些人再运销世界各地。"

两边国商贸频繁，元朝的丝绸、瓷器等特产畅销于伊儿汗国，而伊儿汗国的特产，如首都帖必利斯城生产的"价高而奇丽"的金丝织物，突厥曼州出产的"世界最优质、最美丽的地毯以及紫红绸缎"，大亚美尼亚清冈生产"精细的棉布和其他各种奇异织物"，起而曼制作的"如马鞍、马勒、踢马刺、剑、弓、箭袋以及这里的人们所使用的各种武器"等又都涌入元朝。

商业繁盛自然会使得文化的交流更为频繁，对后世影响巨大。罗马教廷能够在中国设立教区，东方的佛教寺庙也修建到了伊朗高原，火药西传促进了欧洲的武器进步，西方的新式投石机进而改变了中国的战争面貌，中国瓷器吸收伊朗因素产生了元青花，波斯绘画吸收中国画法产生了波斯细密画，其他如造船航海术的发展，棉花种植与棉布的普及等不胜枚举。

这也就是杉山正明、杰克·威泽弗德等学者所提出的虽有一定夸大，但也确实有依据的"最早的全球化时代"。

国朝大事，征伐最末

与四大汗国约和，又停止了对周边小国的征伐，元朝基本进入了承平时期，战争已经绝少，但重大的国际事件即使结束也会有一定余波，持续数十年的重塑秩序的大动作余波也是不可避免的。

第一个余波，是窝阔台汗国的灭亡。

虽然约和，但与其他汗国不同，窝阔台汗国的海都从称汗之时起，这个可汗并不是蒙古帝国之下封国之汗，而是蒙古帝国大汗，塔剌思会盟之时，海都被金帐、察合台两汗国尊为"阿合"，也就是承认其准大汗的身份。如果他能够击败忽必烈，稳居蒙古腹心，那他便是大家承认的大汗。

如今海都赍志以殁，各大汗国都承认了元朝的宗主地位，其他汗国的身份没有问题，而窝阔台汗国就十分尴尬，察合台汗国欲将之灭之而后快，元朝也不愿意其继续存在。

约和之后不久，窝阔台汗国的末日便来临了。

1306年，笃哇派自己的长子也先不花占领了窝阔台汗国西部的哥疾宁。同时，笃哇暗中支持察合台长子木秃坚的孙子牙撒兀儿攻击窝阔台汗国掌控的撒马尔罕到忽毡等地，而在双方打得难解难分时，笃哇主动遣使察八儿，提出这是"年轻人轻率"，应该议和。待到议和时，笃哇暗中命令牙撒兀儿偷袭窝阔台汗国军，将之彻底击溃。就这样，窝阔台汗国的土地一块块被吞并，军队一支支被消灭。到1308年，河中至哥疾宁之地陆续被笃哇控制。

在如此局面下，窝阔台汗国之汗察八儿也不是不想反抗，但他根本抽不出手来。原来，在笃哇开始吞并各地领土之时，元朝也开始了对窝阔台汗国的清算。1306年七月，元成宗派海山率军从按台山方向威胁窝阔台汗国的侧背，察八儿预计他与元之间的兵端有可能再兴，遂率十万大军从也儿的石之地出动，到按台山与之对峙。海山曾与海都作战，常有斩获，察八儿远不如乃父，如何是海山的对手！很快便一败再败，最后十万大军溃散，全部向海山投降了。察八儿仅剩数百骑逃走，无奈之下只得投奔笃哇，成了笃哇的附庸。

已经是笃哇的附庸，察八儿自然不可能对之有任何反抗，只能眼睁睁看着父亲留下的土地被步步蚕食。待到彻底降服了窝阔台家族大小贵族后，笃哇更进一步，于1307年在阿力麻里附近的忽牙思草原召集"库里勒台"，当着与会宗王三百六十余人之面，列数察八儿之"罪状"，宣布废黜他，另立海都次子阳吉察儿为窝阔台汗国之汗。这种废立程序实在太过司空见惯，不过是为了彻底吞并做个铺垫而已。

在废黜察八儿不过几个月，笃哇病逝。笃哇死后，其子宽阁仅在位一年便也随之去世，旁系宗王塔里忽篡夺了汗位。而笃哇另一子怯别在贵族们的支持下与塔里忽争位，察合台汗国发生内乱。而已经对前途无望的察八儿看到了机会，他联合一些贵族，发动了对怯伯的攻击，打算一举攻灭察合台汗国的核心力量，光复故国。

然而，察合台汗国此时正是蒸蒸日上之时，虽然有了内乱，却并没有伤筋动骨。怯别很快攻杀了塔里忽，并正面迎战察八儿。察八儿一度占据上风，但察合台各贵族纷纷率兵前来支援，怯别反败为胜，察八儿所部几乎全军覆没。怯别借此战，拥立自己的哥哥也先不花成了察合台汗国之汗。

如此，察八儿已经走到穷途末路，再留下来只有死路一条。所幸，此时元成宗铁穆耳已经去世，继承其位的是元武宗海山。海山虽然曾和察八儿打过仗，但他对笃哇擅自废黜察八儿的举动很不满，所以曾遣使安抚过察八儿。察八儿此时只能前去投奔元朝了。

在出发之前，察八儿也撺掇自己的二弟，被笃哇所立的窝阔台汗国之汗阳吉察儿和自己一起出逃。阳吉察儿也认为在察合台汗国这头猛虎之侧是无法安睡的，于是和察八儿一起，于1309年率七千余人归附元朝。

察八儿和阳吉察儿这一走，窝阔台汗国本已经所剩不多的领土，也儿的石河以西之叶密立、阿力麻里附近和塔剌思河流域，被察哈台汗国彻底并吞。窝阔台汗国灭亡。其国祚如果从海都起兵的1260年开始算起，是49年；若从塔剌思联盟海都称汗算起，则只有40年。

而察八儿和阳吉察儿的命运在日后也有天渊之别。阳吉察儿是笃哇所立的窝阔台汗国之汗，元武宗海山对他很不放心，当他们一行刚到达大都，阳吉察儿便被鸩酒毒死了。察八儿则受到很好的安抚，被授予封地。元武宗去世后，其弟弟爱育黎拔力八达即位，是为元仁宗，元仁宗封察八儿为汝宁王。察八儿从此便留在元朝，在他之后，他的儿子完者帖木儿，孙子忽剌台继领汝宁王，整个家族在元朝享受着富贵而安然的生活。

第二个余波，是察合台汗国与元朝的冲突。

1309年夏，察合台汗国是也先不花为汗。在即位的前四年，也先不花对元朝相当的友好恭顺，经常地进贡珠宝、皮币、马驼、璞玉和葡萄酒，元廷也回赐大量钞币。两家之间不但使团往来频繁，民间商贸也很繁荣。

然而，到1313年，察合台汗国与元朝的关系急转直下，也先不花汗连续扣留了元朝和伊儿汗国之间互派的多批使团，随即察合台汗国与元朝之间便爆发了战争。

惹祸的，是一个名叫阿必失哈的使臣。

按照《完者都史》的记载，1313年年初，伊儿汗国派往元朝的使臣阿必失哈从元朝返国。途经察合台汗国时，阿必失哈停留下来接受宴饮。酒席间，阿必失哈喝醉了，"在酒醉和不知不觉中"，透漏出"一些骇人听闻的、煽动性的胡言乱语"：继承元武宗皇位的元仁宗对于察合台汗国很不放心，自己这次出使伊儿汗国，就是要联合伊儿汗国，东西夹击，将察合台汗国一举消灭。

这个消息，可谓石破天惊。

从1303年笃哇与元朝媾和之后，察合台汗国与元朝已经维持了十年和平。但是大体上的和平并不能掩盖小范围的摩擦，在窝阔台汗国灭亡后，其土地大部分被察合台汗国吞并，但霍博（今新疆和布克赛尔）地区则被元朝占领。毕竟与察合台汗国交战数十年，元朝不得不有所防备，因此在这里驻扎了岭北行省丞相脱火赤率领的十数万大军。窝阔台汗国灭亡时，察合台汗国和元朝并没有就其土地的划分问题有过商量，各占一块的结果便会有纠纷，双方因为牧场的使用等问题摩擦不断。

这样的小摩擦平时看来算不了什么，而结合阿必失哈的说法，对于也先不花汗可就是晴天霹雳了。于是，他扣留了阿必失哈。

阿必失哈使团被扣。而元朝对此毫不知情，不久又派出拜住为首的使团前往伊儿汗国。这个使团一入察合台汗国国境便被也先不花汗扣押，拜住被抓到也先不花汗面前审问。

拜住大感奇怪，问道："今上所遣，不过通岁时问礼，曷有他意？"也先不花汗道："使者往来，皆言有启边生事形迹。汝此行宜得要领，可实言，否则榜掠，汝亦必言。"拜住坚称自己出使没有与伊儿汗国密谋。但也先不花汗哪里肯信，让拜住跪在雪地中，又命人"纳诸股，击之"。拜住大呼冤枉，说携带的诏书都在，并没有任何密谋，阿必失哈根本就是"诡辞"，不可相信。也先不花汗检查了诏书，没发现什么，但也不相信拜住，将之扣押起来。在拜住之后，也先不花汗干脆断绝了和元朝之间的驿路，又扣押了三批使团。

元朝是否联系伊儿汗国夹击察合台汗国，这已经成为一个谜案。不过，从后来历史的发展来看，先动手是也先不花汗，而元朝在被扣留多批使团之后也没有军事行动，说明并无动兵之意。何况，此时在位的元仁宗与哥哥元武宗不同，是一个从小接受儒家教育的儒化帝王，登基后进行了一系列儒化改革，重开科举，并没有扬兵域外的雄心。阿必失哈所言，应该如《完者都史》所记载的一样，是酒醉后"煽动性胡言乱语"。

可无论真相怎么样，也先不花汗已经信以为真了。他调集五万兵马，于1313年末1314年初，突袭元朝在霍博的驻军。元朝岭北丞相脱火赤没有想到也先不花汗会大举来犯，仓促间无力抵御，率军后撤也儿的石河对岸。待到整顿兵马后，才与也先不花汗正面较量。双方激战一场，察合台汗国军大败，被迫后撤。

经此一战，也先不花汗发现察合台汗国军的战力不如元军，而因为十年的和平，察合台汗国内部大部分贵族不愿与元朝为敌，作战消极，甚至有人给元军递送军事情报。也先不花汗见此不利局面，于是派出使臣求和。然而，元仁宗接待了也先不花汗的使臣，表示这次冲突只是察合台汗国与西北戍军脱火赤所部的冲突，并非两国之间的战争，但同时他也敕令西北边境各路人马随时做好战斗准备。

如果也先不花汗此时坚决停战，也许和平会重新降临。但他误判形式，以为元廷并不想和自己全面开战，自己正好可趁机击退脱火赤所部，彻底解决与元朝的边境问题。于是，他再次派弟弟怯别、也不干率兵进攻脱火赤。

这一回，脱火赤早已枕戈待旦，而其侧翼，由元朝猛将句容郡王床兀儿统领的大军也前来参战，察合台汗国军遭到迎头痛击，惨败而回，先锋一千人被歼，仅有七人生还。也先不花汗闻讯，率主力前往报仇，与脱火赤、床兀儿会战于"亦忒海迷失之地"，双方血战一天，未分胜负。

此战虽未可说是失败，但察合台汗国军的损失仍十分惨重。也先不花知道自己即使单独面对脱火赤所部也不是对手，于是退兵。按说，已经挑起战端，应该随时准备应对对方的报复，可也先不花汗竟然认为和元朝的战争可以就此结束，反而抽调主力，命弟弟怯别去攻打伊儿汗国的领地呼罗珊，想通过对呼罗珊的占领弥补与元朝作战的损失。

这种拆了东墙补西墙的做法后果极为严重。也先不花一面求和，一面出兵作战的行为，彻底激怒了元仁宗。这位皇帝虽然文弱，却也是成吉思汗和忽必烈的子孙，还是被所有蒙古汗国承认的宗主，怎能容忍作为藩王的察合台汗国如此犯上！1315年，元仁宗颁下旨意，命元西北诸军全面进攻察合台汗国。元军近二十万大军兵分两路，北路为脱火赤、床兀儿所部，南路为驻扎在河西、哈密一带的诸王宽彻所部，两路大军齐头并进攻入察合台汗国国境。

在元军的猛攻之下，察合台汗国各路人马一溃千里，被元军"转杀周匝，追出其境"，也先不花的宫帐被洗劫，他的夏营地塔剌思和冬营地亦思宽全被元军占领。也先不花急召攻打呼罗珊的怯别所部回军支援，又被元军大败于"札亦儿之地"。

如果元军趁势继续进逼，也先不花汗可能会失去更多的土地财货，所幸元仁宗对于元军的命令仅是夺取也先不花汗的夏营地和冬营地，元军得胜之后没有继续推进。

此后，虽然大规模的战争已经结束，但小规模的边境冲突仍持续不断。直到也先不花在1320年去世，他的弟弟怯别成为新一任的察合台汗国之汗后，分别向元朝和伊儿汗国求和，战争才算彻底结束。

第三个余波，是征"八百媳妇国"之战。

这八百媳妇为傣族的一部，兴起于泰国北部边陲的夜柿河地区，原本只是个小部落，臣服于泰国北部哈利奔猜王国（中国史册称为女王国）。

元朝时期，其国王孟莱勇武有为，联合泰国南方的素可泰王朝（暹国），在至元二十九年（1292）吞并了哈利奔猜王国，之后又向西征服了帕尧王国，定都清迈，从此称雄泰国北部。

所谓"八百媳妇"的国名，是中国史书对其的称呼，原因是传说其国王世世有八百个妻子，她们各领一寨，故此得名。其国王有八百个妻子，岂不让人羡煞？不过，当时的泰国妇女都是"长眉睫，不施脂粉，发分两鬓。衣文锦文，联缀河贝为饰。尽力农事，勤苦不辍"，属于超级贤内助，绝非娇声嗲气、弱不禁风的佳人。泰国自古保存母系社会残余较多，被八百媳妇国所灭的哈利奔猜王国被称为"女王国"便可看出其妇女至少能顶半边天。以中国的观念，女人各领一寨，必定要与国王有夫妻关系才行，其实并非如此。泰国人称这个国家为"兰那泰王国"，意为百万稻田国。

这八百媳妇国原本和元朝并无交集。世祖时期对东南亚各国用兵，安南、缅甸、占城都没能幸免，泰国南部的暹国、罗斛国虽没挨打，但也早早称臣纳贡。可能是灯下黑的原因，躲在泰国北部的八百媳妇国反倒太平无事，元朝也一直没想起来让他朝贡，更没有动兵。

可元朝强盛时期，周边的小国并不是安分守己就可独善其身，八百媳妇国在成宗朝平白因为缅甸的内乱，走向了元朝的对立面。

世祖时代，元朝击败蒲甘王朝使其称臣，但辉煌一时的蒲甘王朝经过战火四分五裂，出现群雄割据的格局。蒲甘王朝的王族虽然已经和地方政权区别不大，却还是名义上的缅甸主宰。成宗继位后，给蒲甘王赐以银印、虎符，承认其是整个缅甸的王。但蒲甘王朝已经日薄西山，根本无力再度统一缅甸。1298年，掸族首领阿散哥也兄弟攻陷蒲甘城，杀害缅王及世子宗室等百余人，并恶人先告状，奉贡入元朝，向成宗报告说缅王有不奉元朝圣旨，擅自攻伐其他部落的罪行，自己为大皇帝废黜缅王，是为了维护大元的权威。

但幸存的缅王另一王子到云南，向行省诉冤，指出阿散哥也兄弟在叛乱中，不但杀害缅王父子，连元朝派驻蒲甘的国信使随员、商人百余人也被杀害。

成宗闻报大怒，于1300年命云南行省平章政事薛超兀儿、左丞忙兀都鲁迷失等为统帅，出兵一万二千取道永昌腾冲入缅作战。

阿散哥也兄弟自然不是元军对手，首府木连城被围困，"城中薪食俱尽，势将出降"。眼看大势已去，阿散哥也却使出一招在官场常见，而在战场罕闻的计策——重贿元朝统兵官。元军诸将都是贪财之辈，收受阿散哥也重金贿赂后，便以

"天热瘴发"为由撤围班师。

阿散哥也用金钱退兵之后，立即于是年秋天赴阙请罪，希望求得原谅。成宗出兵缅甸，只是履行宗主国对藩属的责任，但见蒲甘王族实在扶不起来，阿散哥也兄弟对自己也算恭顺，便顺水推舟承认了其在缅甸北部的统治权。

原本事情已经结束，然而云南行省左丞刘深为了立功邀宠，以八百媳妇国帮助过阿散哥也兄弟作为借口，上奏成宗，提出："世祖以神武混壹海内，功盖万世。皇帝继位以来，未有武功以彰显神武天资，西南夷有八百媳妇国未奉大元正朔，请允许为臣为陛下征之。"

这个上奏既是撺掇，也是激将，成宗被"继位以来，未有武功以彰显神武天资"一句刺激，接到奏疏，立即发钞十万锭作为军资，命刘深率军二万前去征讨八百媳妇国。

1301年盛夏，刘深率军取道顺元侵入八百媳妇国。

八百媳妇国的自然环境比之缅甸、安南还要恶劣，烟瘴遍地。刘深的大军在盛夏季节冒着烟瘴前行，还没有作战，士兵非战斗减员便已有十之七八。八百媳妇国根本没动一兵一卒，元军便已经到了崩溃的边缘。非但如此，为保障吃饭问题，刘深又驱民夫负粮食辎重辗转于丛林溪谷之中，以接济军需，每运送一次便要几十天才能到达，民夫死亡率更是远超作战部队，而又因"溪洞险恶，无木牛流马可运"，所以"率一斗粟数十倍其费始达"，耗费钱粮无以数计。

到了这步田地，战争已经失败，可刘深不但不退，反而向云南各地土司征调民夫、勒索赠品，并发出了"身死行阵，妻子为虏"的威胁。其中，顺原路总管、彝族女首领蛇节被要求缴纳黄金三千两、马三千匹。

这位蛇节，是前顺原路总管阿那之妻，阿那去世后承袭夫位。其人素有艳名，矫健多力，且有权略。刘深的勒索使她愤怒不已。而此时，雍真葛蛮土司宋隆济在遭到勒索后一怒之下起兵反元，蛇节遂与之联合，一起掀起反旗。

宋隆济、蛇节等军都是本地少数民族，熟悉地理，彪悍善战，很快就攻陷杨黄寨，接着又进攻贵州。刘深的作为早已在云南遍地撒满了干柴，宋隆济、蛇节如同火星一般，立即使得大火燎原。不但是彝族、车里白衣族、江头江尾和尼族、傣族金齿等也相继起兵，乌撒（治今贵州威宁）、乌蒙（治今云南昭通）、东川（治今云南会泽）、芒部（治今云南镇雄）、武定、威楚（治今云南楚雄）、普安等地一片刀光剑影。

刘深被围困在绝谷之中，所幸宗王阔阔相救，才逃出生天，但经此一战，再加上先前的损失，"士卒伤殆尽"，"将士存者才十一二"。

没能攻灭他国开疆扩土，自己的辖区内却被弄得动荡不宁。成宗深恨刘深无能，下旨罢免刘深等人官职，收缴符印。同时，派出大将刘国杰率军平叛。

刘国杰，字国宝，女真人，是世祖时代与张弘范齐名的大将，在灭宋、平定漠北宗王叛乱等战役中屡立大功，被赐为"霸都"称号，人称"刘二霸都"，此时已经68岁了。

虽然年老，但毕竟是百战良将，刘国杰面对不利形势，诱敌深入，大小四十余战，终于俘杀蛇节、宋隆济。随着两个领袖被俘杀，各地叛军群龙无首，渐次被平定下去。

战事虽然平定了，可原本安宁的云南经此战乱，一片民生凋敝，社会秩序混乱的景象，经多年才稳定下来。成宗悔怒交加，将刘深处死。

而八百媳妇国，日后却主动称臣纳贡，接受元朝的册封，成为元朝相当恭顺的藩属之国。

灭窝阔台汗国、击败察合台汗国是确立大汗地位之战的余波，征讨八百媳妇国则是确立皇帝地位天下秩序的余波。所谓"国朝大事，曰征伐，曰搜狩，曰宴飨，三者而已"，这些余波过后，国家大事，征伐最末，直到元朝末年，对外再无大战了。

终　章

大一统——不仅在疆域，还在心理

随着大型战事的结束，元朝的开国历史可以落下帷幕了。

虽然元朝的历史后面还有很长的时间，有很多的精彩。但作为本书的终章，我们可以从那金戈铁马的荡气回肠、战火硝烟下的热血和泪水中醒过神来，思考一下：元朝为后人留下了什么？

每个王朝都会有自己的历史地位，在说到元朝时，一般会有"大一统""奠定今日中国版图"的定位。

那么，"大一统"究竟是什么？元朝的大一统与前代相比如何？为何说它奠定了今日中国版图？元朝灭亡后，明朝并未能全盘继承元朝疆域，那奠定今日中国版图之说能否靠得住？

要说清这些问题，需要厘清"大一统"的来龙去脉，以及"大一统"和"天下秩序"的关系。

这算是"说来话长"了。

在古代，因为对于周边环境的懵懂，世界各地的文明都将自己视为世界的中心，并以这个中心勾画出世界的样貌，美国汉学家史华兹在《中国的世界秩序观：过去和现在》中便总结过这个规律："在一个较大地区产生一定程度的军政结合，使主要权力争夺者在被他们误认为是整个文明世界的区域内寻求某种独一无二的普遍权力。这样的普遍权力自有其宗教和宇宙观基础。"

在中国，这个世界便是"天下"。如上所说，这个"天下"并非一个属于科学认知的空间概念，而是对世界的想象，是古人站立在大地上时对他与万物所共有的生存境域的感受和理解。

"古代民族在观察世界时，一般无法避免一种'自我中心'的视阈，就是以自己为中心进行定位，对其他民族的认识是从自己的关系来出发的。"（方汉文：《比较文明史——新石器时代至公元五世纪》）中国古人对于天下的理解，也是以自我为中心，将自己的文明体视为天下的中心，而整个天下是按照一定的秩序排布开的。即所谓"天下国家"，也就是"溥天之下莫非王土，率土之滨莫非王臣"。

"溥天之下"的范围，在理论上是无限的，而且是一个整体，统一于一个君王。而君王对于天下的治理，则是如涟漪一般逐渐扩大继而减弱，先是将想象中的血缘亲疏关系来确定国家内部政治秩序与地理空间分配，形成以王畿（王所在的首都）为中心向四周辐射的同心圆状政治秩序与地理分布格局。到了最为疏远的外邦，便以夷夏之辨为基础，坚持华夏居中、夷狄居表，夷狄虽然"非我族类"、服饰相异，但也在君王统治之下，只是他们所居住的地方蛮荒，君王不必亲自掌管，由他们自治而已。"要服""荒服"的蛮、夷、戎、狄，直至地处蛮、夷、戎、狄之外的藩国，不论距离多远，理论上亦均为"王臣"。

应该说，这种观念在商周之际及其后的社会与思想变革确立了它的外在形态和文化内涵，春秋战国时期"以类行杂"的帝王学为它赋予系统化、条理化的有机秩序，到秦汉大一统专制王朝的建立，使它最终成为一个意义完备且充实的概念。

秦王嬴政把最高统治者的称号由"王"改为"皇帝"。所谓皇，"君也，美也，大也，天人之总，美大之称也"；所谓帝，"谛也，王天下之号"，皇帝便是最大最美的天下之主。这个称号也被后世各朝沿用。如宫崎市定所言："皇帝是宇宙唯一的存在，因而是专有名词，不需要任何限定的形容词。……这一制度在秦之后也延续下去，天子自称时不会加上王朝名而称'汉皇帝''唐皇帝'等。与此相反，对外国的君主则加上地名，称'倭王''日本国王'等，以表示是某一有限地区的君主。"

不过，秦统一六国，若以"天下"而论，只是华夏的统一，而非天下的统一。因此，秦始皇南征百越，北击匈奴，在其地设立郡县，开启了新的天下秩序："秦朝的天下秩序，看来有三个层次，即内郡、外（边）郡、外郡之外徼……内郡之地设郡守；外郡之地设郡守，间亦设君长；外郡之外徼，亦立君长。"但是因为穷兵黩武，透支国力，秦始皇死后便发生大乱，秦王朝仅存世十六年便告瓦解，秩序的建设只能交给后继者。

两汉时期，传习《公羊传》的儒士形成公羊学派，提倡"王者无外"的大一统。何休便认为："王者以天下为家。"所谓"天下"包括"诸夏"与"夷狄"，"王者欲一乎天下，曷为以外内之辞言之？言自近者始也"。所以应该"当先正京师乃正诸夏，诸夏正乃正夷狄，以渐治之"。

公羊学不是以种族、血统来区分"诸夏"与"夷狄"，而是以文明道德来区分。所以，"夷狄"在文明上进步了，应受到赞许，而诸夏在文明或道德倒退了则视为"新夷狄"。而作为诸夏的主宰者，天子有义务"王者无外""夷夏一体"，而所谓"王者无外""夷夏一体"，便是说天下乃是"统一"的天下，"日月所照，舟舆所载"的普天之下、"六合之内"均为"皇帝之土"。所以"王者博爱远施"，故尔"外内合同，四海各以其职来祭"；"德行延及方外，舟车所臻，足迹所及，莫不被泽。蛮、貊异国，重译自至。方此之时，天下和同，君臣德，外内相信，上下辑睦"。

不过，"王者无外"思想虽然已经成为人们所认可的思想，但毕竟在现实中要完全推行，难度还是很大的。开拓疆土受制于北方游牧民族及西南方的崇山峻岭，所以皇帝直接统治的"天下"一直未能与时人视野所及之"天下"完全重合。

于是，一种变通的观念随之而生，天下出现了两个概念：整个世界可称为天下，皇帝所能实施直接统治的区域亦可称为"天下"。也就是"只能说在以华夏为中心的前提之下，是将周边的蛮夷戎狄都统摄于理想化的'天下'，从而'德化被于四海'，还是以现实统治为'天下'空间范围，在华夷之间划出一条明确的边界的问题"。无边界的"天下"是文化意义上的，而有着明确边界的"天下"则是政治意义上的。

文化意义的天下与政治意义的天下只能巧妙地并行，这两种天下的概念在各种不同的政治场合或政治动机下总会被有意地取舍。当国力强盛之时，文化意识的天下观便会占主导地位，以天下共主的身份对外宣示德威，即所谓"明犯强汉者，虽远必诛"，而一旦国势衰弱，不足以开疆拓土时，政治意义的天下观则为主流，对于天下的追求便以不得威胁皇帝实际控制的"天下"——"中国"的安全或利益为前提。

两种天下观的取舍在之后的历朝一直都是统治的重要手段。即使两晋时期"五胡乱华"，无论是北方的众多少数民族政权还是偏据南方的汉人政权，在都在以"天子""皇帝"自居的同时，也在依据自身力量在不同的时期在这两者之间取舍。

隋朝统一北方后，北朝所延续的各族融合，正统相承得到巩固。589年，隋朝南征，灭亡南朝陈朝，结束了南北对峙、各称正统的局面。而在隋朝终于重现两汉时代政治意义的天下统一的同时，文化意义的天下秩序则面临着极大的挑战。在北方蒙古高原上，崛起了突厥汗国，自木杆可汗时代起，突厥汗国即征服了蒙古高原上的契骨、契丹、奚及吐谷浑等部落，室点密可汗也征服了嚈哒以及其他西域诸国。

在突厥汗国如日中天之时，作为隋朝前身的分治北方的北周、北齐都不得不对其示弱示好。北周"岁给缯絮锦彩十万段"，并且给予突厥人在长安城里"衣锦食肉者，常以千数"的待遇；北齐则"惧其寇掠，亦倾府藏以给之"。象征着天下秩序的"天子"们如此，使得突厥汗国对中原王朝极为蔑视，佗钵可汗就曾说："我在南两个儿常孝顺，何患贫也？"

也就是在这种蔑视之下，突厥汗国开始了自己天下秩序的铺排，以秩序的主导者自居。577年，当北齐遭到北周攻击时，佗钵可汗便扶持北齐皇子高绍义为"齐帝"。完全没有接受传统中原王朝典章制度的突厥可汗扶立象征天下之主的"皇帝"，由两汉时代所确立而又被南北朝时期北朝各朝所继承的天下秩序遭到破坏。

隋朝统一南北后，隋文帝开始着力进行文化意义的天下秩序的重建，首先便是打击突厥汗国。而突厥汗国也因为分裂而势力大衰，被隋朝"远交近攻"，不复强盛。

但是，隋朝在文帝时并未能最终完成天下秩序的重建，不但突厥汗国未能彻底服从，即使东部的高丽也不愿承认隋朝的天下秩序。到隋炀帝时，正是因为屡征高丽而透支了国力，重新导致天下大乱。

在隋末大乱之际，突厥汗国再次进行了自己的天下秩序建设：始毕可汗在617年册封在马邑起兵的刘武周为"定杨可汗"，"定"为"平定"之意，"杨"则是隋朝国姓，这个封号即"平定杨氏的可汗"之意。同年，始毕可汗又册封在朔方叛隋自立、国号梁、建元"永隆"的梁师都为"大度毗伽可汗"，意为"大度明智可汗"。620年，处罗可汗还扶持隋炀帝之孙杨政道为"隋王"。至于李渊、薛举、窦建德、王世充、李轨、高开道等反隋群雄，都接受了突厥可汗的册封，得到不同的封号。

众所周知，突厥语的"可汗"，是至高无上的统治者，等同于汉地的皇帝。不过，因为该词也被统治部分亚洲腹地的民族使用。因此，突厥的可汗尊号之前，要冠有突厥语"天一样的、自天所生的"的形容词，这便是"天可汗"。在天可汗之下，还有"狼可汗"（汉语称"附邻可汗"）和"屋可汗"

（汉语"遗可汗"）等小可汗，是具有高度自治权的政治军事权威统治者。突厥可汗册封汉地群雄为小可汗，以突厥汗国为中心的天下秩序已经初见雏形。

这可算是东亚政治秩序在最终形成前最大的一次变局，不过，随着唐朝的建立，这一情形没能巩固。唐朝强势崛起，迅速扫平群雄，彻底击败突厥，接过了隋朝尚未完成的天下秩序的重建工作，并有新的发挥。

唐朝破突厥、灭高丽，建立起极具向心力的东亚政治秩序。而为了更好地被汉族之外的民族所接受，唐朝皇帝又在"皇帝"之外，使用了"天可汗"尊号。

"皇帝"与"天可汗"并用，是一个创举，也是一种妥协。由春秋至两汉终得形成的天下秩序，是要以皇帝位中心，而皇帝是汉人最高统治者的尊号，虽然在文化上赋予了其天下之主、汉夷共主的身份，但对于"中国"之外的民族来说，并不具有天然的神圣与权威，若没有接受汉文化，便不能体察皇帝所代表的意义。而天可汗的尊号，则将皇帝与之等同，用西域草原所熟悉的至尊号诠释皇帝，以期获得认同。

唐朝以"中国"为核心，推行的天下秩序是有伸缩的。其在边境设有六大都护府：单于都护府（初称为云中都护府），辖境相当今内蒙古阴山、河套一带；安北都护府（初称为瀚海都护府），辖境约相当今蒙古国和俄罗斯西伯利亚南部一带；安西都护府，统辖安西四镇（龟兹、疏勒、于阗、碎叶），辖境相当今新疆及中亚楚河流域；北庭都护府，统辖包括天山北路东起今阿尔泰山、巴里坤湖，西至咸海的西突厥各部族；安东都护府，辖境西起辽河，南至今朝鲜北部，东、北至海，包括今乌苏里江以东和黑龙江下游两岸直至海口之地；安南都护府，辖境北有今云南红河、文山两自治州，南至越南河静、广平省界，东有广西缘边一带。

这六大都护府所管辖的区域并不是同时达到这样的范围，而且达到最远点的时间较短。如安北都护府663年的辖境约相当于今蒙古国和俄罗斯西伯利亚南部一带，到686年的辖境就退缩到今我国内蒙古自治区一带；安西都护府在公元656—663年的辖境扩大至自今阿尔泰山西至咸海间所有游牧部族和葱岭东西直至阿姆河两岸城郭诸国，到安史之乱后退至葱岭以东；北庭都护府在安史之乱后辖境完全丧失；安东都护府在670年的辖境仅剩下辽东，后又退到辽西；安南都护府在安史之乱后，西北（今云南）逐渐被南诏国占据。

另外，唐朝时也是吐蕃帝国强盛时期，虽然后世举出文成公主、金城公主嫁入吐蕃作为其承认唐朝至尊地位的证明。但实际上，吐蕃帝国一直是唐朝建立天下秩序的极大挑战，文成公主入藏，是有被威胁的意思在内的。唐太宗初时并不同意和亲，吐蕃赞普松赞干布便先讨伐吐谷浑，继而攻入唐境，并致书唐太宗："若不许嫁公主，当亲提五万兵，夺尔唐国，杀尔，夺取公主。"而在两国和亲之后，战争仍然持续不断，在唐朝鼎盛之时，尚且有673年、692年、702年、727年和728年多次大规模战争。安史之乱后，唐与吐蕃的战争连年不断，763年，吐蕃军队更是占领过唐都长安。而在西域、中亚一带，吐蕃也是唐朝最主要的竞争对手，直到阿拉伯帝国崛起东进，加之唐朝和吐蕃的相继衰落，才改变了这一态势。

因此，唐朝虽然在天下秩序的建设上超过了两汉，也给后世留下了可供借鉴的方法，但以当时科技和生产力所能了解的区域，即整个"天下"中，其并未能做到独尊，这个任务只能交给后人来完成了。

907年，唐朝灭亡。虽然唐朝从安史之乱后，一直处于衰弱不振的状态，但因为其强大的影响力、不可忽视的软实力以及长期的秩序惯性，唐朝仍是东亚政治秩序的中心，周边的小国仍以唐朝为中心安于各自的地位。而唐朝灭亡，其后继者五代各朝的实力和威信都根本无力维持东亚秩序，东亚国际秩序也随之瓦解了。心理上的和实力上的稳定核心消失，天下秩序需要再一次重建。

唐朝灭亡与西晋灭亡有相同之处，即一个稳定的、为人所认可的天下秩序遭到了破坏，且长时间未能重建。西晋灭亡，南北分治，直到唐朝方才重建秩序，而重建的秩序远比西晋之前更为合理，区域也进一步扩张。唐朝灭亡，五代十国乱世，后虽然有宋朝的建立，但宋朝连"中国"的统一都没能完成，先与契丹辽朝、党项西夏三足鼎立，之后又与女真金朝南北对峙。最终完成统一，并且将天下秩序确立的，则是唐朝灭亡353年之后的元朝。

元朝在中国历史上是开先河的朝代，在它之前，还没有一个王朝能直接统治如此之多的民族、如此广大的疆域。不仅中原与江南，北方草原、西域瀚海、雪域高原、白山黑水、西南林莽都囊括入其版图之内。

可以说，以"中国"为核心的东亚秩序板块，"天下"的核心"中国"，在元代达到了最大，无论是"修德以来之"的文化吸引，还是"兵戈以威之"的武力控制都已经达到了前现代时期的极致。元朝之后的明、清两代都未能再突破这一范围，而这一疆域范围也奠定了今天中国的版图。

元朝统治区域广大、民族文化杂糅，要统治如此之"天下"，文化上便不可独尊一种，而要兼收并蓄。正如罗沙比在《忽必烈和他的世界帝国》中所言，元朝"所推行的政策是要笼络境内所有宗教。对汉人儒士，他俨然一副儒家思想体系拥护者的姿态；对吐蕃和汉地僧侣，他则把自己刻画成为一位热心的佛教徒；对欧洲访客，譬如马可·波罗，他预言在他的臣民中将有许多人皈依基督教；而对穆斯林，他则表现得好像是他们的保护者一样。这样像变色龙一样的角色转换对忽必烈来说异常重要，因为他是在统治一个多宗教、多民族杂居的帝国"。与之相对，儒化的深入则是因为"天下秩序"亦即"东亚政治秩序"的创建，其理论和神圣性来源于儒家学说，政治上的铺陈需遵循这一学说。

在元朝之前，中国历史上除了以地名和族名命名的王朝之外，大多数王朝的名号都来自周代的封国名，这是将周朝作为"天下秩序"的源头，是对周朝的王畿与封国关系构成的文化、地理与政治空间的继承。而忽必烈取"大哉乾元"之意自命"大元"，既是继承也是发挥。所谓继承，是所立国号是对于传统秩序的遵守；所谓发挥，便是不以周代封国名为号，代表着不再仅是"周天下"的继承者，而是一个更为广阔的文化、地理、政治空间的开辟。也就是说，大元国号的确立，是大蒙古国的帝国思维与传统天下秩序的一种结合。

这种秩序铺排和统治方式，直接影响了之后的明、清两朝，也奠定了今日中国的版图——这种奠定，并不仅是疆域控制层面，还在于边疆民族对天下秩序的接受。

元朝是蒙古人建立的皇朝，所以一直与中原王朝征战不断的北方草原完全纳入实际统治之下，而且在此之后，草原地带的政权即使不再隶属于中原王朝控制，但也不再如突厥汗国一般有自行进行秩序铺排的努力，而是一直力图成为天下秩序的主宰者或一部分。

元朝灭亡之后，元室北遁成为北元，从元惠宗、元昭宗到天元帝，连续三代都"以为恢复之计"。元昭宗更是即位之后建年号"宣光"，取意于杜甫《北征诗》"周汉获再兴，宣光果明哲"，表达了恢复之志。1372年，作为主力迎战明大将军徐达的十五万大军，取得了"岭北大捷"，使得北元"几于中兴"。

虽然，在天元帝即位后，明军先后蚕食辽东、云南，之后更一举摧毁了北元汗廷，导致也速迭儿趁势弑杀天元帝，使得北元大乱，初期所保存的元朝衣冠文物、典章制度扫地以尽，又恢复到了祖先的游牧政权状态。但以天下之主自居，以"大元"国号为正统，则一直为草原的蒙古人所坚持。

例如在明成祖时期，在北元先后拥立鬼力赤、本雅失里、阿台三位大汗的太师阿鲁台，便是北元前三朝时的旧臣。《明太宗实录》中记载："太师阿鲁台使臣彻里帖木儿等辞归。遣中官云祥，指挥岳山等贵赐阿鲁台金织、文绮表里。并送其兄阿力台及其妹归。二人者，阿鲁台同产亲兄妹。洪武中，官军至捕鱼儿海，悉俘以来。"可见阿鲁台是在捕鱼儿海之战中的幸存者，但其兄妹却被俘。而其家世，则与北元前三朝重臣蛮子关系密切。"文革"期间，在南京出土了吕原所撰《明故南宁伯追封南宁侯谥庄毅毛公夫人白氏合葬墓志铭》碑，其中记载明朝正统、景泰年间重要的军事将领毛胜的生平，在说到其家世时，碑中写道："公讳胜，字用钦，姓毛氏，世为幽冀贵族，仕于元，曾祖教化封冀宁王，王有二子，长蛮子顺帝时太尉，于公为伯祖。次别卜花，文宗时右丞相，公之祖也。"这其中提到了惠宗朝的太尉蛮子和文宗朝右丞相别不花是兄弟。察元朝诸王表，并无冀宁王的封号，而追封者，也只有惠宗朝任中书左丞相的铁木儿塔识，不可能是蛮子和别卜花的曾祖，应为所记有误。而文宗朝天历元年、二年确实有一位中书左丞相别不花，其人参与了燕帖木儿发动的拥立文宗的政变，在文宗朝初期任中书左丞相，并任知枢密院事，加太保，后因"与速速等潜呼日者推测圣算"而被罢黜，谪居集庆（今江苏南京）。根据程钜夫所撰追封别不花三代的制词，其曾祖父名为达实端多布，祖父名为达尔罕托恰勒，父亲名为布哈穆尔加，因为别不花的功绩，追封他们为"居延王"，其祖上确实被封王，但不是冀宁王而是居延王。《明故南宁伯追封南宁侯谥庄毅毛公夫人白氏合葬墓志铭》提出毛胜是别不花后裔，而据《名山藏》所载，其人还是"和宁王阿鲁台之裔"，可见阿鲁台与别不花应有亲缘，别不花并未前往漠北，那阿鲁台则应是跟随蛮子左右。蛮子战死，脱古思帖木儿汗的朝廷崩溃后，他与脱古思帖木儿时期的太尉马尔哈咱一起扶立了鬼力赤汗，继续北元国祚，后又先后扶立本雅失里、阿台两位可汗，执北元牛耳近三十年，是北元前三朝最直接的继承者。

阿鲁台败亡后，继之而起的卫拉特贵族为了获得号召力，也不得不拥立元裔脱脱不花，其时曾敕书李氏朝鲜，本有年号，但朝鲜方面"年号则未得理会"，因此没有记载。《蒙古源流》曾记载了卫拉特首领脱欢试图篡位而不成的故事。

脱欢想要自立为汗，在成吉思汗陵用刀砍墙壁，说道："汝为威灵身之八白室乎！我乃威灵后之裔脱欢也！"在场的大臣都劝他："此圣祖非仅为蒙古之君，乃总领五族之国，四方之邦者。昊天之子也。对此将有一报应乎。汝之言行狂悖之甚，当拜圣主，乞汝性命。"可脱欢毫不在意，说道："我自身之性命，更何求于人，而今蒙古国尽为我所有，我依蒙古诸罕之制，取罕号可也。"

结果，就在设宴准备称汗时，挂在墙壁上的箭筒中的箭突然发出声响，紧接着脱欢身上便有了箭伤，脱欢因此而死。

这条记载虽然有神话色彩，但其中众大臣劝脱欢的"此圣祖非仅为蒙古之君，乃总领五族之国，四方之邦者。昊天之子也"的话，是最为明显的草原民族将天下秩序视为自身秩序的佐证。

在此之后，脱欢的儿子也先自立为汗，则自称"大元天圣可汗"，建年号"天元"。即使到达延汗中兴之时，也"自称大元大可汗"。

305

与北元相对，在传统看法中，似乎明朝对于北方草原地区并不在意，有所谓"长城之外非我土也"之说。明朝确实未能全部继承元代的遗产，过度抑制民间商业，并教条地坚持华夷大防，例如，对于留居中原与江南的蒙古、色目人，要求"其辫发、椎髻、胡服、胡语、胡姓，一切禁止"，以实现让其"更易姓名，亲处民间，如一、二稊稗生于丘陇禾稻之中"的结果。但元代的"天下秩序"则被明朝始终坚持，对归附的蒙古贵族及其属民，则给予"当给换信印，还其旧职，仍居所部之地，民复旧业，羊马孳畜从便牧养"的待遇，安置于边外，对于西域、西藏的册封羁縻，对于东南亚的交往，等等，都展现出对元朝"天下秩序"的继承之意。

明朝对于北元的保守型策略，是在军事征服无法奏效的前提下所做的无奈选择。明太祖朱元璋一直标榜"昔胡汉一家，胡君主宰"，"迩来胡汉一家，大明主宰"，是要就全盘继承元朝的遗产。明朝初年，明军对北元的北伐军事行动接连不断，惠宗、昭宗先后播迁各地，就是在明军不断进攻下的无奈之举。昭宗即位后，明太祖还专门颁诏劝降，指出"若能敬顺天道，审度朕心，来抚妻子，朕当效古帝王之礼，俾作宾我朝"，直到"岭北大捷"之后，才出现"自是明兵希出塞矣"的情况。而到明成祖时期，不仅对北元"五出三犁"，亲征草原腹地，而且在西部遣使与中亚的帖木儿帝国修好。在南方，他发动对安南的长期战争。而对海外诸国，他则派郑和率领舰队，经略西洋诸国，便是要重建元朝时的"天下秩序"。

在明代，即使是在华夷大防被教条化的背景之下，也有何瑭这样的学者对元朝有公允的评判："独近世儒者谓公华人也，乃臣于元，非春秋内夏外夷之义，有害名教。搢绅之士，间有惑于其说者。瑭尝著论辩之大略以为：中夏夷狄之名，不系其地与其类，惟其道而已矣。故春秋之法，中国而用夷礼则夷之，夷而进于中国则中国之，无容心焉，舜生于东夷，文王生于西夷，公刘古公之俦皆生于戎狄，后世称圣贤焉。岂问其地与其类哉？元之君虽未可与古圣贤并论，然敬天勤民，用贤图治，盖亦骎骎乎中国之道矣。……况元主知尊礼公，而已行道济时望之。公亦安忍犹以夷狄外之，固执而不仕哉……由是而观，则公之臣元，无不可者。"

故而我们便了解，为何在明朝末年，清军入关时，在颁布"剃发令"之前，原本席卷中原的农民军变得不堪一击，明朝各地官员望风而降，即使是后来抵抗最为激烈的江南，也曾经有着箪食壶浆的局面。例如，清兵进入苏州时，苏州市民即相约"具呈本府及总督军门，请减吴郡重赋"；清军未至嘉兴之前，嘉兴百姓"无不引领望，意满人将有大恩泽"；嘉定百姓"结彩于路，出城迎之，竞用黄纸书'大清顺民'四字揭于门，旋缄邑篆并册籍上于郡"。因为从元朝所延续下来的"天下秩序"已经深入人心，华夷大防的藩篱已不甚重要，只要能"行中国之道"，异族入主中原也无不可。

清朝入关之前便称帝改元，是因为击败了北元末代可汗林丹汗，夺得了象征元朝正统的传国玉玺。1636年，皇太极在统一漠南蒙古后，在盛京（今辽宁沈阳）称帝，用满、蒙、汉三种表文祭告天地，并在沈阳筑天坛举行祭天典礼，改国号为大清，改年号为崇德，此前一年十月改族称诸申（女真）为满洲。皇太极称帝改元并祭天，意味着他已经不仅仅是满洲的汗，也不仅仅是蒙古的大汗，更是作为"天子"的皇帝，而且是继承了大元皇权的皇帝。在皇太极称帝的满文表中称其帝号是"仁宽之心""和合内外"，所谓"和合内外"，就意味着涵括了汉、满、蒙、藏、朝鲜等整个所知世界，是整个天下的天子。能够治理这样广大世界的天子，正是大元皇帝。从此，满洲政权不再是那个曾经与明朝对峙的"后金"政权，而是承接"大元"的"大清"王朝，是囊括满、蒙、汉等不同族群和区域的新的天下之主。

而清朝对于蒙古诸部，无论多么偏远，也都视为自己的控制范围。例如，对卫拉特蒙古所建立的准噶尔汗国，与清朝多次交战争夺漠北蒙古、西藏的统治权，在多次失败之后，准噶尔的势力基本退到今新疆、中亚一带。但因为其属于蒙古诸部之一，清朝并未因其地处偏远而不闻不问。最终在乾隆帝时，经过三次针对准噶尔汗国的战争，将其地彻底纳入版图之内，理由便是："我国家抚有众蒙古，讵准噶尔一部，终外王化，虽庸众有'威之不知畏，惠之不知怀，地不可耕，民不可臣'之言，其然，岂其然哉？"

对于"天下秩序"的认可，不仅在于对自身正统地位的自许。当实力不济之时，蒙古贵族也愿意接受中原王朝的册封，服从于这种秩序。明朝时期，土默特部阿拉坦汗雄霸漠南，实力雄厚，但自知与明朝的交战只会使"华夷交困，兵连祸结"，于是主动要求封贡，明朝册封其为"顺义王"。清朝时，漠西卫拉特蒙古、漠北喀尔喀蒙古受到沙皇俄国的威胁，沙皇一直试图要各部首领臣服于自己，但卫拉特蒙古首领的回答是："难道我是沙皇的臣属？为什么我要这样恭顺地接受他的国书和礼物？我作为台吉，无法忍受这样的屈辱！"而喀尔喀蒙古首领们的回答则是："即使给予金银礼物，也不能接受臣属的名声。即使在这个世界上一切事务都消失了，名誉却是在死后也永存。"与此相比，各部首领都愿意主动接受清朝皇帝的册封，即使准噶尔的噶尔丹在与清朝正式交兵之前，也主动派使者到北京请封，即使日后率兵东进，与清朝决战，也是要再现成吉思汗"促夏执金，混为一尊"的雄图，当然他失败了，但后世认为其是"分裂主义"，也未免小看了他。

与北方草原相比，吐蕃也就是西藏，进入"天下秩序"更是首次。其地在唐之前并不入"天下"视野。唐朝时吐蕃帝国崛起，成为唐朝天下秩序的主要竞争对手，唐朝在极盛时都未能将之击败。宋代吐蕃帝国已经瓦解，除了在青海的唃厮啰政权，其主体再次自外于天下秩序之外。而到元代，吐蕃地区为宣政院辖地，由元朝直接管辖，而吐蕃地区的僧俗首领也接受了天下秩序，接受册封。

元朝灭亡后，明朝迅速接过了元朝对吐蕃的册封权。1369年，明太祖朱元璋向吐蕃诏示："比岁以来，胡君失政，四方云扰，群雄分争，生灵涂炭。朕乃命将率师，悉平海内。民臣推戴为天下主，国号大明，建元洪武。式我前王之道，用康黎庶。惟尔吐蕃，邦居西土，今中国一统，恐尚未闻，故兹诏示。"之后，便对吐蕃各地僧俗首领进行册封，如故元吐蕃宣慰使何锁南普获得河州卫指挥同知官职；故元摄帝师喃加巴藏卜获得炽盛佛宝国师封号；帕竹第悉章阳沙加获灌顶国师封号；八思巴后裔公哥坚藏卜获圆知妙觉弘教大国师封号，僧人答力麻八剌获灌顶国师封号。

到永乐年间，明朝对吐蕃的分封政策最终完善和定型。明成祖朱棣即位的当年，即派遣宦官侯显前往乌斯藏、迎请噶玛噶举派第五世活佛得银协巴。1406年，明成祖又遣使封帕竹第五任执政者札巴坚赞为灌顶国师阐化王。同年，又遣使到灵藏（今四川甘孜藏族自治州邓柯一带，一说在道孚一带）、馆觉（在今西藏昌都地区贡觉县），分别将两地的宗教领袖封为灵藏灌顶国师和馆觉灌顶国师。1407年，明成祖封应邀来京的得银协巴为"大宝法王"。同年，又加封馆觉灌顶国师为护教王，加封灵藏灌顶国师为赞善王。1413年，明成祖册封萨迦派嫡系昆泽思巴为"大乘法王"。同年，明成祖又封止贡僧人为"必力工瓦阐教王"，封萨迦派都却方丈僧人为"思达藏辅教王"。1415年，明成祖册封格鲁派宗喀巴的弟子释迦也失为"西天佛子大国师"，而因为明成祖的册封，待到明宣宗朱瞻基即位后，于1434年册封释迦也失为"至善大慈法王"。

明朝对吐蕃各地僧俗领袖的册封，虽然不能与元朝直接驻军管辖相比，但使吐蕃地区进入"天下秩序"的格局继续延续，日后明清易代，吐蕃地区也继续接受清朝的册封管辖。及至近代，虽然现代民族主义兴起，西藏在清朝灭亡之后实质自治，但始终未宣布独立，"无意切断连接于北京和拉萨之间的政治纽带"，而希望维持传统关系。

除北方草原和吐蕃地区外，东北、西南地区，也都是在元朝完全被中原王朝控制，不再是以"称臣纳贡"作为依附而实际保持独立的渤海国、南诏国或大理国。尤其是对西南地区的掌控，使得"天下秩序"延伸入东南亚。在元代之前，东南亚各国只有今天越南的前身安南国因为属于"儒家文化圈"而与中原王朝关系紧密，其他诸国则较为疏远。而元朝"在与东南亚内陆国家的交往中，陆上采取新的外交和军事主动。而且，关于商人的地位和作用，也突破了儒家思想的限制，允许商业的独立发展。这就完全改变了中国—东南亚之间经过云南的陆路关系的性质，其影响一直延续至今"。

正是在元朝的疆域基础之上，加之明朝的观念固化，及至清朝，产生了一种按照层级加以划分的外藩制度。外藩可以划分为性质完全不同的内属外藩和境外外藩二类。第一类是新疆、西藏和蒙古这样的内属外藩，第二类是哈萨克、布鲁特、越南、朝鲜、琉球、缅甸以及俄罗斯等位于境外的外藩，是为"不属的外藩"。

清朝在统一中国的具体过程中将蒙古、新疆、和西藏看作是内属地区。《大清会典》记载："国初，蒙古北部喀尔喀三汗，同时纳贡……青海厄鲁特、西藏、准噶尔之地，咸入版图。"在此叙述中，准噶尔之地主要就是指新疆，其中包括回部。

而对于那些已经内属的外藩，清廷在具体的管控上又有所不同。如蒙古各部，由于臣属清朝的顺序不同，地区分布差异以及效忠程度上的区别，清廷在具体的政治态度方面也不相同。从地域上来说，清廷将蒙古各部分别称为内蒙古（漠南蒙古）、外蒙古（漠北蒙古）、西套蒙古以及青海蒙古。而从政治隶属角度来看，可以将内蒙古（漠南蒙古）归为内扎萨克，将外蒙古（漠北蒙古）、西额鲁特蒙古以及青海蒙古归为外扎萨克。漠南蒙古设官、分职、编户、比丁"与八旗无异"。把内蒙古各部视同内八旗，为"内藩"；视外扎萨克为"外藩"。"外藩四十九旗，虽各异其名，视内八旗无异也。蒙古诸部，有喇嘛、厄鲁特、喀尔喀，视四十九旗，又为外矣。"

因为元、明两代对西藏的惯例，清朝在定鼎中原后就具体采取了很多的措施来进一步强化对西藏的治理。"今大兵得藏，边外诸番悉心向化，三藏、阿里之地俱入版图。""岂知我国家中外一统，西北辟地二万余里，累译皆通。而西藏喇嘛，久隶天朝。"雍正五年（1727），清廷在西藏设驻藏大臣，代表朝廷行使管理权，颁布《酌定西藏善后章程》十三条、《西藏善后章程》二十九条，这些措施使清朝对西藏地区实行了行之有效的管辖。

对于新疆地区，在乾隆朝清军平定准噶尔部和回部之后，西北边疆就已全部纳入清朝统治范围，最后奠定了清朝疆域的版图。"今准噶尔全部荡平，伊犁皆为内属"。清廷在伊犁设立官衙，派驻军队，其管理等同于"内地"。清廷在南疆各城派驻大臣、总兵，总理伯克事务，并对伯克授予各类品级。在清廷编纂《大清一统志》时乾隆帝就特别强调了新疆的地位，认为新疆作为国家内属，与"内地"没有区别。"至西域新疆，拓地二万余里。除新设安西一府，及哈密、巴里坤、乌鲁木齐，设有道、府、州、县、提督、总兵等官，应即附入甘肃省内。其伊犁、叶尔羌、和阗等处，现有总管将军及办事大臣驻扎者，亦与内地无殊，应将西域新疆，另纂在甘肃之后。"

可以想见，清朝这样层次分明、内外井然的"天下秩序"，若没有元朝的铺垫，是不可能形成并精细化到如此程度的。元朝的"天下秩序"达到空前的程度，并随之巩固，到日后明清两代，虽然天子"王畿"范围有大小，但"天下"的范围则基本固定。

而这个"天下"，虽然经过近代西力东侵"三千年未有之变局"的震荡，但也顽强地坚持下来，便是今天的中国。